HANNS HEINDL

Klettersteigführer
Julische und Steiner Alpen
mit Karawanken
und Karnischem Hauptkamm

Mit 55 Bildern,
19 farbigen Kartenausschnitten
im Maßstab 1 : 50 000
und einer Übersichtskarte
im Maßstab 1 : 600 000

BERGVERLAG RUDOLF ROTHER GMBH · MÜNCHEN

Umschlagbild:
„Via ferrata Italiana"
– attraktiver und viel begangener Eisenweg!
Foto: Heindl

Aufnahme gegenüber dem Titel:
Dr. Julius Kugy, der Erschließer der Julischen Alpen.
Foto: Heindl

Bildnachweis (Seitenzahlen):
G. Buscaini 71; W. End 191, 196; H. Hübschmann 111; H. Wagner
79, 131; P.Werner 73, 91, 141; W. Zeis 93. Alle übrigen Bilder sind
vom Autor.

Die Tourenbeschreibungen dieses Führers stammen von
Hanns Heindl und Paul Werner.

Bergverlag Rudolf Rother GmbH, München
Alle Rechte vorbehalten
2. Auflage 1989
ISBN 3-7633-3372-X
Gesamtherstellung Rother Druck GmbH, München
Rudolf Rother GmbH, München
(2210/7920)

Vorwort zur 2. Auflage

Drei Jahre sind seit der Neuerscheinung-Erstauflage vergangen, die noch in Zusammenarbeit mit Paul Werner erfolgte.

Verlag und Autor sind ständig bemüht, dem Bergfreund das Beste und Neueste zu bieten. Das ist nicht zuletzt mit ein Grund, daß sich die gesicherten Klettersteige einer immer mehr zunehmenden Beliebtheit erfreuen. Daß es mir gelungen ist, eine Anzahl weiterer interessanter Touren in diesem Bereich durchzuführen, wird für die 2. Auflage des Führers eine große Bereicherung darstellen.

Weiters konnte ich die vorhandenen Touren aktualisieren und somit auf den letzten Stand bringen. Hinzuweisen ist noch, daß großteils der östliche Teil der Julischen Alpen in einem Nationalpark zusammengefaßt wurde. Dadurch wurde dieses Bergland zum Schutzgebiet erklärt, so daß ein Aufenthalt sehr hohe Erholungswerte bietet.

Dieser Führer soll und kann nicht eine umfassende Aufzählung und Beschreibung aller Berge und Gipfel im Buchtitel sein. Doch einige dieser Touren verdienen das Prädikat „rassig bis kühn".

In der vorliegenden Auflage sollen nur jene ausgewählten Bergfahrten beschrieben werden, die in jeder Hinsicht zu den schönsten und erlebnisreichsten zählen. Die Beschreibung der Touren wurde von mir mit größter Sorgfalt und Gewissenhaftigkeit erstellt: Alle Bergfahrten wurden von mir persönlich durchgeführt und an Ort und Stelle erarbeitet.

Neben vielen bereits bekannten Touren wurden neue, bisher noch nicht erfaßte, hinzugefügt, deren Wert und Schönheit aus irgendwelchen Gründen bisher weniger bekannt waren, von denen ich aber der Meinung bin, daß sie dem Bergfreund nicht vorenthalten werden sollen. Die gesamte Sammlung umfaßt die schönsten Steige der Julischen, der Steiner Alpen sowie der Karawanken und des Karnischen Hauptkammmes. Diese gewaltig aufstrebenden Felsriesen und die tief darunter liegenden lieblichen Täler vermitteln dem Betrachter unvergeßliche Eindrücke: eine Gebirgswelt, die, heute teilweise erschlossen, dennoch weitab vom Touristenboom liegt. Man kann einen ganzen Tag im Banne der Julier verbringen, ohne auf einen Menschen zu stoßen; das Erlebnis der alpinen Schönheit überstrahlt jedes Gefühl der Einsamkeit.

Für immer mit den Julischen Alpen verbunden ist und bleibt der Name Julius Kugy, des alpinen Pioniers und Erschließers, dessen grenzenlose Liebe zu „seinen" Bergen vermächtnishaft leuchtet. Sein idealistisches Weltbild vom Alpinismus, fern jeglicher Rekordsucht, sollte auch heute noch jedem Bergsteiger, jedem Bergfreund einen Aspekt der unvergleichlichen Naturnähe vermitteln.

Als Kenner dieser meiner Lieblingsgebiete kann ich dem Benützer und Bergfreund diesen Führer mit besten und exaktesten Beschreibungen und Informationen mit auf den Weg geben.

Möge der alte Freundeskreis der 1. Auflage viele neue Freunde gewinnen. Für mich als Verfasser wäre dies Freude und Bestätigung dafür, im Sinne gemeinsamer schöner Stunden auf den beschriebenen Wegen gewirkt zu haben.

Villach, Winter 1988/89   Hanns Heindl

Inhaltsverzeichnis

**Aus der Lehrschriftenreihe
des Österreichischen Alpenvereins**

Dr. A. Schneider
Wetter und Bergsteigen
Tatsachen – Erfahrungen – Beobachtungen – Vorhersage.

Richtige Wetterbeobachtung – Temperaturverhältnisse im Gebirge – Wolken als Wetterkünder – Luftdruck und seine Erscheinungsformen – Wind – Niederschlag – Typische Alpenwetterlagen – Besondere Wettergefahren.

Zahlreiche ein- und mehrfarbige Abbildungen, Skizzen, Tabellen und Wetterkarten mit dazugehörigen Satellitenfotos. 4. Auflage 1981.

Zu beziehen durch alle Buchhandlungen

Bergverlag Rudolf Rother GmbH · München

Über Klettersteige im allgemeinen

Bereits vor der Jahrhundertwende, als die touristische Erschließung der Ostalpen beendet war und die Zahl der Bergsteiger sprunghaft zunahm, begann man auf vielbegangenen Anstiegen mit der Entschärfung einzelner schwieriger Stellen durch Drahtseile und Eisenklammern. So entstand z.B. die erste Sicherung der Oberen Glocknerscharte bereits 1869, der Heilbronner Weg im Allgäu 1899 und der Eggersteig im Wilden Kaiser 1903. Nach dem ersten Weltkrieg wurden auch militärische Weganlagen dem Bergsteiger dienstbar gemacht.

Die eigentliche Entwicklung zum gesicherten Klettersteig begann jedoch erst in den dreißiger Jahren, als die S.A.T. (Societá Alpinistica Trentina), eine Trientiner Bergsteiger-Vereinigung des C.A.I. (Club Alpino Italiano), zusammmen mit diesem die zeitraubenden Zugänge zu vielbegangenen Kletterrouten in der Brenta durch künstliche Weganlagen verkürzte und erleichterte. Das waren die Anfänge des nach dem Zweiten Weltkrieg in mehrjähriger Arbeit fortgeführten und bald zu großer Berühmtheit gelangten „Bocchette-Weges". Seine kühne Wegführung und alpine Schönheit wurde auch von zahlreichen Bergwanderern entdeckt und gerühmt, obwohl er nach Absicht seiner Erbauer keinen Gipfel berührt. Der Bocchette-Steig wurde zum Vorbild für weitere derartige Weganlagen, wenn auch das ursprüngliche Prinzip, solche Kunststeige nicht bis auf den Gipfel zu bauen, bald durchbrochen wurde.

Die mit großer Mühe und Kunstfertigkeit im schwierigen, teilweise senkrechten, ja sogar überhängenden Fels angebrachten Steighilfen (Drahtseile, Klammern, Stifte, Leitern) ermöglichen auch dem Nichtkletterer die Überwindung von Anstiegen, die vorher den Schwierigkeitsgrat III, IV, und V aufwiesen. Theoretisch könnte also jeder körperlich einigermaßen trainierte und sportlich gewandte Flachlandbewohner ohne weiteres einen Klettersteig begehen. Zwei Voraussetzungen müssen aber unbedingt erfüllt werden: absolute Schwindelfreiheit und ein gewisses Maß an Bergerfahrung, wozu nicht nur Trittsicherheit, sondern ein Gefühl für alpine Gefahren gehört. Bergerfahrung wird durch eine Reihe von Touren fast von selbst erworben, Schwindelgefühle sind jedoch Veranlagung und können auch durch langsame Gewöhnung an Tiefblicke nicht immer überwunden werden. Wer also in diesem Punkt nicht vollkommen sicher ist, darf nur mit Führer oder einem verläßlichen Begleiter gehen.

Eine wirkungsvolle **Sicherung auf Klettersteigen** sieht folgendermaßen aus: In einen Klettergürtel (Brustgürtel) wird mit Sackstich oder Achterknoten eine etwa 3 m lange Reepschnur geknüpft, und zwar so, daß zwei etwa armlange Stränge entstehen. An deren Ende knüpft man je eine Schlinge, in welche die Karabiner (Klettersteigkarabiner mit extra großer Öffnung) eingehängt werden. Diese wiederum läßt man um die Stahlseile einschnappen und ist so, zumindest bei Querungen oder an nicht allzu steil verlaufenden Seilen, optimal gesichert. – Zwei Karabiner werden deshalb verwendet, weil man mit nur einem im Moment des Umhängens an der Drahtseilverankerung **nicht** gesichert wäre. Bei zwei Schnappringen befindet sich einer während der Umhängephase noch vor der Verankerung und dient so als Selbstsicherung.

Verlaufen die Stahlseile senkrecht, darf die beschriebene Selbstsicherung nicht mehr, oder allenfalls in Kombination mit einem **Fallenergiedämpfer,** Verwendung finden, da im Falle eines Sturzes die Karabiner auf Biegung beansprucht würden und brechen könnten. Hier vorzugsweise mit einem 10 – 11 mm dicken Seil (30 m Länge genügt) wie auf einer Kletterfahrt unter Berücksichtigung der **üblichen Sicherungsmethoden** (Selbst- und Gefährtensicherung) aufsteigen. Die Stahlseilverankerungen bieten hier hervorragende Zwischen- bzw. Standplatzsicherungspunkte, welche den fixen Zwischen- oder Standhaken beim Klettern gleichzustellen sind.

Das Beherrschen der heute gebräuchlichen Sicherungsmethoden (Halbmastwurfsicherung) darf für den Klettersteiggeher als selbstverständlich vorausgesetzt werden. Gegebenenfalls Studium einschlägiger Lehrschriften (z.B. „Die Anwendung des Seiles" von Pit Schubert) und praktisches Üben im Klettergarten oder während eines Grundkurses im Fels.

Ebenso wichtig wie eine wirkungsvolle Sicherung ist die Verwendung eines **Steinschlag-Schutzhelmes.**

Die gesicherten Steige sollten nur bei guten Wetterverhältnissen begangen werden. Wie ihr italienischer Name – Via ferrata, Eisenweg – verrät, sind sie ziemlich eisenhaltig und deshalb bei Gewittern richtiggehende Blitzableiter. Das für Hochgewitter empfohlene „Patentrezept: Fort von Eisenleitern und Drahtseilen" ist für den Klettersteiggeher gar nicht so einfach – oft sogar unmöglich – anzuwenden. Deshalb bei Gewitterneigung eine Via ferrata erst gar nicht beginnen!

Wenn auch die künstlichen Sicherungen meist in sehr gutem Zustand sind, so prüfe man, genau wie der Kletterer seinen Griff, jede Klammer usw. vor der Belastung auf festen Sitz, weil naturgemäß durch Witterungseinflüsse deren Befestigung im Fels schadhaft werden kann. Auch soll ein Drahtseil immer nur von einer Person benützt werden, weil der ungleichmäßige Zug am Seil die Standsicherheit gefährdet.

Die allgemeine Ausrüstung darf bei erfahrenen Bergwanderern als bekannt vorausgesetzt werden, ebenso die Kenntnis des Alpinen Notsignals und dergleichen. Bei einzelnen Touren ist im Text selbst noch auf Besonderheiten hingewiesen. Auf längeren und in größere Höhen führende Routen sollte ein Biwaksack nicht fehlen.

Bergrettung

Im östlichen Teil der Julischen Alpen ist jede Hütte Meldestelle. Im Notfall die jeweilige Milizstation im Tal.

Nationale Meldestellen
Österreich: Gendarmerie, Telefon 133 (+ Vorwahl)
                  Bergrettungsortstellen
Italia: Posto di soccorso Alpino
        Carabinieri, Telefon 113
Jugoslavia: Milicia, Telefon St. 92
              Postaja gorska resevalne Sluzbe
              Vse planinske Postojanke

Unfallmeldekarten auf allen Touren mitnehmen!
Erhältlich bei allen alpinen Vereinen von Kärnten, Friaul und Slowenien.

Slowenische Aussprache

c = z oder tz
č = tsch
h = ch
š = sch
v = w am Anfang des Wortes
     u innerhalb und am Ende des Wortes
z = weiches s im Gegensatz zu dem wie im Deutschen
     geschriebenen s, das scharf ausgesprochen wird
ž = weiches sch wie in „Journal"

Abkürzungen

B. = Betten	m = Meter
bew. = bewirtschaftet	Min. = Minuten
bez. = bezeichnet, markiert	Rif. = Rifugio
M. = Matratzen	Std. = Stunde(n)

Tourennummern

Um bei weiteren Auflagen Ergänzungen in die Tourennummernfolge, ohne auf a, b, c usw. zurückgreifen zu müssen, einfügen zu können, wurde in diesem Band eine Reihe von Nummern absichtlich freigehalten. Es handelt sich hierbei um 7 – 9, 14, 15, 21 – 24, 28, 29, 37 – 39, 46 – 49, 55 – 59, sowie 65 – 69.

Literaturverzeichnis

Führer und Karten:
Peter Holl, Alpenvereinsführer Karnischer Hauptkamm, München 1988
Ingomar Pust, Kleiner Führer durch die Westlichen Julischen Alpen, München 1978
Hellmut Schöner / Karl Brandstätter, Gebietsführer Julische Alpen, München 1989
Friedrich Zopp, Führer durch die Karawanken, Klagenfurt 1974
Tabacco-Wanderkarte 1:50 000, Blätter 1, 4 und 8
Karte des slow. Bergsteigerverbandes 1:50 000, Blätter Ost und West
Freytag & Berndt-Wanderkarte 1:100 000, Blätter 18, 22, 14, 47

Allgemeine Literatur:
Julius Kugy, Aus dem Leben eines Bergsteigers, Bergverlag Rudolf Rother, München 1989
Dieter Seibert, Das Buch der Klettersteige. 170 gesicherte Anstiege in den Ostalpen, Bergverlag Rudolf Rother, München 1986
Vallenberg / Senft, Erlebnis Julische Alpen.

INTERNATIONALE ALARMSIGNALE IM GEBIRGE
SEGNALI INTERNAZIONALI D'ALLARME IN MONTAGNA
SIGNAUX INTERNATIONAUX D'ALARME EN MONTAGNE
SENALES INTERNACIONALES DE ALARMA EN MONTANA

JA
OUI
SI

Rote Rakete oder Feuer
Razzo rosso o luce rossa
Fusée ou feu rouge
Cohete de luz roja

WIR BITTEN UM HILFE

OCCORRE SOCCORSO

NOUS DEMANDONS
DE L'AIDE

PEDIMOS AYUDA

Rotes quadratisches Tuch
Quadrato di tessuto rosso
Carré de tissu rouge
Cuadro de tejido rojo

NEIN
NON
NO

WIR BRAUCHEN NICHTS

NON ABBIAMO BISOGNO
DI NIENTE

NOUS N'AVONS BESOIN
DE RIEN

NO NECESITAMOS NADA

Diese Zeichen dienen der Verständigung mit der Hubschrauberbesatzung. Sie ersetzen nicht das Alpine Notsignal.

Julische Alpen

Als südöstlicher Abschluß der langgezogenen Gebirgsketten der Südlichen Kalkalpen ragen die Gipfel und Grate der Julischen Alpen in den Himmel. Sie liegen, jenseits der Karawanken und der Karnischen Alpen, südlich der Save und erschließen sich für den Touristen aus dem Norden über den Naßfeldpaß im Westen, den Wurzenpaß im Osten oder die bequeme Zufahrt aus dem Gailtal nach Tarvis.

Die Julischen Alpen sind eine weitverzweigte Gebirgskette, zwischen deren einzelnen Felsgruppen sich mehrere liebliche Bergtäler dahinziehen: Vrata und Planica, Velica Pišnica, Trenta und Koritnica.

Romantische, stille Hochgebirgsseen setzen an manchen Talschlüssen landschaftlich einzigartige Akzente. Wesentlich deutlicher als die Dolomiten erweisen sich die Julischen Alpen geomorphologisch und physikalisch als oft verblüffend ähnliches Gegenstück zu unseren Nördlichen Kalkalpen – der Bergsteiger, namentlich aus dem bayerischen Alpenraum, fühlt sich hier sofort heimisch.

Die Julischen Alpen sind geschichtsträchtiger Boden. Sie sind wohl der einzige Teil der Alpen, der seinen heutigen Namen schon in der Antike von römischen Gelehrten erhielt – nach der Siedlung Forum Julii an der Stelle des heutigen Cividale, die wiederum nach der kaiserlichen Dynastie der Julier benannt wurde. Der schon immer heiß umkämpfte Boden wurde in den Gefechten des Weltkrieges hoffentlich ein letztes Mal mit Blut getränkt. Die dramatische Kriegsgeschichte erzählt vom aufreibenden Stellungskrieg, von hochalpinen Himmelfahrtskommandos und von verwegenen, ja tollkühnen Taten einzelner Draufgänger. Sie erzählt aber auch vom Kampf gegen die erbarmungslosen Naturelemente einer gnadenlosen Hochgebirgsregion. Schneestürme, polare Kälte, vor allem aber Lawinen forderten oft höhere Opfer als der Feind, und auch im Sommer lichteten Blitz und Unwetter die Reihen der Soldaten, deren körperliche Entbehrungen und seelische Not in der Einsamkeit einer eiskalten, winzigen Kaverne oder in der Exponiertheit einer mit Stahltrossen über gähnenden Schlünden angeketteten Holzbaracke heute kaum mehr zu ermessen sind.

Durch die Grenzziehungen von 1919 und 1945 gehören heute zwei Drittel der Julischen Alpen zu Jugoslawien, darunter die Gruppe des Triglav, der Škrlatica, des Martuljek, des Razor, Prisank und des Jalovec. Auf den Graten der Caningruppe, des Mangart und des Ponza-Zuges verläuft die Grenze. Montasch und Wischberg liegen auf italienischem Gebiet.

Auf Grund dieser Grenzziehung waren viele Winkel und Täler längere Zeit alpines Niemandsland, auch heute noch sind manche der älteren Touren und Führen im Grenzgebiet unbegangen. Hier in der Abgeschiedenheit finden wir vielerorts noch jene Ursprünglichkeit, die wir anderswo bereits vergeblich suchen. Die slowenische Bevölkerung hat sich bis heute großenteils eine Liebenswürdigkeit und Gastlichkeit bewahrt, die wir in den überlaufenen Gebieten der Modeberge nirgends mehr antreffen.

Die größte Überraschung dieser wildromantischen Felsregion aber sind die gut 60 Klettersteige, welche durchwegs das Prädikat „rassig" bis „kühn" verdienen. Das Klettersteigparadies der „Julischen" reicht gut und gern für einen achtwöchigen Bergurlaub.

1

Canin, 2585 m, „Via Divisione Julia" (Nordseite)

Caninstock

Die Gruppe des Canin, die mit dem Raibler Seekopf und dem Rombon im Osten ansetzt und mit dem Monte Sart im Westen endet, ragt mit steilen, teilweise senkrechten Felswänden aus einer von Urgewalten zerrissenen, fast apokalyptischen kahlen Hochfläche. Diese vom Wasser ausgehöhlte und durchlöcherte Karrenlandschaft mit ihren tiefen Furchen und Schächten, Rissen und Klüften bestimmt das Erlebnis Canin ebenso wie der kühne Aufstieg durch die Nordwand oder die umfassende Aussicht, die an klaren Herbsttagen bis ans Meer reicht. Während an der Nordseite der Caningletscher ausgesprochen hochalpine Akzente setzt, überraschen die tieferen Zonen der Südseite durch eine geradezu mediterran-üppige Busch- und Strauchflora.

Anstieg über den Gletscher. Links der Bänderweg / Via delle Cenge, rechts die Via Divisione Julia.

Seilbahnen auf der italienischen und jugoslawischen Seite verhalfen diesem Grenzberg zu großer Beliebtheit. Die technischen Anlagen stehen in merkwürdigem Kontrast zu den Resten der alten Saumwege, Stellungen und Unterkünfte, die vielerorts immer noch an das Grauen des Ersten Weltkriegs erinnern.

Zugang: Vom Neveasattel mit der Seilbahn oder zu Fuß auf der breiten steilen Skipiste und auf Resten des vom Pistenbau noch verschonten Fußwegs zur Bergstation, 1830 m, und von hier auf Fahrweg in wenigen Min. zum Rif. Gilberti. Auf gut bez. Weg in südwestlicher Richtung, oft noch über flache Schneefelder, in etwa 30 Min. zum Bela-Peč-Sattel, 2005 m, Standort der ehemaligen Caninhütte. Von hier führt, streckenweise leicht fallend, der ehemalige Saumtierpfad in weitem Bogen über großartigen Karrenfeldern in Richtung Foran del Mus. Man zweigt jedoch nach etwa 30 Min. bei einem deutlichen Hinweis (Schrift am Fels) von der „mulatteria" links ab und steigt auf gut bez. Pfad steil durch Schuttfelder hinauf bis zum Beginn der Schneefelder, die vom Ostgrat herabziehen. Über den stets steiler werdenden Gletscher bis an den Felsfuß – eine übergroße Markierung am Fels weist, ebenso wie Spuren im Schnee, die Richtung zum Einstieg in 2380 m Höhe rechts der tiefen Schneeschlucht („Findeneggschlucht"); die folgende Führe entspricht etwa dem Weg Kugys aus dem Jahre 1906.
Der Gletscher, namentlich das oberste Steilstück, ist im Spätsommer ohne Steigeisen und Pickel oft kaum zu begehen. Er ist seit etwa 1983 wegen der heißen Sommer aufgespalten.

a) Aufstieg über die „Via Divisione Julia": An sparsam gesetzten Eisenstiften sehr luftig über den steilen Felsfuß. Ungesichert über eine flachere, felsdurchsetzte Schutterrasse. An Seilsicherungen und Eisenketten steil in die westliche Flanke des aus der Schutterrasse aufragenden Felssporns und mit Hilfe von zusätzlichen Stiften zu einer senkrechten, etwa 15 m hohen Wandstufe, die mit festen Steigbügeln gangbar gemacht ist. Etwas luftig etwa 40 m an einer Seilsicherung über den Grat dieser Wandstufe weiter. Dann steigt man ständig in der Fallinie luftig auf dem Grat empor und erreicht an neuen Sicherungen sehr schnell den Ausstieg. Von dort gelangt man absteigend in die Scharte. Hier am Grenzstein vorbei und in gerader Richtung in etwa ½ Std. über leichtes Felsgelände zum Gipfel. Der alte Routenverlauf in der meist feuchten Rinne wird kaum mehr begangen. (Auf Grund der neuen Routenführung ist der Anstieg leichter, die Steinschlaggefahr, besonders im oberen Teil, jedoch viel größer geworden.

b) Aufstieg über die Bänder (Via delle Cenge): Dieser Aufstieg, der ursprüngliche Normalweg, ist etwas länger als die direkte Route der „Divisione Julia" und nützt raffiniert die zahlreichen natürlichen Bänder und Simse der unzugänglich scheinenden Wand. Dieser Weg birgt keine eigentlichen technischen Schwierigkeiten, da die Absätze zwischen den einzelnen Bändern gesichert sind, ist aber durchwegs sehr ausgesetzt und fordert auf den schmalen, schuttbedeckten Bändern ein hohes Maß an Schwindelfreiheit und Trittsicherheit.

Man läßt am Beginn der Findenegg-Schlucht den Einstieg zur „Via Divisione Julia" rechts und steigt am Fuß der linksseitigen Wand bei einer roten Markierung in die Felsen. Das erste Band führt über einen kleinen Steig zu einem kurzen Riß (6 m), von dort nach links und wieder 40 m über gut gestuften Fels empor, darunter senkrechte Abbrüche. Man folgt einem engen Gesimse nach links (sehr ausgesetzt und nur teilweise gesichert) und geht um eine Kante, bis man wieder vor einen Riß gelangt. Hier geradeaus über kleine, durch künstliche Tritte erleichterte Felsstufen und über Bänder bis zum Kamm, wo der Steig beim Grenzstein 14 / 11 auf den Normalweg von Bovec ausmündet (gegebenenfalls für den Abstieg merken!).

Der Weg über die Bänder wird von Geübten gerne im Abstieg begangen.

Abstieg: a) Wie einer der beiden Aufstiege; der Weg über die Bänder wird jedoch zu Recht vorwiegend für den Abstieg gewählt.

b) Abstiegsvariante über den Prestreljeniksattel. Dieser Abstieg von Westen nach Osten, mit Umrundung der Caninkette bis zum Prestreljenik, bietet einen schönen und interessanten Abschluß dieser Bergfahrt. Er bietet außerdem noch die Möglichkeit zur Besteigung des Prestreljenik / Monte Forato, 2499 m. Prestreljenik heißt auf deutsch der „Durchschossene". Nach einer slowenischen Sage soll der Leibhaftige mit seinen Hörnern durch den Fels gestoßen sein, worauf das 8 x 12 m große Felsloch zurückgeblieben wäre.

Vom Gipfel in östlicher Richtung hinab, dem neuen Weg auf der Südseite bis zum großen, schuttgefüllten Kar folgen, jedoch nicht nach rechts abwärts bis zur Bergstation. Man wählt den Steig links vom Kar neben dem Sessellift und gelangt nach kurzem Anstieg zum Prestreljeniksattel, 2282 m. Von hier kann man zusätzlich einen lohnenden Abstecher auf den Prestreljenikgipfel unternehmen.

Gipfelanstieg: Vom Kar auf Steigspuren in die Südflanke, über der das gut sichtbare „Teufelsfenster" liegt. Über Geröll und Schrofen zum Wandfuß und mit leichter Kletterei (II –) zum Fenster. Am Fen-

ster vorbei und über leichten Fels in etwa 40 Min. ab Sattel zum Gipfel. Vom Gipfel gelangt man östlich absteigend, über Felsstufen, Schrofen und Gras ebenfalls zum Prestreljeniksattel zurück.
Der weiter Abstieg führt über Geröll, Blöcke und Grassteige, meist auch noch über Firnfelder, und bietet immer wieder großartige Nah- und Tiefblicke. Auf gut sichtbarem Steig erreicht man in etwa ½ Std. den Prevalasattel, 2067 m. Hier befindet sich der italienisch-jugoslawische Grenzstein. Kavernen und Kriegsbauten rund um den Prevalasattel erinnern an die Zeit des Ersten Weltkriegs. Vom Sattel steil hinunter. Meist über Schneefelder abfahrend, erlebt man einen raschen Kulissenwechsel und erreicht bald das freundliche Rund der Kare und Hochflächen unter den Nordwänden um die Gilbertihütte. Die Grenzüberschreitung für Bergsteiger wird toleriert, doch ist die Mitnahme eines Ausweises unbedingt zu empfehlen. (Verhandlungen über einen Skizirkus Bovec – Nevea sind im Gange.)

Hinweis: Für die gesamte Umfahrung von Rif. Gilberti – Canin – Abstieg b) Abstiegsvariante benötigt man 5½ – 6 Std.

Höhenunterschied: Neveasattel 1180 m – Rif. Gilberti 1850 m – Canin 2585 m. Höhendifferenz des Klettersteiges etwa 200 m.
Gehzeiten: Neveasattel – Rif. Gilberti zu Fuß 1¾ Std.; Rif. Gilberti – Canin auf der Via Divisione Julia 3 Std.; auf dem Weg über die Bänder 3½ – 4 Std.
Schwierigkeit: Klettersteig sehr luftig, stellenweise Steinschlaggefahr, bei Schneeresten in den oberen Partien schwierig, für weniger Geübte dann nur mit Seilsicherung. Abstieg über die Bänder (Via delle Cenge) sehr ausgesetzt, teilweise II.
Stützpunkte: Neveasattel (Sella Nevea), 1180 m, 18 km von Chiusaforte, 20 km von Tarvis, große mondäne Hotellerie. – Rifugio Divisione Julia, 1142 m, ganzjährig geöffnet, Neubau Tel. 04 33 / 5 40 14. – Rifugio Celso Gilberti, 1850 m. Bewirtschaftung im Sommer bis Ende Sept. / Anfang Okt., je nach Wetter, und während der Skisaison. 11 Zimmer mit 24 B., 10 M. Tel. 04 33 / 5 40 15 – Tel. der Canin-Seilbahn 04 33 / 5 40 26 oder 5 40 60.
Siehe Karte Nr. 1.

2

Canin, 2585 m,
Aufstieg von der Südseite (neuer Weg)

Caninstock

Von Bovec führt eine 1972 erbaute Seilbahn mit viersitzigen Gondeln von der Talstation in 436 m Höhe in 35 Min. Fahrzeit über zwei Zwischenstationen zur Bergstation in 2202 m Höhe unter dem Gipfel des Prestreljenik (Luxusrestaurant, kleinere Skilifte; Fahrzeiten der Seilbahn: Anfrage in Bovec, Tel. 0 65/8 60 98).

Aufstieg: Von der Bergstation auf gut bez. Weg zunächst nach links in ein steiles, schutterfülltes Kar empor (rechts Abzweigung zum sehenswerten Prestreljenik-Fenster). Über ein Blockfeld übersteigt man auf einer kleinen Scharte (Škarbina pod Prestreljenikom) den weit nach Süden ausgreifenden Felssporn des Prestreljenik und betritt nun eine Felsarena, die sich, von Felskämmen in weitem Bogen gerahmt, in großartiger Weite gegen Süden öffnet. In diesem Kessel dehnt sich eine Karrenlandschaft mit Trichtern und Kratern, Rinnen und Rillen, darüber steigt aus den Schuttkaren in einem riesigen Halbkreis die gebänderte Felsszenerie der Südwände. Leicht steigend führt der Pfad am Fuß der Wände bis an den Felsansatz des langgestreckten Mittelgrates.
Einen technisch problemlosen Aufstieg auf die Gratschneide folgt ein landschaftlich großartiger, neu angelegter und sehr gut bezeichneter Höhenweg bis auf den Gipfel mit ausreichenden und guten Sicherungen an allen nötigen Stellen.

Abstieg: Anstelle des Aufstiegsweges kann man im Abstieg auch den **alten Südanstieg** benutzen: Vom Gipfel auf bez. breitem, schuttbedecktem Band leicht schräg abwärts bis zur schluchtartigen, sich nach unten stark verbreiternden Felsrinne zwischen Haupt- und Nebengipfel. Auf ausreichend gesicherten Bändern in der Südflanke des Hauptgipfels steil abwärts bis zum Felsfuß und auf verlassenen Pfadspuren in den Karen, teilweise mit Gegenanstieg, zurück zur Bergstation.

Höhenunterschied: Talstation 436 m – Bergstation 2202 m – Canin 2585 m. Höhendifferenz der Klettersteige 150 m (alter Südanstieg); am neuen Weg etwa 2 km Gratstrecke mit einigen gesicherten Stellen.
Gehzeiten: Seilbahn-Bergstation – Canin 2½ – 3 Std.; Abstieg 2 – 2½ Std. Siehe Karte Nr. 1.

Schwierigkeit: Problemlose, gutmütige Kletterpassagen auf kaum ausgesetztem Höhenweg; Klettersteigpassagen am alten Weg etwas ausgesetzt und steinschlaggefährdet. Bei Gewittern ist der Canin **besonders** dem Blitzschlag ausgesetzt.

Hinweis: Bei ungünstigen Verhälnissen in der „Via Divisione Julia" kann man auch von der italienischen Seilbahn-Bergstation auf bez. Pfad über den Prevalasattel, 2067 m, die jugoslawische Bergstation und somit den leichten Zugang zum Canin erreichen. Der Grenzübergang wird im allgemeinen stillschweigend geduldet, doch empfiehlt sich in jedem Fall die Mitnahme eines Reisepasses, gegebenenfalls Erkundigungen über die Grenzverhältnisse!

Stützpunkte: Bovec (Flitsch), 483 m, im Sommer Busverbindung über den Vršič nach Kranjska Gora, ganzjährige Busverbindung zum Bahnhof Most na Soči auf der Linie Jesenice – Nova Gorica. Mehrere gute Hotels, sehr gute Einkaufsläden, Campingplatz etwas östlich des Ortes. Bergstation der Seilbahn, 2202 m, Luxusrestaurant.

Hinweis: Ein Aufstieg zu Fuß von Bovec ist wegen der enormen Weglänge, der großen Höhenunterschiede und auch wegen der trockenen Hitze dringend abzuraten; dies gilt auch für den Abstieg!

3 Montasch (Jof di Montasio), 2754 m, gesicherte Steige

Montaschgruppe

Das kühn geformte, majestätisch aufragende Felsmassiv der Montaschgruppe gipfelt im zweithöchsten Punkt der Julischen Alpen. Während die düsteren Nordwände jäh in die Seisera abbrechen, erheben sich die Südflanken gut gestuft und nur mäßig steil über den Almwiesen von Pecol, die trotz ihrer Wasserarmut eine reiche Flora tragen.

Der Hauptgipfel wurde 1877 erstmals durch Findenegg vom Neveasattel aus erstiegen, 1892 gelang Kuby zum ersten Mal die Durchsteigung der Nordwand, durch die heute eine Reihe der schwierigsten Kletterrouten führt. Im Ersten Weltkrieg verlief mitten durch die Montaschgruppe und über den Neveapaß die italienische Front. Obwohl der Montasch mit seinen abweisenden Nordwänden eine unangreifbare Felsbarriere für die Österreicher bildete, hatten die Alpini auf den Gipfeln und Scharten Stellungen ausgebaut, die sie auch im Winter besetzt hielten. Eine Hinterlassenschaft dieses Krieges ist die „Scala Pipan", eine über 60 m lange, schwankende Seilleiter über die steilste Wandpartie; diese 1963 völlig erneuerte Leiter ist das Paradestück des heutigen Klettersteigs durch die Südwand.

a) Klettersteig über die Leiter (sog. Normalweg). Von der Pecolalm oder vom Rif. Brazza auf ausreichend bez. Pfaden schräg empor über die grünen Almhänge unter die Südwand des Montasch. Vor der Forca dei Disteis wendet sich der Steig nach rechts und führt über Geröll, manchmal auch Schneefelder, zum Einstieg. Vom Felsfuß gut bez. weiter über Bänder, Rippen und Kare und zuletzt über eine Geröllhalde an den felsigen Absatz unter einer hohen Steilstufe in der Wandmitte; bei großen Schneefeldern Zugang etwas schwierig. Steinschlaggefahr! An Stiften sehr steil empor zum Beginn der Leiter und nun 60 m technisch problemlos, aber überaus luftig und extrem steinschlaggefährdet nach oben. Über ein mäßig geneigtes Schuttkar und über Platten an Stahlseilen hinauf bis in Gratnähe (äußerste Vorsicht auf nachfolgende Partien ist hier dringend geboten; sicherheitshalber sollte man das Kar nur begehen, wenn keine Personen auf der Leiter sind). Auf der ausreichend breiten, gut gangbaren Gratschneide problemlos und mit herrlichen Ausblicken in etwa ½ Std. zum Gipfel mit Gedächtnisglocke.

b) Normalweg über die Verdescharte. Bis zur Steilstufe in der Wandmitte genau wie bei a). Man wendet sich jedoch unter der Steilstufe nicht nach links zur Seilleiter, sondern steigt rechts über schmale, ausgesetzte Bänder in Kehren über einen sehr steilen, grasdurchsetzten Hang zur Verdescharte. Von hier weiter auf dem etwas schmalen Grat bis zur Einmündung in Aufstiegsweg a).

c) Findeneggweg. Zunächst wie bei a) unter die Südwände des Montasch, bei einer Wegverzweigung mit Hinweis „Biv. Suringar"aufwärts und nach links ab. Eine Schluchtrinne querend gelangt man zu den Felsen. Nun auf guten Stufen und plattigem Fels weiter; auf schmalen, schuttbedeckten Bändern überquert man auf einem breiten gebänderten Felsgürtel in einigen Kehren die zum Rio Montasio abfallende riesige Felsschlucht und steigt dann nach links über leichte, teilweise noch drahtseilgesicherte Felsen empor bis zum großen unteren Band (Findeneggband), das man in der Nähe eines auffallenden Felsturmes erreicht. Unter dem Turm vorbei und noch etwa 300 m waagrecht auf dem Band weiter bis zu einem Felskopf. Hinter diesem auf die breite Fortsetzung des Bandes. Von diesem Band zweigt, schlecht sichtbar und ungenügend bezeichnet, die Pfadspur in die große westseitige Findeneggschlucht ab (von hier geradeaus neu markiert zum Biv. A. Suringar). Stets steiler, doch gut gestuft und gerade noch ausreichend bez. in anregender, leichter Kletterei (I) ohne ausgesetzte Stellen empor bis zur Gabelung im oberen Teil. Im linken Ast der Schlucht über leichten Fels zum Grat, auf diesem recht luftig und über schuttbedeckte Bänder und Blöcke auf den Gipfel.

Höhenunterschied: Pecolalm 1519 m – Montasch 2754 m. Höhendifferenz des Klettersteigs: Leiter 60 m, weitere Klettersteigpassagen etwa 100 m.

Gehzeiten: Pecolalm – Montasch über die Südseite 3 Std., über den Findeneggsteig 3 – 3½ Std.

Schwierigkeiten: Klettersteig über die **Leiter** technisch unschwierig; die schwankende, vom Fels abgesetzte Seilleiter fordert jedoch viel Schwindelfreiheit. Die Leiter und der darunterliegende Absatz sind durch Vorausgehende extrem steinschlaggefährdet. Die Umgehung der Leiter über die grasigen Bänder ist exponiert, bei Nässe oder gar Schnee abzuraten. Schutzhelm.

Findeneggsteig über ausgesetzte Bänder zugänglich, technisch unschwierig, jedoch schwierige Orientierung, bei Nebel dringend abzuraten.

Stützpunkte: Neveasattel, siehe Tour 1. – Pecolalm, 1519 m (Zufahrt mit Pkw), oder Brazzahütte (Rifugio Giacomo di Brazza), 1670 m,am Nordrand der

Der Klettersteig „Ceria Merlone".
A = Jof di Montasio; B = Vert di Montasio; C = Modeon del Montasio; D =
Forca del Palone; E = Cima di Terra Rossa; F = Forca Huda Paliza; G = Ci-
ma Gambon; H = Forca de lis Sieris; I = Foronon del Buinz; J = Modeon
del Buinz; K = Forca del Val; L = Cima delle Puartate; M = Cima de lis Codis;
N = Punta Plagnis; O = Cregnedul.

Pecolalmen, etwa 20 Min. vom Parkplatz der gut befahrbaren asphaltierten
Straße vom Neveasattel. Einfache Sommerbew., 16 B. – Am Klettersteig
durch die Südwand keine Stützpunkte, für den Findeneggweg gegebenenfalls
Biwakschachtel Adriano Suringar, 2430 m, in luftiger Lage auf dem Fuß des
Westgrates des Gipfelaufbaus, am Ende des großen Bandes (Grande Cengia),
das sich von der Nordwestschulter über das Biwak bis zum Grat an der Südwestseite des Montasch zieht. Notlager für 4 – 6 Personen, kein Wasser,
2 – 2½ Std. von der Pecolalm.

Hinweis: Bei guten Verhältnissen empfiehlt sich der Aufstieg über den
Findeneggweg und der Abstieg über die Leiter.

d) Gesicherter Felsensteig Ceria-Merlone. Dieser interessante
und abwechslungsreiche Klettersteig, der unter Einbeziehung ehe-
maliger Kriegssteige des I. Weltkrieges angelegt wurde, vermittelt
landschaftlich besonders schöne Eindrücke vor dem historischen
Hintergrund des Geschehens der einstigen Gebirgsfront. Der Steig
verläuft im allgemeinen in einer Höhe von etwa 2000 Metern durch
das Massiv. Dank des Arbeitseinsatzes der Alpini des Bataillons „Cividale" ist heute der Abschnitt von der Huda Paliza / Forca di Terra

Der Montasch von Süden.
Blick über die Pecolalm mit Anstieg über den Findeneggweg (links) und den Normalweg über die Leiter (rechts).

Rossa bis zum Monte Cregnedul und weiter über die Bärenlahn-scharte zu den Kastreinspitzen und über diese zum Wischberg so-wie durch die wunderschöne Felsszenerie des Gamsmutterzuges durchgehend erschlossen und gesichert. Die Route ist für den trai-nierten Klettersteiggeher sehr empfehlenswert. Man sollte sich aber im klaren sein, daß es sich hier um eine hochalpine Überschreitung handelt, die ein hohes Maß an Bergerfahrung, Ausdauer, absolute Trittsicherheit und Schwindelfreiheit erfordert. (Der Abschnitt Montasch-Modeon del Montasio-Forca del Palone soll ausgebaut werden.)

Zugang: Der Anstieg beginnt auf einem Pfad, der von der Casere di Mezzo kommend unter der Brazzahütte vorbeiführt. In mäßig stei-lem Anstieg leitet der Steig in einigen Kehren hinauf zur Scharte Hu-da Paliza / Forca di Terra Rossa. Der Steig führt weiter zur Cima di Terra Rossa (Sicherungen).

26

Aufstieg: 100 Meter vor dem Gipfel der Cima di Terra Rossa Wegteilung. Man quert rechts auf einem Grasband den südseitigen Abbruch der Cima Gambon, 2405 m, der steil zur Alm abfällt. Dem Steig folgend erblickt man an einer Wegbiegung oberhalb die Scharte / Forca „de lis Sieris" (einer der schönsten Plätze der Julischen Alpen). Links weiter durch eine grasdurchsetzte Felsflanke; der Steig leitet nun über gestuften Fels und erreicht in einigen Kehren die Scharte / Forca „de lis Sieris", 2274 m. Hier Kavernen und Stellungsreste.

Friulanisch „lis Sieris" hat der Scharte den Namen gegeben. Das Wasser, das man hier durch die Schneeschmelze gewann, wurde einst durch hölzerne Rinnen („Sieri") auf die Almen hinuntergeleitet. Kugy nannte diese Scharte auch Rinnenscharte. Hier befindet sich auch eine Erinnerungstafel für C. Ceria und R. Merlone, die beide 1965 am Monte Rosa auf tragische Weise verunglückt sind.

Von der Scharte steigt man über eine gut gegliederte, etwa 100 m hohe Wand weiter auf, erreicht die westliche Schulter des Foronon, unter deren äußerstem Rand ein Kriegssteig verläuft, und verfolgt den langen ausgeprägten Kamm des Foronon del Buinz. Auf dem schmalen, teilweise felsigen Grat und über einige Kehren erreicht man den Doppelgipfel des Buinz, 2531 m. Nach kurzem Abstieg gelangt man auf den breiten Sattel zwischen den beiden Gipfeln. (Buinz: friulanisch = Joch; ein Joch dient dem Transport von Kübeln auf den Schultern, deshalb der Name Buinz.)

Unterhalb des Sattels durchbricht eine Kaverne den Kamm. Der Steig führt um den Gipfel des Modeon del Buinz, 2554 m, herum auf ein langes Band bis zum Abbruch in der Ostflanke; hier endet der Kriegssteig. Nun steil durch eine Schlucht, über Fels und Schotter, gut gesichert hinunter in die Forca di Val (Achtung auf Steinfall!). In der Forca trifft man wieder auf einen Kriegssteig, um dann ein bewachsenes Band zu queren. Weiter aufsteigend verläuft der Steig auf schönen, sehr exponierten Bändern unter dem Gipfel der Cima delle Puartate, 2436 m. Südlich des Gipfels erreicht der Steig den Kamm, dem man eine Weile folgt, wobei man an alten Stellungsresten vorbeikommt, die alle in Richtung Kastreinspitzes und dem dahinter aufragenden Wischberg, der ehemaligen österreichischen Alpenfestung, zugewandt sind. Nun passiert man einem Wandbogen folgend das Gelände etwas unterhalb der Punta Plagnis, 2412 m, und steigt auf schmalen Bändern zur Cregnedulscharte ab. Hier endet der Felsensteig Ceria-Merlone.

Abstieg a): Man kann zum Passo degli Scalini / Scalinipaß, 2001 m, steil über den Abhang der Plagnota absteigen und weiter zum Sella

Nevea / Neveasattel, oder man benützt den Pfad zur Casere Cregnedul di Sopra und geht weiter über die Pecolalm zum Rif. G. di Brazza und von dort hinunter zum Neveasattel. Will man jedoch die gesamte Überschreitung Kastreinspitzen – Wischberg – Gamsmutterzug durchführen, muß man im Anschluß an den Felsensteig Ceria-Merlone den Abstieg zur Bärenlahnscharte wählen.

Abstieg: Von der Cregnedulscharte einige Meter hinab in ein Couloir, dann nach rechts auf ein grasbewachsenes Felsband. Es folgt eine sehr ausgesetzte Felsstufe, die man auf einer etwa 10 m langen Leiter überwindet. Der Weiterweg führt über eine steile Platte. Nun, um die Flanke herum über Grasstellen und steile Felsen, erreicht man ein schmales Felsband und steigt in einen steilen Graben ab. Auf einem zahmen, breiten Felsband quert man einen Schutthang unter dem Kamm der Cima delle Puartate. Jetzt steigt man rechts abwärts, bis man auf ein Band trifft. Weiter über eine Reihe von Platten, sehr ausgesetzt, und direkt hinab ins Couloir (Sicherungen). Von diesem steigt man nach rechts auf ein langes Felsband (Seile) und überquert zwei steile Stufen, immer den Bändern folgend. Über mehrere schuttbedeckte Stufen steigt man zum Wandfuß der Cima delle Puartate ab. Der Bezeichnung folgend und über eine Schotterhalde gelangt man zur Bärenlahnscharte; hier Wegweiser. Bevor man zur Bärenlahnscharte kommt, befindet sich bei einer Weggabel der Hinweis zur Corsihütte / Rif. G. Corsi. Der weiterführende Steig leitet zur Bärenlahnscharte mit Überschreitung der Kastreinspitzen – Mosesscharte, siehe Anita Goitan-Steig (Tour 10).

Höhenunterschied: Pecol-Alm 1519 m – Rif. Brazza 1660 m – Huda Paliza / Forca di Terra Rossa 2360 m – Cima di Terra Rossa 2420 m – Cima Gambon 2405 m – Forca de lis Sieris 2274 m – Foronon del Buinz 2531 m – Modeon del Buinz 2554 m – Cima delle Puartate 2436 m – Punta Plagnis 2412 m – Monte Cregnedul 2351 m – Passo degli Scalini 2001 m – Bärenlahnscharte / Lavinal dell'Orso 2138 m – Doppelgipfel der Kastreinspitzen 2502 m und 2495 m – Mosesscharte 2271 m. Länge des Felsensteiges Ceria-Merlone bis zur Bärenlahnscharte etwa 8 km.

Gehzeiten: Pecolalm – Rif. Brazza – Huda Paliza – Forca de lis Sieris – Cregnedulscharte – Abstieg – Bärenlahnscharte – Rif. G. Corsi etwa 8 Std. Bei schlechten Verhältnissen, etwa Firnfeldern in den Rinnen, besonders beim Abstieg zur Bärenlahnscharte, ist ein größerer Zeitaufwand erforderlich.

Schwierigkeit: Sehr lange, ernstzunehmende Tour; teils sehr ausgesetzte Bänder und Passagen mit einigen Auf- und Abstiegen. Wird nur geübten, bergerfahrenen und trainierten Gehern empfohlen.

Hinweis: Voraussetzung für diese Tour sind gute Wetterverhältnisse, Berger-fahrung und Orientierungssinn. Unterwegs keine Stützpunkte! Biwakausrü-stung, Pickel, kurzes Seil und genügend Getränke mitführen!

Tip: Als Eingehtour (Halbtagestour) ist die Besteigung des Modeon del Monta-sio zu empfehlen. Von der Brazzahütte führt ein Steig durch den Palonegra-ben in die Scharte / Forca del Palone. Der Bezeichnung folgend auf die Höhe eines markanten Felszackens und über gut griffigen Fels an guten Sicherun-gen zum Gipfel. Der Gipfel ist ein flacher, durch Blöcke aufgelockerter breiter Aufbau. Abstieg wie Aufstieg. Zeit etwa 3½ Std.; ohne Schwierigkeiten. Herrli-che Rundschau!

e) Weg der italienischen Jäger durch die Nordwand (Via Amalia Zuani Bornettini)

Der Montasch zeigt sich erst von Norden in seiner ganzen Wucht und Größe. Über 1700 m hoch überragen die Nord-wände das Seiseratal – ein Bild von ergreifender Schönheit und Gewalt! Nicht minder atemberaubend ist der Blick vom Bivacco Stu-parich auf die sich immer noch mehr als 1100 m auftürmenden Wandfluchten, Pfeiler und Scharten. Zwei schöne und interessante, wenn auch nicht ganz leichte Nordwandführen haben hier ihren Ausgangspunkt. Der Kugy- oder Villacher Weg (Tour f) ist der direk-te Nordanstieg. Der Weg der italienischen Jäger, aus der Seisera zum Montaschgipfel mit Abstieg zum Neveasattel, wurde schon vor mehr als hundert Jahren von den Wildschützen des Raccolanatales begangen. Touristisch wurde diese Route erstmalig am 14. 8. 1896 von Prof. Gstirner mit Pesamosca durchstiegen; Gstirner nannte sie den „Seiseraweg". Kugy hatte diese Route zwar schon vorher eröff-net, aber keinen Anspruch darauf erhoben. Im Jahre 1957 wurde die Führe von den „Rocciatori e Sciatori della SAG", in Zusammenarbeit mit dem Bataillon Cividale, durch Anbringen von vielen Metern Drahtseil und 68 Eisenstiften und Klammern entschärft. Seitdem ist der Weg auch als „Via Amalia Zuani Bornettini" bekannt. Die Route wurde so den geübten Klettersteiggehern zugänglich. Vor Anbrin-gung der Sicherungen waren die Schwierigkeiten II und III. Trotz der Aufstiegshilfen bleibt die Tour eine ernste, doch sehr genußvolle und abwechslungsreiche Bergfahrt und weist auch jetzt noch immer den II. Grat auf. Die Wandhöhe vom Einstieg bis zur Nordwestschul-ter beträgt etwa 600 m.

Zugang: a) Von Wolfsbach (Valbruna) – auf der Strecke Tarvis – Pontebba – durch das Seiseratal, das im wilden Felskessel der Spranje, an den Nordwänden der Montasch-Cregnedul-Kette endet. Die Seisera ist der Zugang für alle Touren auf der Nordseite dieser Kette sowie der nordseitige Zugang zur Wischberggruppe

(Mosesscharte). Der Talschluß der Seisera ist durch eine breite, asphaltierte Straße erreichbar (Seiseraalm, 1004 m). Von der Alm am Rifugio Seisera rechts vorbei und auf einer Schotterstraße (am Kugy-Gedenkstein vorüber) zu einer Kapelle (hier parken). Auf bez. Steig mäßig steil vom Rif. Fratelli-Grego, 1389 m, auf dem neu instandgesetzten Weg zum Köpflach weiter und links ab in etwa 2 Std. zu den Biwakschachteln „Carlo Stuparich", 1587 m.

b) Besser und etwas kürzer ist folgende Möglichkeit: Gleich nach der Betonbrücke des oben beschriebenen Zufahrtsweges auf Karrenweg in Richtung Spranje. Auf einer Waldlichtung neben dem Flußbett parken. Von hier führt ein bez. Steig zuerst geradeaus, dann rechts ab. Steil aufwärts über einen Bach und dann durch Wald und Latschen zu den Biwakschachteln „Carlo Stuparich", 1587 m.

Aufstieg: Vom Bivacco Stuparich wählt man den Steig nach rechts aufwärts. Über karge Vegetation gelangt man zu einer Schuttzunge. Rechts von dieser befindet sich ein begrünter Rücken. Auf Steigspuren oberhalb des Rückens erreicht man eine Schutthalde, die vom Gletscher herabzieht. Jetzt leicht ansteigend und nach rechts querend bis zum Ende des Sockels der Felsbastion. Der Einstieg befindet sich rechts der gelblichen Wände. Über Schrofengelände und Felsstufen klettert man mit Hilfe von Drahtseilen empor. Weiter durch Steilrinnen, die mittels 11 Eisenstiften gangbar gemacht sind. Es folgt eine fast senkrechte Wand, die man mit Hilfe eines etwa 15 m langen Drahtseils bezwingt. Eine gut gesicherte Querung führt zu einer engen Felsspalte, aus der man auf einer nach rechts geneigten Felsrippe auf einen Zacken aussteigt (Seilsicherung!). Nun durch einen engen Kamin, in dem 12 Eisenklammern und mehrere Stifte den Aufstieg erleichtern. Durch den Kamin erreicht man ein geschlossenes Schartl. Einige Meter abwärts, dann etwa 8 m (sehr luftig, schwierigste Stelle!) gegen einen schwach ausgeprägten Kamin empor. Auf 14 Stiften und einer Klammer gelangt man in eine große, geneigte Rinne und durch sie, linkshaltend, in ein grasbewachsenes Schartl. Weiter über Grasstufen und eine Schutthalde (bzw. Schneefeld) in eine Schlucht. Steinschlaggefahr! Schmelzwasser an der rechten Seite. Über einige steile Platten hinauf (Klammern und Stifte). Bald erreicht man ein Kar, wo meist Wasser herunterfließt. Über ein Schutterrasse zu einer Wand, die man in leichtem Fels durchsteigt. Man erreicht nun den Fuß des Nordturms, der fast das ganze Jahr hindurch von Schnee umgeben ist. In leichtem Anstieg die Schutthalde (Schneefeld) queren. Man geht ganz nach rechts und gelangt so zu den Felsen. Der Aufstieg wird auch hier an luftigen Stellen durch Sicherungen erleichtert. Über einen begrünten Steilhang zu einer Schneide, von der man herrliche Tiefblicke und ein einmaliges Panorama genießt. Es folgt ein schmaler Grat, dem man eine Weile folgt, um dann auf der rechten Seite über Gras (hier auf die Markierung achten!) und Schrofen abzusteigen. Weiter am Rande des Abgrunds entlang. Nach einem kurzen Anstieg erreicht man einen grünen Rücken (NW-Schulter). Jetzt blickt man auf die Dogna-Seite und in die Schlucht, die wie ein großer Trichter aussieht. Nun quert man etwa 50 m abwärts, weiter über Schrofen und Wandstufen zu einem bequemen, ebenen Band, das um die Kante zur Biwakschachtel Adriano Suringar führt. (Das Band ist schon von weitem gut einzusehen.) Vom Biwak auf einem Steig in Kürze zu einem Felsblock mit dem Hinweis „Montasio". Weiter wie bei c) aus der Findenegg-Schlucht zum Gipfel.

Abstieg: Wie Aufstieg. Bei Überschreitung Seisera – Montasch – Nevea ist es zweckmäßig, einen Pkw auf der Südseite (Pecolalm) abzustellen.

Höhenunterschied: Seisera 1004 m – Biwak Stuparich 1587 m – Biwak A. Suringar 2430 m – Montaschgipfel 2754 m. Höhendifferenz des Klettersteiges etwa 600 m.

Gehzeiten: Von der Seisera über das Biwak Stuparich und A. Suringar etwa 7 Std.

Schwierigkeit: Lang, anstrengend, anspruchsvoll und teilweise sehr ausgesetzt; nur für geübte Bergsteiger. Das Seil ist auf alle Fälle anzuraten. Bei Nebel, Neuschnee oder Vereisung ist von einer Begehung dieser Tour unbedingt abzuraten. Bis in den Spätsommer steile Eis- und Schneefelder sowie exponierte Graspartien.

Stützpunkte: Wolfsbach (Valbruna), 807 m. – Seiseraalm, 1004 m, Alpengastwirtschaft – Rif. Seisera, Besitzer Martin Martinz, Valbruna-Valcanale. Tel. 04/28/6 01 50, ganzjährig geöffnet, 7 Zimmer mit 15 B. – Rif. Fratelli Grego, 1389 m, östlich des Somdognasattels, bew. Ende Mai bis Ende Oktober, Tel. 04 28/6 01 11, Unterkunft für 50 Personen (von der Seisera etwa 1 Std.). Die beiden Biwaks Stuparich, 1587 m, bieten Unterkunft für 26 Personen, Sommerbewirtschaftung. Von der Seiseraalm 1 – 2 Std., je nach Aufstiegsweg.

Hinweis: Ein gewaltiger Höhenunterschied von über 1700 m ist bei diesem Nordanstieg zu bewältigen. Deshalb zeitiger Start am Morgen, bzw. Nächtigung in einem der Biwaks oder im Rif. Grego. Je nach Jahreszeit ist ein Pickel anzuraten. Biwak Stuparich ständig geöffnet, Quelle in der Nähe, in heißen Sommern wird die Wasserversorgung problematisch.

f) Kugy- oder Villacher Weg: Diese Route ist im gesicherten Bereich die schwierigste, schönste und anstrengendste sowie auch der kürzeste Durchstieg durch die Nordwand aus der Seisera. Mit dieser Route beendete Kugy seine lange Belagerung der Montasch-Nordwand. Zu jener Zeit wurde der Durchstieg als einer der schwierigsten in den Julischen Alpen betrachtet. Anläßlich des 40jährigen Bestehens der Sektion Villach im Jahre 1910 wurde die Route mit 340 m Drahtseil und über 800 Eisenstiften gesichert. Im Jahre 1960 wurden diese Sicherungen teilweise erneuert. Der jetzige Aufstieg entspricht nicht mehr ganz genau der Route der Erstbegeher. Wenn auch die Aufstiegshilfen an den schwierigsten Stellen gute Dienste leisten, so bleibt der Durchstieg immer noch dem felsgewandten Bergsteiger vorbehalten und ist trotz der Sicherungen sehr ernst zu nehmen; einmal wegen der Länge der Route, zum andern wegen der Tücken im Falle eines Wettersturzes. Den größten Schwierigkeiten begegnet man beim Einstieg in die Steilwand, da trotz der Sicherungen der Schwierigkeitsgrat II – III gegeben ist. Einige Stellen sind sehr ausgesetzt.

Aufstieg: Von der Biwakschachtel Stuparich (siehe e) folgt man dem Steig „Via Amalia" so lange, bis dieser ganz plötzlich nach rechts abbiegt. Den Steigspuren folgend und über Schutt, am Fuß eines Pfeilers vorbei, zur Stirnseite des Gletschers. Über diesen erfolgt der steile Aufstieg in gerader Richtung. Sein Zustand ist sehr unterschiedlich, so daß der Aufstieg nur mit Steigeisen und Pickel ratsam ist; hier besteht außerdem große Steinschlaggefahr! Am Ende des Gletschers, wo er eine Breite von etwa 35 m aufweist, findet man an der linken Seite die ersten Sicherungen.
Über die Randkluft (im Spätsommer und Herbst oft problematisch) und in der nun folgenden Steilwand an schlechten Eisenstiften empor. Wer diese Stelle einwandfrei beherrscht, kehre lieber um, denn der weitere Aufstieg fordert Klettergewandtheit in ausgesetztem Fels sowie große Ausdauer und Kraft. Schwierig hinauf zu einem Riß. In ihm mit spärlichen Tritten rechts aufwärts (Seil), dann Querung nach links (Seil) über einen Plattenschuß. Man klettert etwa 50 m ausgesetzt empor und gelangt durch eine Rißverschneidung auf eine Rampe. (Läßt sich die Randkluft an der betreffenden

Montasch-Nordanstiege.
Rechts Weg der italienischen Jäger / Via Amalia; links der Kugyweg.

Stelle gut überwinden, so kann man durch die Schneerinne leichter auf die Rampe gelangen.) Über die Rampe linkshaltend empor, dann rechts durch kleine Kamine und Wandabsätze auf den Pfeiler (Steinmann). Nun über Gras an einen Kamin heran, der vom Gletscher bis zum mittleren Gratkamm heraufführt. Links auf ein ausgesetztes Band. Über dieses und Felsstufen zur Gratschneide. Nun auf Steigspuren und über guten Fels in eine Scharte mit Wandbuch. Hier ist auch die Einmündung des vom Gletscher heraufziehenden Kamins. Steil zum Pfeilerkopf. Nun etwas leichter über Stufen, Bänder und Kamine rechts aufwärts. Man erreicht ein markantes Band und damit den „Passo Oitzinger", ein Kriechband unter einer überhängenden Wand. Herrlicher Tiefblick in die Wandfluchten in unmittelbarer Nähe. (Vorsicht, keine Steine abtreten.) Der „Passo Oitzinger" ist die Schlüsselstelle, über die man schwierig und sehr ausgesetzt, jedoch gut gesichert, hinweg muß. Anschließend über einen Überhang und meist nasse Wandstellen, dann auf Stiften über ein Wandl zu einer Felsrippe. Ende der Sicherungen. Die Neigung geht zurück, ein Pfeiler zieht hier über die Hauptschlucht herauf. Rechts auf Bändern und über Schrofen, dann auf Steigspuren und Schutt in leichtem, aber brüchigem Felsgelände zu einem Grateinschnitt, wenige Meter vom ehemaligen Biwak Garrone entfernt. In etwa 20 Min. auf dem Normalweg über den Ostgrat zum Gipfel.

Abstieg: Wie Aufstieg oder über die Via Amalia (Tour e) bzw. über den Normalweg auf die Südseite (Pecolalm).

Höhenunterschied: Seisera – Montaschgipfel 1754 m; Biwak Stuparich – Gipfel 1167 m.

Gehzeiten: Biwak Stuparich – Montaschgipfel 4 – 5 Std.

Schwierigkeit: Der Kugy- oder Villacher Weg ist eine sehr ernste Bergfahrt, die unbedingt Klettergewandtheit im ausgesetzten Fels (trotz der Sicherungen Schwierigkeitsgrad II) erfordert.

Stützpunkte: siehe Tour e).

Hinweis: Seil erforderlich, Steinschlaghelm, Steigeisen und Pickel sind anzuraten. Die Schwierigkeiten erhöhen sich naturgemäß bei Wettersturz, Schnee und Vereisung. Ab Biwak Stuparich keine Wasserstelle.
Siehe Karte Nr. 2.

4

Monte Cimone del Montasio, 2379 m
Via ferrata Norina

Montaschgruppe

Der Monte Cimone del Montasio ist der höchste Berg westlich des Montasch. Seine erste Besteigung erfolgte durch Hermann Findengg im Jahre 1878 über den Vieneweg. Mit Ausnahme der Ostseite fällt der Berg auf allen Seiten mit steilen Wänden ab. Der hier beschriebene Anstieg über die Via ferrata Norina ist der erste und einzige Aufstieg von der Nord- bzw. Ostseite aus dem Dognatal, der ohne Kletterei begangen werden kann. Alle anderen Anstiege von Norden sind dem Kletterer vorbehalten. Julius Kugy konnte die Nordseite nicht bezwingen. Er sagte einst: „Den Cimone von Norden kann man nur mit Flügeln erreichen!"

Zufahrt: Von der österreichisch-italienischen Grenze auf der SS 13 über Tarvisio und Pontebba nach Dogna. An der Straßentafel Dogna durch den Tunnel rechts ab und nach links durch den Ort Dogna (gelbe Hinweistafel: Val Dogna). Nun unter der großen Eisenbahnbrücke hindurch und auf guter Asphaltstraße aufwärts bis km 4.2 (ab der Brücke). Hier befindet sich in einer Linkskurve eine alte Holztafel mit dem Hinweis Sotgolitzalm, 700 m.

Zugang: Von hier steil hinunter in den Dognagraben (Achtung auf die Markierung), bis man den Dognabach/Torrente Dogna erreicht. Weniger empfehlenswert ist eine weitere Möglichkeit, bei km 4.0 (kleiner Abstellplatz für Pkw; rot-weiß-rote Markierung) über einen meist abgerutschten Hang abzusteigen und dem Bach entlang talaufwärts zu gehen.

Am besten überquert man den Dognabach in der Nähe alter Stützpfeiler einer Brücke. Am jenseitigen Ufer erblickt man eine rote Markierung. Dieser folgt man auf steilem Steig durch Wald aufwärts, gelangt bald zu einer Holzhütte, an dieser links vorbei und auf Weg Nr. 640 weiter in vielen Windungen durch Buchenwald aufwärts. Schließlich gelangt man zu einer Wegteilung in etwa 750 m Höhe. Man benützt den linken Steig; dieser führt wieder steil durch Mischwald auf eine Höhe von 1050 m empor. Hier hat man schöne Tiefblicke in die Sfonderat-Schlucht. Nun weiter bis auf etwa 1200 m. Hier kommt nun der Monte Cimone in Sicht. Nach etwa 100 m über eine kanzelartige Kuppe, dann fast eben in südöstlicher Richtung weiter und durch Gebüsch aufwärts zur Biwakschachtel „Alpino-

Cividale", 1414 m. Das Biwak wurde 1979 vom CAI Cividale erbaut; es hat 12 Schlafplätze und befindet sich in sehr gutem Zustand. Das Biwak steht auf der heute nicht mehr bewirtschafteten Sotgolitzalm. Der Blick auf den Montasch und in dessen Westwand ist von hier wohl unvergleichlich. Eine Hinweistafel zeigt den weiteren Wegverlauf.

Anstieg: Von der erwähnten Tafel gelangt man nach kurzer Zeit zu einer großen Schlucht, die im Spätsommer und im Herbst sehr schwer zu durchsteigen ist. Große Eistürme versperren hier oft den Weg. Nach diesen Eistürmen trifft man auf einen schmalen Steig und folgt diesem. Einige Rinnen, Absätze und Schluchten müssen gequert werden. Dieses System von Bändern und Grotten nennt man die „Saline Galerie"; bei ihrer Begehung wird kaum Höhe gewonnen. (Die Westwand des Montasch bleibt hier immer in Sicht.) Schließlich erreicht man ein steiles Kar; hier befindet sich ein Felsblock mit den Bezeichnungen „Rio Saline" und „Ferrata". Eine steile Schluchtrinne führt zu einer Steilstufe (Drahtseil) und weiter auf ausgesetzten Bändern aufwärts in die Nähe der Forca di Vandul. Bald erreicht man den eigentlichen Einstieg in die Via ferrata Norina. Die Forca di Vandul ist eine tief eingeschnittene Scharte zwischen Monte Zabus und Vienne und bricht nach Norden in eines der wildesten Gebiete der Julischen Alpen ab. Über ausgesetzte Bänder, Felsstufen und Wandln, hoch über der Vandulschlucht, steigt man mit Hilfe von neuen, tadellosen Stahlseilen und Klammern, ähnlich den Dolomiten-Eisenwegen, empor. Man wendet sich nordwärts, erblickt einen markanten Felsturm und erreicht bald den Ausstieg der Via ferrata am Vienegipfel in etwa 2100 m Höhe auf der Südseite. (Herrlicher Rastplatz; Hinweistafel; Vienegipfel = östlicher Vorgipfel des Monte Cimone.) Vom Vienegipfel gelangt man über leichten Fels und Schrofen zur Vienescharte und weiter zum Gipfel des Monte Cimone (Biwakschachtel = Bivacco Torso).

Abstieg: Man steigt vom Gipfel wieder auf dem Abstiegsweg ab und gelangt zur bereits genannten Hinweistafel. Von hier am besten in südlicher Richtung über Grasmatten zur Ostflanke und über diese etwa 100 Meter direkt hinunter in die Vandulscharte. Auch dieser

Das Höllentor.

Abstieg ist mit tadellosen Drahtseilen versehen. Weiter steigt man auf schmalem, luftigem Steiglein abwärts und erreicht den Sockel der Vandulscharte. Julius Kugy nannte diese Scharte das „Höllentor". Nun geht es in vielen Windungen hinunter, bis man zu einer Wegteilung gelangt. Man nimmt den linken Steig (östlich) mit der Nr. 621, die Via Alta. Von hier fast eben weiter und schließlich mit kurzem Gegenanstieg auf die Pecolalm, 1516 m. Weiterer Abstieg siehe Montasch-Südanstiege.

Höhenunterschied: Dognabach / Torrente Dogna 500 m. Biwak Alpino-Cividale 1414 m. Einstieg Via ferrata 1700 m. Ausstieg Via ferrata 2100 m. Gipfel 2379 m. Gesamthöhenunterschied 1879 m.

Gehzeiten: Vom km 4.2 zum Biwak Cividale 2½ Std. Biwak-Einstieg der Via ferrata 2 Std. Aufstieg Via ferrata 1½ Std. Ausstieg Via ferrata – Gipfel 1 Std. Gesamtzeit etwa 7 Std.

Schwierigkeit: Trittsicherheit und Schwindelfreiheit erforderlich. Neue Anlage, 1984 vom CAI Cividale errichtet, bestens gesichert. Eventuell Selbstsicherung anzuraten.

Stützpunkte: Dorf Dogna. Biwak Cividale, Biwak Torso am Cimone 6 – 8 Schlafplätze. Rif. Brazza auf der Pecolalm, Sella Nevea, verschiedene Hotels.

Hinweis: Lange anstrengende Tour. Eventuell Übernachtung in einem der Biwaks. Ab Biwak Cividale gibt es kaum gutes Trinkwasser. Der Durchstieg durch die Salineschlucht (Gletscherschlucht) oberhalb des Biwak Cividale kann im Spätsommer und Herbst ernste Probleme bereiten. Das Biwak Torso bietet sich bei später Ankunft als Nachtquartier an. Taschenlampe anzuraten. Vorsicht bei Nebel. Anstieg zuerst von Norden, später durch die Ostflanke. Beste Zeit Juli bis Spätherbst.
Siehe Karte Nr. 2.

5

Monte Chiampon, 1709 m, gesicherter Klettersteig

Julische Voralpen

Eine Bergfahrt von besonderem Reiz mit dem Ziel Monte Chiampon, an dessen Fuß das friulanische Gebirgsstädtchen Gemona liegt. Gemona erhielt traurige Berühmtheit durch das grauenhafte Erdbeben von 1976, das es völlig zerstörte. Nur etwa 1700 Meter hoch erhebt sich der Monte Chiampon über dem Meeresspiegel und doch ist er ein dominierender Felsklotz südlich der Karnischen und Julischen Alpen. Sein Aufbau ist weithin sichtbar und verläuft von Ost nach West in einem markanten Gratzug. Seine relative Höhe aber kann man erst ermessen, wenn man von seinem Gipfel aus tief unten die Rinnen und Schluchten seines Gebirgsstockes sowie die im Süden in die grüne Landschaft Friauls eingebetteten Hügel des Voralpengebietes sieht.

Zufahrt: Von der österreichisch-italienischen Grenze auf der SS 13 über Tarvisio bis Gemona. In Gemona auf einer Asphaltstraße in östlicher Richtung aufwärts bis zu deren Ende bei einer Bar; hier Parkmöglichkeit. Man kann auf einer Schotterstraße noch etwas höher bis zu einer Kehre mit einigen Parkplätzen weiterfahren (Hinweistafel „Chiampon – Quarnan"). Von hier führt eine ehemalige Militärstraße bis auf etwa 1100 m in Höhe des Sattels / Sella Foredor, bei dem der Steig vom Parkplatz einmündet.

Zugang: Vom Parkplatz (Baum mit Tafel) zuerst auf steilem Betonweg an einem großen Felsblock vorbei, dann nach links auf der Betonstraße aufwärts, über eine Brücke (Steinmauer) und weiter der Bezeichnung folgend über eine weitere Brücke. (An Sonntagen ist es möglich, bis hierher aufzufahren.) Von hier noch etwa 10 Min. auf dem Betonweg weiter, bis ein Steig beginnt, der durch schönen Mischwald – einmal eine Schuttrinne überquerend – und weiter durch Föhrenwald zum Sattel emporführt.

Anstieg: Am Sattel sind Schanzen und Schützengräben aus dem I. Weltkrieg zu sehen. Das hier errichtete Kreuz ist weithin sichtbar. Eine Tafel des CAI und die Bezeichnung (1067 m) auf einem Felsblock geben Hinweise für den weiteren Anstieg. Auf grasbewachsenem Pfad in Serpentinen aufwärts, dann links zu einer großen Geröllschlucht, und diese querend erreicht man die Felsen.

Nun über Schrofen zu einem Band und auf diesem um einen auffallenden Felskopf herum, der Abbruchspuren durch das Erdbeben zeigt. Bald erreicht man den Passo della Signorina. Von hier auf einer Rampe, dann auf einem schmalen Felsband, immer gut gesichert (Drahtseile), aufwärts. Hier glaubt man nicht in den Voralpen zu sein, sondern irgendwo in den hohen Bergen der Karnischen oder der Julischen Alpen. Die Bezeichnung leitet um und über einen Felsaufbau (Drahtseile); von diesem etwas ausgesetzt absteigend erreicht man eine Kanzel, von der man ebenfalls absteigt. Nun bietet sich südseitig ein schmales Band an, das bis an sein Ende verfolgt wird. Weiter über Grasstufen einen Hang hinauf; eine Rinne wird gequert und anschließend in leichter Kletterei die Schneide des Ostgrates erreicht.

Dank der Lage des Monte Chiampon genießt man vom Gipfel eine fast uneingeschränkte Fern- und Rundsicht, die von der Adria bis zu den Dolomiten, den Karnischen und den Julischen Alpen reicht.

Variante: Man folgt den Steigspuren nach links und gelangt so durch eine Engstelle zu einer Kuppe, dann auf einen Grashang (evtl. steiles Schneefeld), der vorsichtig überquert werden muß (Abrutschgefahr). Nun weiter rechts aufwärts auf den Ostgrat und auf diesem etwas mühsam zum höchsten Punkt.

Abstieg: Wie Aufstieg. Oder man wählt den markierten Steig vom Gipfel nach Norden absteigend, um den Col di Scric herum und über die Cresta Storta (Drahtseilsicherungen) hinunter nach S. Agnese. Von hier führt markierter Steig zum Ausgangspunkt zurück.

Höhenunterschied: Gemona 250 m – Parkplatz etwa 400 m – Sella Foredor 1067 m – Passo della Signorina 1250 m; Gesamthöhenunterschied 1459 m bzw. 1300 m.

Gehzeiten: Parkplatz – Sella Foredor 1½ – 2 Std. Sella Foredor – Gipfel 1½ Std.

Stützpunkt: Gemona oder Ospedaletto.

Schwierigkeit: Unschwierig (I), jedoch Schwindelfreiheit und Trittsicherheit erforderlich. Im Frühling bis etwa Ende Mai sind ein Pickel sowie einige Meter Reepschnur für schwächere Teilnehmer zu empfehlen.

Hinweis: Leichte Tagestour, kann fast das ganze Jahr unternommen werden. Dank der südlichen Lage und geringen Entfernung zur Adria wunderbare Frühlingsflora. Unterwegs kein Trinkwasser. Ab Villach Autobahn.

Der Monte Chiampon.

6 Monte Amariana, 1905 m, gesicherter Klettersteig

Julische Voralpen

Der Monte Amariana erscheint von Osten gesehen als mächtige Pyramide; besonders von Resiutta aus betrachtet, strahlt seine Gestalt für den Bergfreund enorme Faszination aus. Nach einer friulanischen Sage kommt es immer wieder zu Naturkatastrophen, weil „Amariana" den Monte „Simeone" nicht ehelichen will.

Zufahrt: Von der österreichisch-italienischen Grenze über Tarvisio bis Carnia. Von hier auf der Straße nach Tolmezzo bis in die Ortschaft Amaro. Ab Villach Autobahn. In der Ortschaft zweigt man auf der Piazza Superiore nach rechts ab und fährt links an der Dorfkirche vorbei auf guter Asphaltstraße bis zu einer Brücke; hier Parkmöglichkeit. Es besteht jedoch die Möglichkeit, mit dem Pkw auf einer meist schlechten Schotterstraße steil und in vielen Windungen noch etwa 6 km weiter aufzufahren bis in eine Höhe von etwa 930 m.

Zugang: Von der erwähnten Brücke auf der Naturstraße etwa ½ Std. aufwärts. In einer Kehre befindet sich links eine Hinweistafel und die Markierung 414. Auf steilem Pfad durch schönen Laubwald gelangt man in eine Höhe von 930 m. Hinweistafel „Amariana" Nr. 414. Hier rechts, zuerst durch Wald und Gestrüpp aufwärts zu einem Steilpfad über den weißen Felsen und gelangt so in den Bereich der Valeriefelsen in etwa 1340 m Höhe. Südlich weiter in einigen Kehren auf eine begrünte Kuppe, etwa 1400 m. Ein Serpentinensteig leitet von hier zu einer Steilwiese, die zum Gipfelaufbau führt.

Anstieg: Durch eine sehr steile Felsrinne, an der rechten Seite mit Drahtseilen und Eisenstiften gesichert, steigt man mühsam empor und erreicht einen Absatz. Von hier nochmals sehr steil in eine Scharte und auf Steigspuren durch Latschen und Geschröf auf den Ostgrat, über den man in Kürze den Gipfel erreicht. Die Sicht reicht bei klarem Wetter bis zum Meer. Am Gipfel eine überlebensgroße Madonnenstatue auf einem Podest, stets mit vielen Blumen geschmückt. Alljährlich im Spätherbst findet hier eine Gipfelmesse statt.

Abstieg: Wie Aufstieg.

Der Monte Amariana.

Höhenunterschied: Amaro 290 m – Ende der Straße 930 m – Gipfel 1905 m.

Gehzeit: Parkplatz an der Brücke – Gipfel 3½ – 4 Std.

Schwierigkeit: Trittsicherheit erforderlich.

Stützpunkt: Amaro, Carnia.

Hinweis: Frühjahrs- bzw. Herbsttour; für die Steilrinne bis Ende Mai Pickel mitführen. Unterwegs kein Wasser. Vorsicht vor Schlangen!

10 Wischberg, 2666 m, Sentiero attrezzato „Anita Goitan"

Wischberggruppe

Der beeindruckende Felskamm der Wischberggruppe mit seinen dolomitisch anmutenden Bändern und Türmen war für Kugy eines der schönsten und gewaltigsten Massive der Julischen Alpen. Der westliche Teil war im 1. Weltkrieg von den Österreichern zu einer Bergfestung ausgebaut worden; auch heute noch erinnern zahlreiche Stellungsreste, kühne Steiganlagen und Kavernen an die Zeit des Stellungskampfes.

Der Wischberg ist heute nicht nur ein Freilichtmuseum des ersten Weltkriegs, sondern auch ein Klettersteigparadies. Die hier beschriebene Via ferrata wurde von den Gebirgsjägern des Bataillons Cividale zum Andenken an das CAI-Mitglied „Anita Goitan" angelegt. An vielen Stellen verfolgt sie alte Kriegssteige von 1915/18. Dieser Steig erschließt in technisch meist problemloser, aber aufregender und raffinierter Wegführung eines der eindrucksvollsten Felsreviere der Julischen Alpen. Wischberggipfel und Kastreinspitze, aber auch schon Mosesscharte und Korscharte sind ebenfalls lohnende Ziele.

Zugang zur Corsihütte: a) Vom Neveasattel, unmittelbar hinter dem nördlichsten Bau am Paß (Finanzierikaserne), steigt der Giorgio-Cavalieri-Weg zunächst nordwärts durch den Wald, erreicht die schlangenreiche Alm Cregnedul di Sopra, 1515 m, und zieht von hier – bei immer schönerer Aussicht – auf ehemaligem Saumweg bis zur Sella degli Scalini, 2001 m, einer Einsenkung des vom Cregnedul in südlicher Richtung herabziehenden Rückens, mit Resten alter Kriegsstellungen und schönem Blick zur Hütte. Zunächst leicht bergab und in weitem Bogen durch die Mulde bis zur schwarzen „Traufwand", einem stark überhängenden Felsfuß. Von der Traufwand in wenigen Minuten zur Guido-Corsi-Hütte.

b) Vom Rifugio Divisione Julia am Neveapaß 4,2 Straßenkilometer paßabwärts bis zu einem bez. Wegabzweig. Zur Erinnerung an die Kriegsereignisse steht am Straßenrand ein Gedenkstein. Mit Kfz auf Fahrweg bis zum Verbotsschild am Beginn der Militästraße (hier Parkgelegenheit, weitere Auffahrt dringendst abzuraten). Auf steilem Fahrweg durch Wald bis zur Fischbachalm (Grand' Agar), 1530 m, hier Talstation der Materialseilbahn. Von hier führt nach links ein bequemer Weg in Richtung Bärenlahnscharte und mündet kurz vor der Traufwand in den Verbindungsweg zwischen Hütte und Sella degli Scalini. Ein anderer „direkter" Steig zur Hütte geht rechts ab, führt zunächst etwas bergab, quert einen Bachlauf und zieht nun sehr steil und mühsam im Zickzack durch strauchbewachsenes Gehänge bis unmittelbar zur Hütte.

Aufstieg zum Wischberg: a) Von der Corsihütte auf anfangs gut bez. Weg bergan, im Bogen um eine steilere Felspartie, bis zur Wegabzweigung Mosesscharte. Nach rechts weiter bis zu einer gut gangbaren Stelle in der Wandstufe. Über Schrofen und Geröll bis zum Wandfuß. Sehr steil an Stahlseilen empor und durch einen kurzen, natürlichen Felstunnel drahtseilgesichert bis zum verflachenden breiten Südrücken. Auf Pfadspuren, teilweise schlecht bez., links über steile, schuttbedeckte Felsflanken in Serpentinen bis unter den Gratrücken und hier links auf Steigspuren problemlos bis zum Gipfel mit seinen verfallenen Kriegsstellungen.
b) Von der Corsihütte bis zur genannten Wegverzweigung, hier links ab und, teilweise schlecht bez., längs der ersten Wandstufe weiter. Leicht absteigend ins Kar unter der Scharte und hier in steilen Serpentinen mühsam über Geröll bis zur Mosesscharte.

b) Sentiero attrezzato Anita Goitan. Im Anschluß an den Felsensteig Ceria-Merlone (Tour 3) kann man die gesamte Überschreitung über die Kastreinspitzen bis hin zum Wischberg und den Gamsmutterzug auf dem Anita-Goitan-Steig ausführen.

Zugang: Von der Corsihütte folgt man dem Steig zum Sella degli Scalini / Scalinipaß hin bis zu einer Talmulde, die zur Bärenlahnscharte / Lavinal dell' Orso hinaufzieht. An einer Wegteilung biegt man nach rechts ab und steigt in die Mulde zurück. Durch eine Grünzone gelangt man in eine Schotterhalde. Nun weiter auf dem Steig aufwärts, um dann rechts zu queren. Bevor man zur Bärenlahnscharte kommt, befindet sich am Anfang des Steiges, der nach rechts steil auf begrünten Hängen aufwärts führt, ein Wegweiser. Bald erreicht man den Felsen mit einer Bezeichnung. Der Bezeichnung folgend, in einigen steilen Windungen, ersteigt man über Grasstufen und felsdurchsetzten Rasen die Südflanke der Kastreinspitzen. Die Kastreinspitzen waren im 1. Weltkrieg eine Felsenfestung, ja ein Festungsberg, ein Musterbeispiel der ganzen Front eines sorgfältig ausgebauten natürlichen Bollwerks. Es war ihm von keiner Seite beizukommen.
Die Überschreitung des Doppelgipfelmassivs benützt alte Kriegssteige. Unter den Gipfel verläuft der Steig horizontal auf Felsbän-

dern bis zum Ostkamm, in 2440 m Höhe. Von hier aus kann man, bevor man weitergeht, zum höchsten Punkt aufsteigen (kriegshistorisch sehr interessant!). Überall Schützengräben und verfallene Wegbauten. Man folgt den Schützengräben und begeht ein schönes Felsband, das kurz vor der Nordseite abfällt. Die erste Höhe wird umgangen (Achtung bei den Holzstegen!), bis man hinab zur Scharte zwischen den beiden Gipfeln gelangt. Von hier erleichtern künstliche Stufen den Aufstieg. Über schaurige Abgrundtiefe hinweg gelangt man zum Eingang einer Kaverne, die durch den ganzen Berg führt und unvergeßliche Eindrücke von den furchterregend steilen Abstürzen der Nordseite vermittelt. Hier kann man, bevor man zur Mosesscharte absteigt, zum zweiten Gipfel aufsteigen. Weiter auf dem Steig zu einem Verbindungsgraben längs des Kammverlaufs, von dem aus man in einzigartiger Wegführung durch mit Schutt gefüllte Höhlen hinuntersteigt. (Oberhalb befinden sich vier Schutzbauten.) Der weitere Abstieg erfolgt steil ostwärts auf teils gesicherten, grasdurchsetzten Bändern, und man erreicht schließlich eine letzte Steilstufe, über die man zur Mosesscharte gelangt.

Gehzeit: Von der Corsihütte – Bärenlahnscharte – Kastreinspitzen – Mosesscharte etwa 2 – 2½ Std.

Anita-Goitan-Steig: Von der Mosesscharte wendet man sich nach rechts, steigt über steile Wandstufen in Richtung der sogenannten Pagode auf und erreicht einen Kriegssteig. (Gute Felsgeher können hier auf dem alten Kriegssteig direkt vom Gipfel des Wischbergs aufsteigen.) Erleichtert wird der Aufstieg durch Drahtseile und künstlich in den Fels gehauene Stufen und Kerben. Anschließend gelangt man auf ein Felsband, dem man folgt, und man erreicht alsbald ein Schotterband, das auf der Südseite des Wischbergs verläuft. Man steigt auf diesem Band leicht an, unter drei charakteristischen, gelblichen Felsspornen vorbei, dann folgt man einem Steig, bis man auf den Normalweg stößt, der von der Corsihütte heraufkommt. (Von hier kann man einen Abstecher auf den Wischberg machen.) Man steigt auf dem Normalweg etwa 50 Meter weit ab und verläßt ihn nach links (ostwärts), eine Rinne überquerend, oberhalb eines natürlichen Felstunnels. Jetzt ersteigt man das schon gut

Sentiero attrezzato „Anita Goitan".
A = Mosesscharte; B = Wischberg; C = Normalweg von Süden; D = Hohe Gamsmutter; E = Rifugio G. Corsi / Corsihütte; F = Gamsmutterturm; G = Innominata / Kleinspitz; H = Kaltwasser – Gamsmutter; I = Kaltwasserscharte.

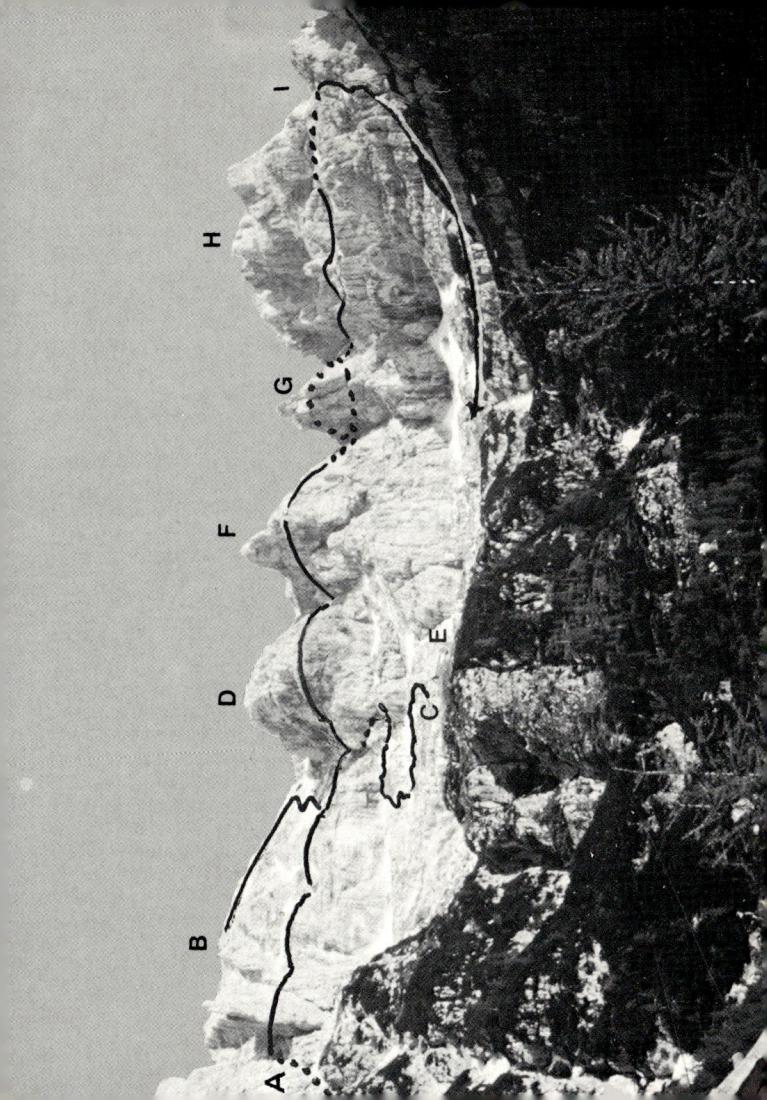

sichtbare, schräg hinaufziehende Felsband, das die überhängende Wand der Hohen Gamsmutter durchzieht. Man folgt dem Felsband fast eben, anschließend begeht man immer bestens gesichert einige exponierte Passagen mit einmaliger Felsszenerie. (Achtung auf den darunterliegenden Normalweg: keine Steine lostreten!) In herrlicher Felslandschaft der Bezeichnung folgend um eine Ecke (wieder gut gesichert) zur Schlucht zwischen Hoher Gamsmutter und Gamsmutterturm. Man quert die Schlucht und begeht ein Band am jenseitigen Schluchtrand in Höhe des Gamsmutterturms (Wandbuch in einer Nische). Nach einer weiteren Ecke erblickt man die Gamsnadel / Ago dei Comosci und den Kleinspitz / Innominata. Das Band ist zunächst eng und unterbrochen, wird dann allmählich breiter und verbreitert sich zu einer grasbewachsenen Terrasse unter der Gamsnadel. Im Anschluß daran gelangt man über kleinere Absätze zu einer steilen Platte. Von hier an Steigbügeln und Drahtseilen hinunter in die darunterliegende Scharte. Aus der Scharte einige Meter auf der gegenüberliegenden Seite aufsteigend bis zu einem Stand, der es erlaubt, zum nördlichen Abbruch des Kleinspitzes zu gelangen, wo man exponiert über eine leicht schräg abfallende, mit Schutt bedeckte Felspassage queren muß. (Schöner Blick hinunter zur Pellarinihütte.) Im Frühsommer ist diese Stelle meist noch mit Eis und Schnee bedeckt und sehr heikel. Die bessere Variante ist jedoch technisch etwas schwieriger: der Aufstieg bzw. die Übersteigung durch die Kaminflanke und einen vertikalen Felsspalt der Innominata. Diese Stelle ist trotz der Hilfe eines Drahtseils noch nicht ganz unschwierig. Auf der anderen Seite der Wand muß man etwas luftig absteigen (nicht leicht, Seilgebrauch für schwächere Teilnehmer ratsam). Man gelangt zu der Stelle, wo sich die beiden Varianten wieder vereinen. In weiterer Folge gelangt man zum Einschnitt, der den Kleinspitz / Innominata und die Kaltwassergamsmutter trennt. Durch diesen erreicht man den Beginn eines Felsbandes, dem man so lange folgt, bis einige Couloirs zu überwinden sind. Diese Passagen sind sehr exponiert, Drahtseile und Kerben sind hier sehr nützlich (Schlüsselstelle der ganzen Bergfahrt). In der Folge wird das Felsband breiter und mündet absteigend auf eine schräg nach unten ziehende schottrige Terrasse. Über diese hinweg und durch eine steile Schluchtrinne absteigend erreicht man die Kaltwasserscharte, 2240 m. Hier befindet sich in einer Felsnische eine Madonnenfigur. Von hier erreicht man die Corsihütte in etwa 40 Minuten. Der Abstieg zur Pellarinihütte erfordert etwa 2 Std. Für den gesamten Weg von der Bärenlahnscharte zur Kaltwasserscharte mit Abstieg zur Corsihütte benötigt man etwa 7 Std.

Höhenunterschiede: Corsihütte 1874 m – Bärenlahnscharte 2138 m – Kastreinspitzen 2502 m und 2495 m – Mosesscharte 2271 m – Wischberg 2666 m – Kaltwasserscharte 2240 m.

Gehzeiten: Neveasattel – Corsihütte 3 Std. Seebachtal – Gedenkstein 2 – 2½ Std. Corsihütte – Kastreinspitzen – Mosesscharte 2½ Std. Mosesscharte – Kaltwasserscharte – Corsihütte 4 Std. Corsihütte – Wischberg (Normalweg) 1½ – 2 Std.

Schwierigkeit: Wischberg-Normalweg im unteren Teil luftiger Klettersteig, anschließend problemloser Aufstieg zum Gipfel. Kastreinspitzen, Anstieg von Süden: steiler felsdurchsetzter Rasen (Achtung bei Nässe und Schnee). Attrezzato Anita Goitan: Mosesscharte – Wischberg – Kaltwasserscharte teils exponiert; für routinierte Berggeher bei normalen Verhältnissen kaum schwierig, mit Ausnahme von zwei Stellen: a) beim Kleinspitz und b) kurz danach. Trittsicherheit und Schwindelfreiheit nötig.

Stützpunkt: Rif. Guido Corsi / Corsihütte, 1874 m. Geöffnet vom 15.6. bis Ende September. Bei schönem Herbstwetter bis Oktober an Wochenenden. 57 B., 20 M. Winterraum. Tel 04 28 / 6 81 13.

Hinweis: Für schwächere Teilnehmer Seil ratsam, Selbstsicherung. Im Frühsommer in den Rinnen / Couloirs meist noch Hartschnee, eventuell Pickel. Beste Zeit Juli bis Spätherbst.
Siehe Karte Nr. 3.

Variante Nord: Von der Kaltwasserscharte führt eine sehr schneidige Klettersteig-Variante, die jedoch teilweise über beinharte, gefährliche Schneefelder führen kann. Querung bei schlechten Verhältnissen nur mit Pickel und Steigeisen! Die Abzweigungen sind deutlich bezeichnet. Wegen der bis spät in den Sommer hinderlichen Schneefelder selten begangen.
Zur Variante Nord gibt es zwei Zugänge von Norden. Beide eignen sich für eine Nord-Süd-Überschreitung der Wischberggruppe mit eventuellem Aufstieg zum Wischberg über den Klettersteig „Anita Goitan". Sie sind landschaftlich ganz besonders reizvoll. Die Südanstiege in der Wischberggruppe werden im Sommer und Herbst sehr stark besucht. Die Nordanstiege sind dagegen zwar sehr ruhig, jedoch auch schwieriger; sie sind gegebenenfalls als Alternative zu empfehlen.

Zugang a): Ausgangspunkt Tarvis – Raibl / Cave del Predil. 5 km nach Tarvis, in einer Linkskurve (Brücke), zweigt man nach rechts in das Dorf Kaltwasser (Riofreddo) ab. Von hier führt ein Karrenweg, Bez. 618, noch etwa 5 km ins Kaltwassertal; er ist mit Kfz bedingt befahrbar bis zu einer Wiese mit Parkgelegenheit (Wegzustand im Dorf erfragen!). Von hier etwa 1 Std. Aufstieg zum Biwak Calligaris, 1250 m, im Wald oberhalb des Baches im oberen Kaltwassertal.

Vom Biwak folgt man der Bez. 618 bis zur nächsten Wegteilung mit Nr. 630, die zur Weißenbachscharte führt. Man bleibt weiterhin rechts auf Weg Nr. 618, der auf den von der Pellarinihütte kommenden Weg leitet. Von dieser Wegvereinigung ab heißt der Weg Giorgio-Cavalieri-Steig, Bez. Nr. 627. Er windet sich in die Mitte eines großen Schutthanges empor, der zur Nordflanke der Kaltwasser-Gamsmutter hinaufreicht. Der Aufstieg zur Scharte ist sehr steil und mühsam (bis in de Sommer hinein Schnee; Steigeisen und Pickel anzuraten). Drahtseilsicherungen, Eisenstifte und Stufen erleichtern zwar den Aufstieg, sind aber oft noch verschneit oder nicht verläßlich. Die Kaltwasserscharte, 2240 m, überrascht mit einer großartigen Sicht nach Süden. 2 – 2½ Std. vom Biv. Calligaris.

Zugang b): Ausgangspunkt Pellarinihütte (siehe Tour 11). Dieser schöne, jedoch alpine Steig, von der Pellarinihütte zur Corsihütte über die Kaltwasserscharte, ist einer der reizvollsten Übergänge in der Wischberggruppe. Von der Pellarinihütte führt ein markierter Steig mit Nr. 618 zur Krnicascharte, 1767 m (= Saifnitzerscharte – Carnizza di Camporosso), zwischen Kaltwasserkarspitze und Schwalbenspitzen. Von der Scharte steil in die Lavinali di Riofreddo (Carnizza di Tarvisio) hinab – hier in einer Felsnische Gedenkstein – und zu einer Weggabelung. Nun zu den oben beschriebenen Schutthängen und weiter wie bei Zugang a).

Hinweis: Das Biwak Calligaris ist nicht benützbar!

Hier in der Mosesscharte beginnt der Westanstieg des Sentiero attrezzato Anita Goitan.

Der steinerne Moses

11 Wischberg, 2666 m, Nordostschlucht

Wischberggruppe

Der Anstieg durch die Nordostschlucht auf den Wischberg ist die einzige „schwache Stelle" auf der Nordseite des Massivs, die noch für den Normalgeher, der über Felsgewandtheit und Ausdauer verfügt, zu meistern ist. Alle anderen Routen sind Klettertouren. Einige Stellen wurden 1915-1918 von den Österreichern gesichert. Die Route ist mit roten Markierungspunkten gekennzeichnet. Die Erstbesteigung erfolgte am 22. 9. 1901 durch Dr. Julius Kugy und Bolaffio mit Oitzinger und Komac.

Zugang: Von der Seisera (siehe Tour 3e) über das meist ausgetrocknete Bachbett auf bez. Weg 616 durch einen Wald zur Luigi-Pellarinihütte, 1500 m. Schon von hier sieht man einen dreieckigen Gratsporn, den Kleinen Wischberg. An seinen Flanken ziehen zwei steile Firnrinnen herab. Beide können durchstiegen werden.

Aufstieg a): Auf bez. Steig Nr. 616 in Richtung Naboisscharte. Nach etwa 10 Min. gelangt man zu einem Felsblock mit dem Hinweis Jof-Fuart-Gola-NO. Von hier über Geröll oder Schnee zum Fuß der NO-Kante des Wischbergs. Nun durch die Firnrinne gerade aufwärts und an ihrem Ende links in die Felsen. Vorsicht, Steinschlag! Etwas leichter quert man vom Fuß der Nordostkante die Firnrinne nach links, steigt anschließend über schrofigen Fels empor und folgt links den Spuren eines alten Kriegssteiges.

Aufstieg b) (schwieriger): Man verläßt den Steig Nr. 616 in halber Höhe und steigt zur linken Firnrinne auf. Ein Drahtseil erleichtert den Aufstieg. Nun zwischen Gamsmutterturm und Kleinem Wischberg rechts zu den Felsen. Steil empor (je nach Schneeverhältnissen kann diese Stelle sehr heikel sein) auf ein schmales Band, von dem man auf Steigspuren zum Kriegssteig wie bei a) trifft.

Nun gemeinsam: Durch einen kleinen Kamin, in dem noch alte Holzstufen aus dem ersten Weltkrieg vorhanden sind, empor. Weiter durch eine Steilrinne, die auf den Rücken des Kleinen Wisch-

Die Nordwand des Wischbergs mit der Nordostschlucht.

bergs, 1970 m, führt. In die Schlucht über Blöcke, Steilstufen und Wandln (teilweise II). Ein vertikaler Aufschwung, der durch einen Absatz geteilt ist (Sicherungen) wird erstiegen. Bald darauf, etwas höher, kommt man zu einer beeindruckenden Passage (Sicherung). Danach erreicht man einen Schuttplatz, auf dem sich bis in den Sommer hinein ein steiles Schneefeld befinden kann. Der Weiterweg führt links über Felsstufen und Absätze in schöner, leichter Kletterei zum Götterband, welches den gesamten Gamsmutterzug und den Wischberg durchzieht. Nun über steile Schrofen gerade hinauf auf den Ostgrat und über den Normalweg ohne Schwierigkeiten zum Gipfel.

Variante: (etwas leichter): Querung auf dem Götterband und durch die Schlucht absteigend nach rechts. Steil über Stufen, Rinnen und grasdurchsetzte Schrofen, zuletzt auf dem noch teilweise sichtbaren Kriegssteig (Eisenstangen und rostige Drahtseile) zum höchsten Punkt.

Abstieg: Wie Aufstieg. Oder wie bei Tour 10a in umgekehrter Richtung zur Corsihütte. Von dieser auf bez. Weg um die Villacher Nadel herum, weiter rechts hinauf über Grashänge zur Bärenlahnscharte/Lavinal dell'Orso (Nische mit Madonna). Von der Scharte steil abwärts durch Geröll, dann links hinauf auf den Nordhang des Foronon del Buinz zur Biwakschachtel Mario Mazzeni. Von dieser ständig absteigend zur Seiserahütte.

Höhenunterschied: Luigi-Pellarini-Hütte 1500 m – Wischberg 2666 m.

Gehzeiten: Seisera – Pellarinihütte 1½ Std.; Pellarinihütte bis zum Einstieg 15–20 Min.; Pellarinihütte – Gipfel 4–5 Std.; Gipfel – Corsihütte 1 Std.; Corsihütte – Bärenlahnscharte – Mazzenihütte – Seiserahütte 3 Std.

Schwierigkeit: Schwindelfreiheit und Trittsicherheit sind unerläßlich. Bergerfahrung und Ausdauer erforderlich. Einige Stellen II, je nach Routenwahl.

Stützpunkte: Seiserahütte, Besitzer M. Martinz. – Pellarinihütte, CAI Triest, Tel.04 28-6 01 35, bew. vom 15. 6. bis 30. 9., 40 M. – Corsihütte (siehe Tour 10). – Biwakschachtel Mario Mazzeni, 1630 m, CAI Triest, 9 M.

Hinweis: Durch die Länge dieser Tour ist früher Start am Morgen empfehlenswert. Letzte Wasserstelle Pellarinihütte! Für das Firnfeld sind Eispickel und Steigeisen ratsam. Im unteren Teil beim Einstieg Vorsicht wegen Steinschlaggefahr (Schutzhelm ratsam). Da es sich bei dieser Bergfahrt um keine ausgesprochene Ferrata (gesicherter Klettersteig) handelt, ist für schwächere Teilnehmer ein kurzes Seil ratsam. Der Routenverlauf ist mit neuen roten, gut sichtbaren Punkten bez. Beste Zeit Spätsommer bis Herbst.
Siehe Karte Nr. 3.

12 Großer Nabois, 2313 m, gesicherter Steig

Wischberggruppe

Bei dieser Bergfahrt trifft der Wanderer Schritt für Schritt auf die Geschehnisse des 1. Weltkriegs. Leichtester Anstieg auf den großen Nabois. Alle anderen Aufstiege sind reine Klettertouren.

Zugang: Von der Pellarinihütte (siehe Tour 11) auf bez. Steig Nr. 616 erst durch Latschen und Gestrüpp, dann steil und mühsam aufwärts in Richtung Naboisscharte, 1962 m. Etwa 60 m unterhalb befindet sich der Einstieg (Block mit Hinweis „Nabois").

Aufstieg: An einem aus dem 1. Weltkrieg stammenden Unterstand vorbei und rechts in die Felsflanke. Hier beginnt der Vorbau des Nabois. Ständig auf künstlichen (oder in Fels gehauenen) Stufen unter einem gewaltigen Überhang nach links und auf einer Art Rampe durch die Schlucht. Dann rechts in eine Rinne mit Holzstufen aus dem Krieg. Weiter in Kehren über Schrofen und Stufen, dann durch Krummholz über einen Kriegssteig aufwärts und mit herrlichem Blick in die Nordwand des Wischbergs auf die Ostseite des Nabois. Tief unten die Pellarinihütte, gegenüber die fünf Schwalbenspitzen sowie die drei Jungfrauen (Tre Vergine). Weiter auf dem Steig zurück in die SO-Seite. Über begrünte Steilhänge mit allen möglichen Alpenblumen weiter empor zu einer Kuppe. Eine Schlucht wird unter Überhängen gequert (alte Kriegsunterkünfte), dann steil aufwärts zu einem markanten Felsaufbau. Unter diesem befinden sich erneut Kriegsüberreste. Jetzt Auf und Ab über Grasbänder und Schrofen in Richtung des schon gut sichtbaren Gipfelmassivs. Hier beginnt der eigentliche Gipfelaufstieg. Ein erstes Drahtseil leitet gerade empor, eine Eisenkette, weitere Seile und Eisenstifte führen zum Gipfel (schönes geschmiedetes Eisenkreuz mit Gedenktafel). Herrliche Rundschau auf die umliegenden Bergriesen, besonders faszinierend der Blick auf den nahen Wischberg. Diese enge Nachbarschaft verleiht dem Nabois seinen ganz besonderen Reiz. Getrennt werden die beiden nur durch die enge Naboisscharte. Von Norden sieht der Nabois wie ein Teil des Wischbergs aus und erst bei der Pellarinihütte kann man erkennen, daß es sich um zwei selbständige Berge handelt.

Abstieg: Wie Aufstieg.

Der Gipfelaufbau des Großen Nabois.

Höhenunterschied: Pellarinihütte 1500 m – Großer Nabois 2313 m.

Gehzeiten: Pellarinihütte – Naboisscharte etwa 1 Std.; Naboisscharte – Gipfel 1½ Std.; Gipfel – Pellarinihütte etwa 2 Std.

Schwierigkeit: Für Trittsichere und Schwindelfreie bis auf eine kurze Passage im Gipfelbereich problemlos.

Stützpunkte: Siehe Tour 11.

Hinweis: Die renovierte Pellarinihütte (Tel. 04 28 / 6 01 35) bietet angesichts ihrer Höhenlage gute, einfache Unterkunft und Verpflegung. Für längeren Aufenthalt im Bereich der Wischberggruppe und des Gamsmutterzuges sowie für Überschreitungen besonders geeignet. Der Hüttenwirt erteilt gerne Auskunft. Am Forstweg zur Hütte Materialseilbahn für eventuellen Rucksacktransport über Anruf! Siehe Karte Nr. 3.

13 Wischberg, Ringweg Carlo-Chersi-Steig

Wischberggruppe

Dieser interessante, durchgehend bezeichnete, jedoch alpine Steig verbindet die Pellarinihütte mit der Attilo-Grego-Hütte. Der Steig berührt in seinem Verlauf die Biwakschachteln „Mario Mazzeni" und „Carlo Stuparich". Landschaftlich phantastisch; hier zeigt der Wischberg seine Paradeseite: das Götterband, Wände, Kanten und Türme von gigantischen Ausmaßen.

Zufahrt: Siehe Tour 11.

Zugang: Siehe Tour 11.

Ringweg: Von der Pellarinihütte (1987 ausgebaut) in Richtung Wischberg hinauf zur Naboisscharte, die zwischen Wischberg und Großem Nabois liegt. Jenseits der Scharte steil abwärts und in ständigem Auf und Ab, Schluchten und Steilrinnen querend, gelangt man unter der Nordwand des Wischberges zu einem Bach. Links oberhalb die Mosesscharte, die Kastreinspitzen und die Bärenlahnscharte. Über den Bach und auf gutem Steig bis zur Abzweigung Seisera, dann links auf den Nordhang des Foronon del Buinz und in wenigen Min. zur Biwakschachtel „Mario Mazzeni", 1630 m. Von dieser wieder hinab zur Abzweigung Seisera, dann steigt man links des Baches in die Spranje ab. Hier ist wieder eine Abzweigung: Man nimmt den linken Weg, zuerst durch Wald, dann steil aufwärts unter der Nordwand des Montasch und erreicht bald die beiden Biwaks „Carlo Stuparich", 1587 m (im Sommer teilweise bewirtschaftet). Hier ergibt sich ein überwältigender Einblick in die Nordwand des Montasch. Von hier aus beginnt auch der Aufstieg zum Beginn des „Kugyweges" durch die Nordwand sowie des „Weges der ital. Jäger" (Tour 3). Man kann hier oder schon vorher bei der letzten Abzweigung die Route abbrechen und und in die Seisera absteigen. Entschließt man sich jedoch für den Weiterweg, gelangt man auf gutem Steig mit schönen Ausblicken ins Tal zu den umliegenden Bergen durch den Carnizzagraben zur Attilo-Grego-Hütte.

Abstieg: Von der Attilo-Grego-Hütte auf markiertem Steig durch Wald hinunter zur Kapelle und zum Ausgangspunkt, somit schließt sich der Ring. Die Tour kann selbstverständlich auch in umgekehrter Richtung unternommen werden.

Der Ringweg, von der Naboisscharte unter den Nordwänden des Wischbergs.
Links der Große Nabois, ganz rechts die Mosesscharte.

Gehzeit: 6 – 7 Std. für den gesamten Ringweg.

Stützpunkt: Siehe Tour 10.

Schwierigkeit: Trittsicherheit und gute Kondition erforderlich.

Hinweis: Im Frühsommer für die noch meist vorhandenen Firnfelder Eispickel und Steigeisen ratsam. Heikle Stellen sind mit Drahtseilen gesichert. Kein Weg für Bergunerfahrene. Nur bei gutem Wetter ab Juli.
Siehe Karte Nr. 3.

16 Korscharte, 2180 m, Sentiero attrezzato Centenario

Weißenbachgruppe

Anläßlich des hundertjährigen Bestehens des CAI Gorizia wurde 1983 ein landschaftlich hervorragend angelegter und vorzüglich gesicherter Klettersteig, im Verlauf eines einstigen Kriegssteiges des I. Weltkriegs vom CAI Gorizia eröffnet. (Tafelspruch: „Möge dieser Steig die Schrecken und das Leid dieses Krieges vergessen helfen und die Gegner von einst zu Brüdern von heute vereinen. Allen Begehern dieser Anlage viel Freude und Erfolg. Berg-Heil – CAI-GORIZIA!")

Die Weißenbachgruppe ist eine nach Osten vorgeschobene Untergruppe der Wischbergkette. Dieser ehemalige Kriegssteig vermittelt einen grandiosen Überblick über die meisten westlichen Julier.

Zufahrt: Von der österreichisch-italienischen Grenze über Tarvisio, Cave del Predil / Raibl in Richtung Sella Nevea bis zu einer Brücke über den Weißenbach (etwa 5 km von Cave del Predil). Hier, bei einer Kurve oder einige Meter weiter, am Bachbett, kann man vorzüglich parken.

Zugang: Bei der Brücke weist eine Tafel des CAI mit der Bezeichnung 625 zur Brunnerhütte. Durch hochstämmigen Buchen- und Fichtenwald zuerst sanft, dann steiler aufwärts. Mehrere Male muß man den Weißenbach queren. Nach der letzten Querung erreicht man in Serpentinen die Guido-Brunner-Hütte, 1380 m. (Wenige Min. unterhalb der Hütte befindet sich eine Quelle oder etwa 30 m von der Hütte der Weißenbach.) Von der Brunnerhütte zuerst durch Wald aufwärts, dann zum Weißenbach abwärts und jenseits durch Latschen aufwärts. Rechts erblickt man bizarre Felsgestalten wie Schönkopf, Hochstelle, Zuckerhut u. a. Der Steig führt nun ganz nahe zu den Felswänden hin. Eine Steilstufe wird mühsam erreicht. Jetzt erblickt man die wohl einmalige Felsgestalt der Hohen Weißenbachspitze, von der Kenner behaupten, daß sie an Schönheit mit den Türmen der Dolomiten zu konkurrieren vermag. Nach dem letzten Aufschwung sieht man schon die beiden Biwaks Fisso Gorizia. Hier zeigt sich ein farbenprächtiges Bild, das sich vom Biwakplatz aus unvergeßlich einprägt. Von hier wendet man sich westwärts und steigt steil hinauf zur Korscharte, 2180 m. Der Anstieg zur Korscharte ist sehr mühsam, besonders wenn kein Schnee mehr vorhanden ist, doch die Faszination der hautnah sich zu beiden Seiten aufstei-

Sentiero attrezzato del Centario.

lenden Felsmauern läßt diese Mühe leicht vergessen. Der Rundblick in der Scharte offenbart dem Beschauer einen Kranz von Bergen voll unvergleichlicher, wilder Schönheit. Ein längeres Verweilen in dieser Felswelt muß jedes Bergsteigerherz höher schlagen lassen. **Anstieg:** Von der Korscharte nach links hinauf, um einen Felsvorsprung herum, dann hinunter auf ein Band zum Einlaß eines Kriegsstollens in 2160 m Höhe. Rechts in der Felswand, am Eingang des Tunnels, eine Tafel „Sentiero-Centenario-Attrezzato 11.9.1983 CAI-Gorizia". Im stockfinstern Tunnel geht es über einige Holzstufen aufwärts. Nach einem Absatz benützt man eine Holzleiter, der anschließend eine zweite folgt. Nach wenigen Min. passiert man eine

Schießscharte, durch die kalter Luftzug und Tageslicht von außen dringen. Durch diese Schießscharte feuerte einst das Korschartengeschütz. Nun macht der Tunnel einen Bogen, und man schlüpft ans Tageslicht auf der Südseite hinüber und kommt, sich links haltend, zu den ersten Drahtseilsicherungen. Dies leiten über eine Flanke. Im ständigen Auf und Ab, immer in etwa 2200 m Höhe, quert man um ein markantes Felstürmchen (Drahtseile). Der Markierung folgend gelangt man zu einem kanzelartigen Vorsprung und von diesem an guten Sicherungen zu einer tiefen Schlucht. Sicherungen und eine etwa 12 m lange Eisenleiter führen in den Schluchtgrund, den man auf einer kleineren Eisenleiter wieder verläßt. Jetzt begeht man eine Grünzone, über die anschließend eine Felsflanke erreicht wird. Über eine gesicherte Steilstufe steigt man in eine seichte Schlucht ab, um dann aufsteigend auf deutlichen Steigspuren auf ein grasbewachsenes Schartl zu gelangen. Erneut über Schrofen und Geröll absteigend erreicht man schließlich das Ende des Klettersteiges bei der gleichen Tafel wie beim Einlaß in den Tunnel. Von der Scharte nun steil hinunter zu den Biwaks Gorizia (Geröll oder Schnee je nach Jahreszeit).

Die Tour kann natürlich auch in umgekehrter Richtung gemacht werden, mit dem Abstieg zur Corsihütte, die in den Sommermonaten voll bewirtschaftet ist, und Abstieg zur Fischbachalm und zur Straße. Der Rückweg im Tal auf der Straße zum Autoparkplatz erfordert etwa ½ Stunde.

Höhenunterschied: Parkplatz Seebachtal 990 m – Brunnerhütte 1380 m – Biwak Fisso Gorizia 1950 m – Korscharte 2180 m – Tunneleinlaß 2160 m – Ausstieg bzw. Ende des Klettersteiges 2150 m.

Gehzeiten: Parkplatz – Brunnerhütte etwa 1 Std. Brunnerhütte – Biwak 1½ Std. Biwak – Korscharte 40 Min. bis 1 Std., je nach Verhältnissen. Aufstieg und gesamte Begehung des Klettersteiges bis zur Scharte bzw. Abstieg zum Biwak 5 – 5½ Std. Abstieg über Brunnerhütte 2 Std.

Stützpunkte: Brunnerhütte und die beiden Biwaks unbewirtschaftet; Corsihütte Sommerbewirtschaftung.

Schwierigkeit: Trittsicherheit erforderlich. Der lange Anstieg erfordert Ausdauer. Technisch keine Probleme.

Hinweis: Für die Begehung des Tunnels ist eine Taschenlampe oder Fackel erforderlich. Im Frühsommer und Spätherbst für die Anstiege zur Korscharte bzw. für den Abstieg vom Enpunkt des Klettersteiges sind Pickel und Steigeisen unbedingt anzuraten. Letztes Trinkwasser unter der Brunnerhütte. Für gute Kletterer kann nach erfolgter Begehung des Klettersteiges am Endpunkt/Scharte der Aufstieg auf die Hohe Weißenbachspitze noch empfohlen werden. Beste Zeit Juni bis Spätherbst. Siehe Karte Nr. 3.

17

Großer Mittagskofel, 2087 m, — Monte Piper, 2066 m, — Due Pizzi, 2047 m, Überschreitung, gesicherte Steige

Mittagskofelzug

Der Montaschgruppe nördlich vorgelagert erhebt sich der Mittags-kofelzug, mit dem Mittagskofel / Jof di Miezegnot, 2087 m, dem höchsten Berg der Gruppe. Die hier beschriebene Bergfahrt ist eine sehr lohnende, lange Tagestour von ganz besonderem Reiz und Erlebniswert. Die Besteigung des Mittagskofels mit Überschreitung nach Westen zum Dreigipfelmassiv des Monte Piper und des Zweispitz-Ost- und Westgipfels. (Wegen der Länge dieser Tour besteht die Möglichkeit, sie in zwei Etappen zu machen und zwar mit Übernachtung in der Armando-Bernardis-Hütte, einer Unterstands-hütte unter dem Ostgipfel des Zweispitz.) Diese Berge sind mit Ausnahme des Mittagskofels ausgesprochen einsam. Eine grandiose Schau bietet der Blick in die schroffen Steilwände und auf die bizarren Gipfel und schwindelnden Grate der südlich gegenüber liegenden Montaschgruppe. Prächtige Rundsicht und schaurige Tiefblicke nach allen Seiten. Kriegshistorisch höchst interessant, überall Zeugen des furchtbaren Ringens im 1. Weltkrieg. Vereinzelt kann man sogar noch ganze Granaten finden. (Vorsicht! Blindgänger nicht berühren!)

Zufahrt a): Von der österreichisch-italienischen Grenze über Tarvisio nach Valbruna / Wolfsbach, 807 m. Am Eingang in das Seiseratal, etwa 100 Meter vor dem österreichischen Soldatenfriedhof, zweigt rechts ein Steig zum Mittagskofel ab. Bezeichnung Nr. 607.

Zufahrt b): Zunächst wie Zufahrt a); dann weiter ins wunderschöne Seiseratal mit Pkw bis zum Talschluß beim Rifugio Seisera und weiter an italienischen Militäreinrichtungen vorbei über eine Brücke (Wasserstelle) bis zu einer Kapelle. Hier gute Parkgelegenheit.

Zufahrt c): Auf der Staatsstraße SS 13 Tarvisio — Udine nach Dogna. Unter der mächtigen Eisenbahnbrücke hindurch führt eine phantastisch angelegte Bergstraße ins wildromantische Dognatal. Das Dognatal ist wohl eines der schönsten Hochtäler im Ostalpenraum. Auf einmalig trassierter und neu asphaltierter Gebirgsstraße, an einsam gelegenen Bergbauernhäusern vorbei, erreicht man den 1392 m hoch gelegenen Somdognasattel.

Vom Monte Piper zum Due Pizzi (Zweispitz).

Zugang a): Der Bezeichnung 607 folgend auf einem Holzfällerweg über bewaldete Hänge, wobei man zweimal den Rio del Salto überquert. Weiter steil durch Buchenwald aufwärts, zur Alm „Rauna", 1500 m (hier steht eine Almhütte). Von dieser gelangt man in wenigen Min. zur Kaiserin-Zita-Kapelle, die 1916 von österreichischen Soldaten erbaut wurde.

Aufstieg: Von der Kapelle nach links (Pfeil) in den Wald und anschließend auf einem Steig bis zu einer Wegteilung; zwei Hinweistafeln. Der rechte Hinweis leitet zur Alm Strekizza; links am Osthang, einem Steiglein folgend, erreicht man ein Hochkar. Der Reiz dieses Steigleins liegt im Wechsel immer neuer Ausblicke und im Zauber der Flora und Fauna. Hier kann man eine Vielzahl von Gemsen beobachten, die mit ihrem Nachwuchs Kletterversuche unternehmen. Der Steig beginnt jetzt in Richtung auf den Schwarzenberg / Monte Nero und den Kleinen Mittagskofel kräftig anzusteigen; hier erinnern noch Schützengräben und Kavernen an den 1. Weltkrieg. Der nun folgende Abschnitt ist mühsam, die Gipfelrinne des Kleinen Mittagskofels wird erklommen. Nun um diesen herum, dann absteigen und weiter durch Rinnen und Schluchten (bis in den Frühsommer steile Schneefelder; Pickel und dergleichen anzuraten). Diese queren und nochmals steil hinauf zum Gipfelgrat des Großen Mittagskofels und auf diesem zum höchsten Punkt.

Zugang b): Von der Kapelle beginnt der Anstieg entweder nach links auf einem Karrenweg oder gleich rechts der Kapelle der Markierung (Telefonleitung) folgend. Man gelangt in etwa 1 Std. zum Rif. Attilo Grego, 1389 m. Hier befindet sich die letzte Wasserstelle. Man folgt nun dem Saumweg bequem, fast eben und gelangt nach etwa 15 Minuten gleichfalls zum Somdognasattel.

Aufstieg: Zufahrt c) und Zugang b) gemeinsam.
Vom Sattel gelangt man in Kürze zu einer Almwirtschaft. In der Weidezeit bekommt man hier Milch, Käse und Polenta. Weiter auf gutem Steig durch wunderschönen Mischwald in vielen Serpentinen aufwärts. Bald erreicht man die Reste eines italienischen Armee-Kommandogebäudes (hier schöner Rastplatz). Nun steigt man etwas mühsam der Bezeichnung folgend entweder nach rechts ins Kar oder nach links auf der Gratschneide aufwärts. In etwa 20 Min. erreicht man den Gipfel des Großen Mittagskofels. Hier findet man auf Schritt und Tritt Stellungsreste und zum Teil noch gut erhaltene Bunker, Unterkünfte und Kavernen. Die Rundschau von hier kann man nicht in Worte kleiden, man muß sie selbst erleben.

Überschreitung zum Monte Piper und zum Zweispitz / Due Pizzi:
Vom Gipfel wenige Minuten absteigend verläßt man den Aufstiegsweg wendet sich rechts (westwärts, Richtung und Hinweis Monte Piper) auf Steig 649 zu dem schon gut sichtbaren Ostgipfel des Monte Piper. Der Steig führt durch eine Grün- und Latschenzone in etwa 1950 m. Man folgt ihm weiter und umgeht mit einigem Auf und Ab eine Kuppe; von dieser absteigend nun ein kurzer Gegenanstieg. Auch hier Reste alter Kriegsbauten. Man muß auf die Markierung besonders gut achten (teils verblaßt). Bei Nebel und schlechter Sicht ist Vorsicht geboten! Jetzt geht es wieder aufwärts. Unter einem mächtigen Überhang absteigend gelangt man in eine Rinne. Diese wird mit Hilfe von zwei Drahtseilen gequert. Nun gelangt man zu einer gewaltigen Schuttreise, die man quert und letztlich absteigt; so gelangt man zum Einstieg des Klettersteiges in etwa 1850 m Höhe. Dieser Klettersteig wurde von Soldaten im I. Weltkrieg errichtet und wird auch heute noch von den Alpinis betreut.

Aufstieg: Der Aufstieg erfolgt nach Querung einer Schlucht; auf Bänder und Stufen in wechselnder Reihenfolge über einige ausgesetzte Passagen ständig aufwärts. Die Anlage wurde sehr geschickt angelegt und das natürliche Bändersystem mit von Hand gehauenen Stufen versehen. Bald verläßt man den Fels und gelangt über Grasstufen zum Piper-Ostgipfel, 2066 m (der höchste des Dreigestirns). Der Ausstieg befindet sich in etwa 2010 m. Die Länge des Klettersteiges beträgt etwa 160 m. Einige Drahtseile im unteren Bereich sind schadhaft, der Steig wird aber laufend von einer Alpini-Einheit instandgehalten. Nun vom Gipfel nordwärts hinab (roter Markierungspunkt) erreicht man in wenigen Minuten steilen Abstiegs einen alten Bunker (schöner Rastplatz). Weiter folgt man dem Steig unter den beiden Pipergipfeln, steigt dann südwärts nach links ab (hier besonders gut auf die Markierung achten) und gelangt so in etwa 20 Min. zu einem Sattel in etwa 1780 m Höhe. Hier mündet der von der Dognastraße heraufkommende Zifferweg Nr. 648 ein. Zur Besteigung der beiden Zweispitzgipfel benützt man den Weg 648. Dieser führt nun von der Scharte absteigend unter den Überhängen des westlichen Pipermassivs entlang. Man quert dann eine Geröllhalde und gelangt von dieser steil hinauf zu den ehemaligen Kriegsstellungen in die Piperscharte/Cianalötscharte, 1830 m. Nach links, südwärts, erreicht man die im Jahre 1982 instandgesetzte Armando-Bernardis-Hütte, 1970 m. Die Hütte ist ständig geöffnet und bietet vier bis sechs Personen Unterkunft, Kochgelegenheit vorhanden, Regenwasser in Zisterne. Von der Hütte gelangt man auf Steigspuren in wenigen Minuten auf den Zweispitz-Ostgipfel. Von hier kann man in nördlicher Richtung auf dem Kriegssteig an noch sehr gut erhaltenen italienischen Kriegsstellungen vorbei absteigen und erreicht den Einstieg eines Tunnels (Gedenktafel). Taschenlampe oder Fackel unbedingt erforderlich. Nun in den Tunnel, dann auf ein Band und von diesem absteigend gelangt man zu einem natürlichen Felstor. Durch dieses in eine Schluchtrinne und auf Stufen abwärts, um dann mit Hilfe von Drahtseilen aufwärts auf ein breites Band zu gelangen. Nun gut gesichert auf diesem weiter um das Massiv des Zweispitz-Westgipfels herum. Jetzt erreicht man südwestwärts einen Steig, der rechts über Geröll, Grasstufen und Latschen, wiederum an Kriegsbauten vorbei, auf den Westgipfel des Zweispitz, 2047 m, führt.

Abstieg: Wie Aufstieg. Vom Sattel am Kreuzungspunkt des Steiges zum Monte Piper nun der Bezeichnung 648 folgend steil abwärts (Zifferweg). Durch Latschen, Gras und Stufen in einigen Windun-

gen, wobei einige Male eine Schlucht gequert wird, hinunter. Nun folgt ein kurzer Gegenanstieg, und in wenigen Minuten steht man auf der Straße. Etwa 20 Min. die Straße aufwärts, an einer Militärkaserne vorbei, gelangt man wieder zum Somdognasattel.

Höhenunterschied: Parkplatz Valbruna Friedhof 807 m — Parkplatz Kapelle etwa 1010 m — Rifugio Grego 1389 m. Somdognasattel 1392 m — Mittagskofel 2087 m — Abzweigung zum Monte Piper etwa 1950 m — Monte Piper Südostgipfel (Klettersteig) 2066 m — Piperscharte 1830 m — Rifugio A. Bernardis 1970 m — Zweispitz-Ostgipfel 2046 m — Zweispitz-Westgipfel 2047 m.

Gehzeiten: Zugang a) 3$\frac{1}{2}$—4 Std. Zugang b) 3$\frac{1}{2}$ Std. Mittagskofel — Monte Piper — Zweispitz-Ostgipfel 2$\frac{1}{2}$ Std. — Westgipfel etwa 1 Std. Gesamtzeit etwa 8—9 Std.
Vom Zweispitz-Westgipfel (Tunnel) über Zifferweg zur Fahrstraße Dognatal 2$\frac{1}{2}$ Std.

Schwierigkeit: Trittsicherheit und Schwindelfreiheit, Ausdauer, Kondition und guter Orientierungssinn erforderlich.

Hinweis: Schöne sehr lange Tagestour. Genügend Trinkwasser mitnehmen. Bei Schnee oder Nebel abzuraten! Achtung auf die Markierung (viele alte Kriegssteige, die leicht zu Verwirrung führen können). Eventuell kurzes Perlonseil ratsam. Taschenlampe oder Fackel für den Tunnel. Für Zugang a) im Frühsommer für die steilen Schneerinnen und Schluchten Eispickel oder Skistöcke anzuraten. Beste Zeit Mai bis Spätherbst. Eventuell Übernachtung in der Bernardishütte.
Siehe Karte Nr. 4.

Die Kaiserin-Zita-Kapelle.

18 Mangart, 2677 m, „Via Italiana" und jugoslawischer Klettersteig

Mangartgruppe

Der Mangart ist einer der höchsten und charakteristischten Gipfel der Julischen Alpen. Sein außergewöhnlich kühner, aber meisterhaft gesicherter Klettersteig „Via Italiana" verdankt die Entstehung der Grenzziehung nach 1945. Die Grenze führt mitten durch den Gipfelaufbau des Mangart und verwehrte den Italienern den Zugang zum Gipfel aus dem Koritnicatal. Dieser Eisenweg durch die stellenweise fast senkrechte, ungegliederte Nordwand des Kleinen Mangart wurde 1955/56 von den bekannten Extrembergsteigern Piussi, Bulfon und Perissutti gebaut – eine Direttissima mit Stahlseilen und Eisenbügeln. Verblüffend ist der Ausstieg auf das sanfte Gelände der jugoslawischen Seite.

Ein Kontrasterlebnis zur außerordentlich exponierten „Via Italiana" bietet der jugoslawische Klettersteig auf den eigentlichen Gipfelaufbau durch Schluchten und Rinnen, Rampen und Verschneidungen. Ein besinnlicher Abschluß der aufregenden Klettersteigtour ist der Abstieg zu den Weißenfelser Seen.

Zugang „Via Italiana": Von der beschrankten Brücke oberhalb des Oberen Weißenfelser Sees in 20 Min. (1,3 km) auf der Fahrstraße talein bis zur Alpe Tamper (Seealpe), 1010 m, einer großen Wiese. Am südlichen (oberen) Waldrand nun nicht diese Fahrstraße weiterverfolgen, sondern auf sehr schwach ausgeprägten Steigspuren in grasigem Gelände halbrechts in die Wiese. Nach etwa 100 bis 200 m südwärts ansteigen bis zum Waldrand. Hier beginnt ein steiler Waldweg und eine Markierung wird sichtbar (großes rotes Dreieck). Von nun an stets ausreichend bez. steil durch den Wald bergan bis über die Waldgrenze, über Grasflecken und Schrofen an den Fuß des Steilaufbaus des Travnik; hier reichlich Trinkwasser. Nun folgt ein etwas luftiger Weg über die Grasbänder; eine kleine Rinne ist mit wenigen Eisenstiften gesichert.
Schließlich erreicht man das Bivacco Fratelli Nogara. Letztes Trinkwasser wenige Meter unter der Hütte.

Aufstieg: Markierungen führen etwa 100 Höhenmeter über ein Blockfeld empor zu zwei schwach ausgeprägten Höhlungen im Fels, hier weist ein roter Pfeil auf den Einstieg. Das erste Drahtseil führt nach 60 m in leichtem Fels zur ersten Höhlung, die man durch einen kleinen natürlichen Tunnel durchsteigt. Von einem kleinen Absatz geht es an Seilen senkrecht über eine 5—6 m hohe Wand, dann gut gesichert durch eine Schuttrinne zur zweiten Felshöhlung. Nach links über einen etwa 4 m hohen Absatz auf eine kleine Terrasse und nach 10 m zu einer begrünten Felskanzel. In einer Rinne etwa 5 m abwärts, quer über die Wand in eine weitere Rinne, die zu einer dritten Höhlung führt. Nach links in eine Felsrinne und an deren linkem Rand nach 30 m auf einen von Wänden umschlossenen Felsabsatz unter einer Scharte, die zum Kleinen Mangart führt. Von hier jedoch über Bänder weiter nach links zum Fuße einer senkrechten Felskante. Hier sehr luftig, doch gut gesichert fast senkrecht empor bis unter eine Reihe von Überhängen. Eine leicht steigende Querung führt ausgesetzt wieder etwa 150 m nach links zu einer senkrechten, gut gesicherten Wandstelle, die man über Trittbügel bezwingt. Über die letzten Felszacken erreicht man eine kleine Scharte und steht völlig überrascht und unvermittelt auf dem breiten, flachen Gratrücken. Hier trifft man auf die Markierungen des Normalweges und folgt diesen zum Gipfel.

Kürzere Zugangsvariante: Will man sich den langen, zeitraubenden Aufstiegsweg vom Oberen Weißenfelsersee ersparen, wählt man den Aufstieg von der jugoslawischen Südseite, die einen wesentlich kürzeren Zugang zum Einstieg der Via Italiana ermöglicht. Man fährt über Tarvis zum Predilpaß, von der Paßhöhe talabwärts; nach 1,5 km erreicht man eine Abzweigung nach links mit der Hinweistafel „Mangart 12 km". Man benützt eine 1987 wieder instandgesetzte ehemalige Militärstraße bis zu ihrem Endpunkt in etwa 2000 m Höhe (im obersten Abschnitt Straßenschleife mit Einbahnverkehr). Ein schlecht befahrbarer Abzweig von dieser Straße führt steil zur Mangarthütte. Vom Endpunkt dieser Straße, also direkt von der Hütte, auf bez. Steig zunächst in Richtung Mangart-Normalweg. Nach wenigen Minuten verläßt man den Steig und wendet sich nach links. Über Grasstufen und Steigspuren aufwärts in die Mangart-Travnik-Scharte an der Westwand des Kleinen Mangart. Von der Scharte steil über Geröll hinunter. Etwas rechtshaltend in etwa 10 Min. zum Bivacco Nogara. Von hier über Felsblöcke in wenigen Minuten zum Einstieg der Via Italiana. 1/2 Std. vom Parkplatz.

Gipfelanstieg über den jugoslawischen Klettersteig: Vom Endpunkt der Fahrstraße auf deutlichem Pfad zum Wandfuß des Gipfelaufbaus. Hier Wegteilung: nach links zum Normalweg (hier Einmündung der „Via Italiana"), nach rechts zum jugoslawischen Klettersteig (Bez.: Slov. smer; Tafel). Über eine etwas ausgesetzte, markante Steilrampe (Sicherungen) empor zu einem Pfeilerkopf, weiter auf der Pfeilerkante und nach links auf einem Band in eine Schlucht. Auf der gegenüberliegenden Seite auf einer Plattenrampe empor zu Schrofen und über sie im allgemeinen gerade aufwärts zu einer roten Schluchtrinne. In ihr empor zu einem breiten Absatz (Achtung! Steinschlaggefahr in der Rinne). Hier nach links in eine blockerfüllte Steilmulde und durch einen versteckten Felsspalt weiter nach links und einige Meter abwärts zu einem wasserüberronnenen Wandl (Trinkgelegenheit). An guten Sicherungen aufwärts und zuletzt nach rechts querend zu schotterbedeckten Felsen und über diese zur breiten Gipfelkuppe.

Abstieg: Entgegengesetzt zur Aufstiegsrichtung zunächst kurz entlang der Grenzlinie, dann auf ital. Gebiet in der Südostflanke abwärts auf die Ostschulter und auf deutlichen Pfadspuren in großem Bogen nach links nordwärts, teilweise fast eben, der Bezeichnung folgend bequem um den gesamten Gipfelaufbau herum auf die Nordseite. Hier liegen bis in den Frühsommer hinein die sog. „Leichenbretter", steile, meist sehr harte Firnfelder. Weiter der Markierung folgend erreicht man harmloses Felsgelände, über das man mit Hilfe von Seilsicherungen bis zum Ausgangspunkt der Via Italiana absteigt. Auf der jugoslawischen Seite, einer grasigen Westflanke, weiter und am Fuß der senkrechten Felswand des Kleinen Mangart bergab zum Ausgangspunkt. Abstieg entgegengesetzt dem Aufstieg.

Höhenunterschied: Oberer Weißenfelser See 936 m – Bivacco Nogara 1850 m – Mangart 2677 m. Höhendifferenz der Klettersteige: „Via Italiana" etwa 300 m (Einstieg etwa 1950 m, Ausstieg etwa 2250 m), jugoslawischer Klettersteig zum Gipfel etwa 470 m (Einstieg etwa 2200 m).

Gehzeiten: Lago di Fusine – Bivacco Nogara 3 Std.; Bivacco Nogara bis zum Ausstieg der „Via Italiana" 1 Std.; jugoslawischer Klettersteig bis zum Gipfel 2 Std.; Abstieg Mangarthütte 1½ Std.; Weißenfelser See 3—4 Std. Siehe Karte Nr. 6.

Die Via Italiana führt sehr exponiert durch die Nordwände auf den Mangart. Hier der Blick vom Oberen Weißenfelser See.

Biwak

Schwierigkeit: a) „Via Italiana" außerordentlich ausgesetzt, einige Stellen technisch schwierig (Kraftaufwand), nur für ausreichend Schwindelfreie! In jedem Fall mit Klettergürtel (Selbstsicherung). Hervorragende Sicherungen. Für schwächere Teilnehmer Seil ratsam. Im Frühsommer für das Schartencouloir Pickel anzuraten. Die im Sommer harmlose Querung kann bei Schneelage sehr problematisch sein.
b) Jugoslawischer Klettersteig zum Gipfel stellenweise exponiert, ausreichend gesichert und markiert.
c) Abstieg vom Gipfel über den Normalweg, markiert, teilweise gesichert. Wenig schwierig. Hier liegt bis in den Frühsommer hinein oft sehr harter Firn. Pickel oder Steigeisen ratsam.

Stützpunkte: Fusine (Weißenfels), 787 m, 7 km von Tarvis, einige Gasthöfe, zwei freundliche Krämerläden. – Lago superiore di Fusine (Oberer Weißenfelser See), 936 m, 3 km von Fusine (Asphaltstraße, große Parkplätze, Camping verboten). – Bivacco Nogara, 1850 m, Neubau 1984, 9 Schlafplätze und Decken, immer geöffnet, Wasser in der Nähe. Auf jugoslawischer Seite: Koča na Mangartu, 2092 m, bew. 1. 7. bis 20. 9., bei Schönwetter bis Okt. an Wochenenden, 25 B., 4 L., Gaslicht, Tel. – Bergrettung Bovec (Stand 1987). Zufahrt mit Auto über 12 km lange ehemalige Militärstraße.

Hinweis: Bei Begehung des Normalweges beim Abstieg zur Ostschulter auf Markierungen genau achten, besonders bei schlechter Sicht!

Der Jugoslawische Klettersteig auf den Gipfel des Mangart. Er ist wesentlich problemloser als die „Via Italiana".

19

Veunza (Vevnica) 2351 m, „Via della Vita"

Ponzazug

Julius Kugy, der Veunza als einen Felsgipfel von unvergleichlicher Schönheit rühmte, versuchte zeitlebens vergeblich, dessen Nordwände zu bezwingen. Später wurden Kletterrouten durch die Nord- und Westwände gelegt, die durchwegs sehr schwierig sind.

Eine Route zur Forcella Sagherza wurde um 1920 mit italienischer Phantasie und Gründlichkeit gangbar gemacht. Allerdings schien das Projekt den ausführenden Alpinisoldaten des Bataillons „Val Tagliamento" weniger geheuer zu sein, denn sie tauften den über vollkommen senkrechte Wandabstürze führenden Eisenweg „Via della Morte" (Weg des Todes). Einige Jahrzehnte später wurden aus diesem Klettersteig in Bergnot geratene Alpinisten wohlbehalten geborgen — seitdem und seit einer darauffolgenden Restaurierung heißt der Steig „Via della Vita" (Weg des Lebens). Diese großartig angelegte Eisenroute wurde 1984/86 instandgesetzt. Der Übergang zur Strugova und Hohen Ponza wurde neu markiert und teilweise mit neuen Drahtseilen versehen.

Zugang: Bis zum Rif. Zacchi wie bei Tour 20. Hier auf bez. Weg südwärts nach rechts, durch Unterholz nahezu eben unter den Hängen des Ponzazuges bis in den riesigen, düsteren Kessel unter den Wänden des Strug. Bei der ersten Wegverzweigung (Wegweiser) leicht absteigend geradeaus weiter, rechts eine Forsthütte, links ein Gedenkstein. Nach stimmungsvollen Wegpassagen durch Latschen und lichten Hochwald trifft man auf der Alpe Vecchia, 1300 m, eine deutliche Aufschrift am Fels, „Via della vita". (Hinweis: Hierher in 1 Std. auch direkt vom Weißenfelser See; auf der Straße zum Rif. Zacchi bis kurz vor ihr Ende in etwa 1100 m Höhe. Hier beginnt ein schmaler Steig 513, der sehr steil einen Absatz überwindet, dann links abgeht und durch Wald und über eine Wiese auf die Alpe Vec-

Der Routenverlauf der „Via della Vita".

Sagherzascharte

chia führt.) Am Hinweis links ab und gegen das Kar empor. Der Steig quert zunächst den riesigen Schuttkegel, führt rechts vom Schotterfeld auf Grasflanken hoch, zieht dann nach links zu einem flachen, begrünten Felshöcker, quert den felsigen Bachlauf (Trinkwasser) und steigt links auf einen begrünten und mit einigen Lärchen bewachsenen Felssporn, der von den Felswänden herabzieht. Hier sehr steil empor bis fast zum Beginn des obersten, östlichen Kars. Trittspuren führen in steilen Serpentinen unter den immer enger zusammenrückenden Wänden quer schräg empor zum Wandfuß, wo sich linkerhand, etwas unterhalb der höchsten Stelle des Kars hinter einem Felsvorsprung, die Einstiegsmarkierung in 1780 m Höhe befindet. Alle Hinweistafeln zur Via della Vita sind erneuert.

Aufstieg: Ein steiles, beinhartes Schneefeld (Lawinenreste) und die Randkluft können den Zugang zum Einstieg beträchtlich erschweren. Das lose herabhängende Stahlseil in diesem senkrechten breiten Kamin fordert Klettertechnik oder großen Kraftaufwand. Über dem Einstiegskamin steigt man nach links in und durch eine Rinne, dann folgt ein langes Band. Nach einem weiteren Kamin gelangt man erneut auf ein längeres Band, das anfangs fast eben verläuft, dann jedoch allmählich steiler wird. Immer links empor zu einem Kamin, den man durchklettert. Ein weiteres Band zeichnet den Routenverlauf vor. Jetzt leicht absteigend über Felsstufen abermals auf ein Band, das sich in einem System von Bändern fortsetzt. Beim letzten Band führt die Route steil rechts aufwärts. Über einen Schuttsteig auf eine Schutterrasse. In leichtem Fels weiter zu einer Steilstufe, über diese empor, dann in eine Schlucht hinab (etwa 2000 m Höhe, hier schöner Rastplatz). Die nun folgenden Passagen sind die schwierigsten. In der Schlucht zu einer Steilwand, über diese etwa 5 m schwierig an einigen kurzen Stiften empor, dann zu einer lose herabhängenden, doppelten Eisenkette, mit deren Hilfe man etwa 15 m senkrecht hinaufsteigt. Jetzt quert man etwa 3 m nach rechts, dann an Eisenbügeln erneut senkrecht empor. Diese Stellen hätten ohne Sicherungen etwa den Schwierigkeitsgrad IV. Weiter auf einem Band nach rechts bis an sein Ende. Einige Meter gerade empor in eine Nische, dann etwa zwei Seillängen in eine Verschneidung. Durch diese zu einem Schuttplatz. Die Route verläuft jetzt nach links zu den Schutthalden unter der Veunzascharte. Weiter auf Bändern und Geröll zur Wegteilung „Veunza-Sagherza". Hier aufpassen! Das rechte Band führt zur Sagherzascharte. Man wendet sich aber nach links und steigt über Geröll in Richtung des schwarzen, meist nassen Felsens, über den man hinweg muß. Weiter über einen Schutthang zur Veunzascharte und von hier südwärts leicht auf den Gipfel.

Abstieg: Wie Aufstieg. Ein Abstieg über die Strugova ist wegen der schlechten Sicherungen nicht ratsam (der Strug ist derzeit nicht als gesicherter Klettersteig zu machen). Notabstiegsmöglichkeit über die Forcella Sagherza in das Koritnicatal, evtl. zum Kotsattel.

Höhenunterschied: Oberer Weißenfelser See 936 m – Veunza 2351 m.

Gehzeiten: Oberer Weißenfelser See — Einstieg 2½—3 Std.; Einstieg — Gipfel 2½ Std.

Schwierigkeit: Die Besteigung der „Via della Vita" setzt trotz der Steighilfen alpine Erfahrung und Sicherheit im Fels sowie absolute Schwindelfreiheit voraus. Drei Viertel der Klettersteigroute sind sehr ausgesetzt. Selbstsicherung dringend erforderlich, Seilsicherung für schwächere Partner anzuraten. Steinschlaghelm!

Hinweis: Im oberen Teil der Tour bei der Wegteilung ganz feine Schriftzeichen, die man leicht übersieht. Die Markierung ist teilweise neu, ebenso einige Drahtseile und vor allem die Eisenketten an der Schlüsselstelle. Für diese sollte man Klettersteigkarabiner verwenden. Steinschlaggefahr!

Stützpunkte: Weißenfels (siehe Tour 18). — Oberer Weißenfelser See, besser Rif. Zacchi (siehe Tour 20).
Siehe Karte Nr. 6.

20 Hohe Ponza, 2272 m, gesicherter Steig

Ponzazug

Der Felskamm, der die Weißenfelser Seen in großem Halbrund umschließt, gipfelt im Osten in den Pfeilern der Hohen Ponza. Unter ihr entspringt im Planicatal die Save. Während von jugoslawischer Seite heute alle Anstiege auf den Felskamm zwischen Ponza und Mangart vergessen sind, beginnt auf der italienischen mit der Hohen Ponza eine Reihe von großartigen Klettersteigen. Im Gegensatz zu der etwas schaurig-düsteren Nordwandroute auf die Veunza hat der Klettersteig auf die Große Ponza eher eine heiter-warme Note.
Die kurze, aber rassige sonnendurchflutete Steilstufe hält in ihrer bravourösen Wegführung durchaus einen Vergleich mit der „Via Italiana" am gegenüberliegenden Mangart aus; jedenfalls bietet sie einen wohltuenden Gegensatz zu den kalten Nordwänden der Veunza mit ihren ausgesetzten, abdrängenden und düsteren Schleichwegen.
Der Klettersteig wurde 1922 von Alpini gebaut und 1973 renoviert.

Zugang: Vom Oberen Weißenfelser See unmittelbar südlich der Brücke links auf einen Fahrweg, der bald zu einem Schlagbaum führt. An der Schranke vorbei und auf gutem Fahrweg durch den Wald. Fast eben zu einer Wegteilung mit Hinweistafel. Der rechte bzw. geradeaus führende Weg 512 leitet zur Alpe Tamar — Bivacco Nogara; der linke, dem man folgt, führt anfangs sehr gemütlich, dann steiler durch schönen Mischwald in etwa 1—1½ Std. zur Zacchihütte, 1380 m.

Aufstieg: Unmittelbar beim Kriegsgedenkstein führt der gut bez. Steig Nr. 525 südwärts in die Latschen. Durch eine meist ausgetrocknete Wasserrinne erreicht man einen Schuttsteig. Auf diesem gelangt man bald zu dem begrünten, steilen Westsporn. Ein verschlungenes dickes Seil, vermutlich der Rest irgendeines Seilbahn-

Der Klettersteig auf die Hohe Ponza.

projects, leitet über einen senkrechten Absatz hinauf. Sehr steil weiter an einzelnen Bäumen vorbei, dann über Schrofen und durch Latschen empor. Gut gesichert zu einem begrünten Steilhang. Bald erreicht man eine Schluchtrinne, die man rechts, gut gesichert, ersteigt. Anschließend über einen Latschenhang und einige Grasstufen aufwärts. Rechts erblickt man eine tiefe, finstere Schlucht. Allmählich erreicht man die Hauptrinne, die von der Scharte zwischen Hoher und Mittlerer Ponza herabreicht (Rastplatz). Man quert die Rinne (bis in den Frühsommer hinein steiles Firnfeld) und steigt an ihrer südlichen Begrenzung auf grasigen Schrofen steil empor, bis man, etwa in halber Höhe vor der Gratscharte, wieder in die Mitte der Rinne, zu einem steilen Felssporn, quert. Hier an langen, locker gespannten Drahtseilen, einmal eine Seitenrinne absteigend, in Fallinie empor. Am Ende des Sporns nach links zum eigentlichen Fuß der Gipfelwand (hier ein blauer Punkt im gelblichen Fels). In der fast senkrechten Südwand gut gesichert schräg empor (nur an einer einzigen Stelle, vor dem Übergang ins Blockwerk, ist die Sicherung zerstört) zu einer Felskanzel. Hier keine Steine abtreten! Der weitere Aufstieg leitet über Schrofen und Absätze. Dann nach rechts zu einem erhöhten Absatz und von diesem auf ein Bändersystem oberhalb der gelblichen Einstiegsschlucht. Bald erreicht man eine Eisenleiter, die eine Steilstufe überwindet. Immer den Sicherungen folgend, quert man eine Steilrinne und steigt über Geröll empor. Anschließend über Stufen und Schrofen, dann über Schutt aufwärts. Der Steig wendet sich bald zum etwas flacheren Westgrat und führt, schwach bez., über unschwierige Geröllbänder zum Gipfel.

Abstieg: Wie Aufstieg.

Höhenunterschied: Oberer Weißenfelser See 936 m — Rif. Zacchi 1380 m — Ponza 2272 m. Höhendifferenz des Klettersteiges: Durch Latschen und Geschröf etwa 300 m, eigentlicher Gipfelaufbau etwa 150 m.

Gehzeiten: Oberer Weißenfelser See — Rif. Zacchi 1—1^1/2 Std.; Rif. Zacchi — Ponza 2—2^1/2 Std.

Schwierigkeit: Aufstiege bis zum Wandfuß problemlos, Steilstufe sehr luftig, doch gut gesichert.

Stützpunkte: Fusine (siehe Tour 18). — Zacchihütte (Rifugio Luigi Zacchi), 1380 m, im Sommer bew., 30. 6. bis 30. 9. Tel. seit 1987: 04 28/20 69 (anfragen bei CAI Tarvisio). 24 B., 15 M.; bestens renoviert. Duschen vorhanden. Siehe Karte Nr. 6.

25 Jalovec (Jaluz), 2643 m, gesicherter Steig

Jalovec-Mangart-Gruppe

Seine Erstbesteigung erfolgte durch C. Wurm mit M. Černutta und A. Štergulc am 2.8.1874 aus dem Koritnicatal. K. Blodig erreichte am 16.9.1878 den Gipfel durch die Jesercaschlucht und entlang des Südgrates von der Trenta aus.

Der Jalovec ist eine der schönsten Berggestalten in den Julischen Alpen. Sein kühnes Felshorn streckt er steil nach oben, als wollte er seinen Nachbarn Mangart überragen. Wild und drohend, jedoch auch von seiner schönsten Seite, zeigt er sich, wie die meisten seiner Trabanten, von Norden. Er beherrscht die Täler von Planica, Koritnica und Trenta. Von der Planica gesehen erblickt man sofort diese einmalige Felspyramide mit ihren riesigen Firnrinnen und Couloirs.

Julius Kugy bezeichnete den Jalovec als den „Raufbold"; nun, so wörtlich darf man dies heute nicht mehr nehmen. Dank der vorzüglichen Markierungen und Sicherungen bietet er eine erlebnisreiche, ernstzunehmende, jedoch auch für den „alpinen Normalverbraucher" mögliche Bergfahrt.

Zufahrt a): Von österreichischer Seite, siehe Tour 30 (Vršičpaßhöhe).

Zufahrt b): Von Vršičpaß fährt man weiter hinunter ins Trentatal. Links, in einer Kehre, steht das Denkmal von Julius Kugy in Erz gegossen. Der Schöpfer dieser sehr eindrucksvollen Plastik ist der Bildhauer „Jaka Savinjšek". Nachdenklich sitzt Kugy auf einem Sockel und blickt auf den Jaluz. Inschrift am Standbild: „Dr. Julius Kugy 1858—1944". Er war wohl der größte Erschließer der Julischen Alpen.

In Kürze erreicht man eine Abzweigung rechts der Straße, mit Hinweistafel: „Koča pri izviru Soče" (Soča = Isonzoquelle). Bis dorthin begleitet die junge Soča den Weg.

Die AV-Hütte, Koča pri izviru, steht auf 878 m Höhe. (Etwa 100 m über der Hütte befindet sich in einer Felsschlucht die Quelle der Soča. Der Steig dorthin ist gesichert. Mit kräftigem Tosen schießt das kristallklare Wasser aus dem Fels. In vielen Kaskaden fließt es an der Hütte vorbei.) Von der Hütte auf einer Schotterstraße hinein in die Hintere Trenta. Nach etwa 10 Min. Fahrt gelangt man bei einem Brunnentrog (Quelle) auf eine Wiese (Waldlichtung). Hier parken.

Zufahrt c): Von Tarvis (Tarvisio) in Richtung Jugoslawien. Beim Grenzübergang Fusine — Weißenfels — Rateče — Ratschach die Grenze passieren. Gleich hinter der Grenze fährt man auf neuer Asphaltstraße nur wenige Minuten, bis man eine Abzweigung nach rechts erreicht (Hinweistafel Tamar — Planica, ins Planicatal). Auf guter Schotterstraße mäßig steil etwa 30 Min. zur Tamarhütte (Planinski dom Tamar), 1108 m. Hier befindet sich ein Abstellplatz für Pkw.

Zugang a): Von der Paßhöhe Vršič geht man nach rechts an einigen Kiosken vorbei auf den gut bez. Steig Nr. 1. Über einen Latschenhang abwärts, dann über Stufen und Schrofen zu Drahtseilsicherungen, die durch eine Rinne und über mehrere Absätze steil aufwärts leiten. Der Steig ist bestens angelegt. Bald erreicht man eine Quelle. Von dieser entlang der steilen Abhänge des Suhi vrh, des Travnik und der Dnina. In mehrmaligem Auf und Ab durch wunderschönen Mischwald, immer in westlicher Richtung, gelangt man erneut zu einer Quelle und von dieser in Kürze zu einer Jagdhütte. Dieser Weg bis hierher wird als „Weg über die Police (Bänder)" bezeichnet. Hier Weggabelung: Der linke Weg führt hinunter ins Trentatal, der mittlere leitet mit Bez. Nr. 1 zum Zavetišče pod Špičkom. Der rechte (Bez. Malikot) führt erst durch Wald, dann durch ausgedehnte Latschenfelder ständig aufwärts und unter den Wänden der Velika Dnina, immer der roten Bez. folgend, steil und mühsam in ein Hochkar. Man erreicht einen Felsblock (Wegweiser). Hier vereint sich der Steig mit dem von der Jaluzscharte herabführenden. Weiter wie bei Zugangsvariante zu c).

Zugang b): Von der Wiese gleich in den Wald (Hinweistafel Zavetišče pod Špičkom). Dem mit der Nr. 1 bez. Steig folgt man zuerst durch schönen Nadelwald in vielen Windungen aufwärts und gelangt alsbald auf die Trentaalm (Planina Trenta). Man begeht einen Schuttsteig bis zu einer Weggabelung: Der rechte Weg führt zur Jagdhütte, der Einserweg durch Schutthalden in einen Felskessel und durch diesen mühsam zum Zavetišče pod Špičkom, 2010 m.

Das Jalovec-Couloir.

Weiter vom Zavetišče pod Špičkom absteigend über einen Moränenkegel, um am gegenseitigen Hang, zuerst über Grasstufen empor, dann immer den Drahtseilsicherungen folgend, den Ozebnik zu queren. Über gute Stufen kommt man in leichtem Fels auf ein Band und auf diesem zu einem Rasenplatz. Von hier aus quert man in leichtem Abstieg einen Schutthang (meist Schneefeld) und erreicht den Einstieg.

Zugang c): Von der Tamarhütte geht man auf gut bez. Steig (an einem Baum eine rote Tafel „Jalovec") zuerst durch Mischwald, dann durch Krummholz, schließlich auf einem Schottersteig ständig unter den Wänden von Ponza und Strug (rechts) und von Mojstrovka und Travnik (links) aufwärts. Über steile Schutthalden (bis in den Frühsommer hinein Schneefelder) führt der Steig mühsam zu den großen Felsblöcken. Hier befindet sich eine Weggabelung: Der rechte Steig leitet auf den Kotsattel (Kotovo sedlo), geradeaus gelangt man ins Couloir. Nun sehr steil, je nach Jahreszeit oder Geröll oder oft sehr harten Firn, an einem markanten Felsaufbau vorbei in die eigentliche Eisrinne mit etwa 40—50° Neigung. Schwierig, möglichst links wegen des Steinschlags, aufwärts. (Fallsteinlage im Eis beachten, von wo bzw. welcher Seite die Steine herabfallen.) In einer knappen Stunde erreicht man den Ausstieg des Couloirs. Hier trifft man auf den bez. Steig, der von der Jagdhütte heraufkommt, und gelangt ebenfalls über die Scharte zum Einstieg (Treffpunkt aller drei Wege).

Variante zu Zugang c): Diese ist als Zugang unter Vermeidung des Couloirs sehr zu empfehlen. Etwa 1 Std. länger. Vom großen Felsen unterhalb des Couloirs nach links gegen die dunklen Wände, und auf eine Rampe empor. Hier Blechtafel mit Bezeichnung „Skozi-Mali-Kot". Von hier zur Eisschlucht hinab. Diese wird gequert (sehr steil; die Überschreitung der Randkluft kann, je nach Jahreszeit und Schneeverhältnissen, schwierig sein, besonders im Spätsommer!). Nach Überwindung der Eisschlucht gelangt man zum Wandfuß. Nun beginnen die ersten Drahtseilsicherungen. An Drahtseilen und Eisenstiften durch eine kaminartige Verschneidung. Dutzende von Stiften und Klammern leiten sehr luftig über eine gestufte Plattenwand. Jetzt zu einer überdachten, etwas abdrängenden Passage und weiter um die Kante (sehr luftig). Weiter an guten Steighilfen ausgesetzt empor. Es folgt ein Schuttsteig, der bequem zur Jalovška-skrabina (Jaluzscharte), 2110 m, führt. Von der Scharte auf bez. Schottersteig und durch riesige Felsblöcke etwa 100 m abwärts, dann zu einem Felsblock mit dem Hinweis „Jalovec/Jaluz".

Von hier über Geröll in etwa 10 Min. zum Wandfuß der Goličica. Nun beginnen neuerdings die Drahtseilsicherungen und Eisenstifte. Auch diese Passagen sind in bestem Zustand. Über Stufen, Schrofen und durch kurze Kamine, dann auf Bändern abwechslungsreich aufwärts, bis man in die Südostflanke gelangt. Hier verläuft die Route direkt in Fallinie. Mit zahlreichen Eisenstiften etwa 150 m empor. Weiter der Bez. folgend über plattigen Fels und Schrofen, dann auf einem Schuttsteig steil aufwärts in Richtung Couloirausstieg. An diesem vorbei und über eine Scharte zum Einstieg.

Gipfelaufstieg: Der Klettersteig beginnt mit einem Band, das leicht schräg nach links führt (Drahtseilsicherung). Über gute Stufen erreicht man in festem Fels mit Hilfe eines weiteren Drahtseils einen Absatz. Von diesem empor wieder auf ein Band, das man entlangsteigt, um weiter nach rechts über plattigen Fels (Vorsicht bei Nässe) in einigem Hin und Her bis zu einer Steilstufe zu gelangen. Diese steigt man empor, gelangt in eine Rinne und in dieser steil über grasdurchsetztes Geschröf, weiter dann in mäßig schwieriger Kletterei zum Südgrat. Dem Grat entlang luftig aber gut gesichert empor. Man wendet sich auf die Südostseite, steigt etwas ab und gelangt unter dem Grat auf ein Band; von diesem wieder zurück auf den Grat, dem man weiter folgt. Wieder absteigen, diesmal auf die Westseite, und von dieser in leichtem Fels, dann über Blöcke zum Gipfel!

Auf dem Gipfel befindet sich eine Kassette mit Buch und Stempel. Von hier genießt man eine ganz grandiose Fernsicht: In nördlicher Richtung, nach Österreich, blickt man auf die Hohen Tauern, im Nordosten auf die Nachbarn Šite, Travnik, Große und Kleine Mojstrovka, im Osten auf die Martuljekgruppe mit Špik, Škrlatica, Razor, auf den Prisank und auf den „König Triglav" mit allen seinen Vasallen. Im Süden bewundert man die Massive des Bavški Grintavec, die Pelce u.a. Schließlich erhebt sich ein unmittelbarer Nachbar im Westen, der Mangart.

Abstieg: Wie Aufstieg, je nach Variante etwa 3 Std.

Nordwestgrat: Dieser Aufstieg ist der landschaftlich schönste und auch der erlebnisreichste auf den Jalovec. Er ist allen anderen Wegen vorzuziehen, schon weil man hier das gesamte Massiv in seiner vollen Pracht bewundern kann. Die Schau in seine gewaltige Nord- und seine Westwand und auf sein bizarr geformtes Gipfeldach zeigen hier erst richtig (wie von keiner anderen Seite), was dieser Koloß dem Bergfreund alles zu bieten vermag.

Zugang: Wie bei Tour 25 c): Bis zu einem großen Felsblock, der die rote Bezeichnung trägt „Jalovec" = Couloirvariante, also gerade hinauf und nach rechts „Kotovo sedlo" = Kotsattel. Hier ist der rechte Weg beschrieben.

Anstieg: Von der Bezeichnung am Felsblock (diese befindet sich in etwa 1600 m; bis hierher etwa 1 Std. ab Tamarhütte). Nach rechts steil und etwas mühsam auf gutem Steig und über Grasstufen aufwärts; es folgen Latschen, Fels und wieder Grasstufen, durch Drahtseile, wo nötig, gesichert. Nun gelangt man in eine Latschenzone und anschließend in ein Hochkar, etwa 1900 m (erster Blick auf den Jalovec). Herrlicher Rundblick auf den gesamten Jalovec-Stock, auf die Kotova špica sowie auf die gegenüber liegende Šite, Travnik und Mojstrovka. Jetzt folgt man der Bezeichnung durch das Kar über Blöcke und Geröll, wendet sich dann rechts und steigt in Serpentinen aufwärts, um in Kürze auf den Kotovo sedlo, 2138 m, zu gelangen. Hier genießt man grandiose Tiefblicke in die Koritnica/das Koritnicatal sowie auf die Predilstraße. Nun wendet man sich direkt dem Nordwestgrat zu. Auf einer teils begrünten Gratschneide an schauerlichen Abbrüchen und tiefen Schluchten vorbei, sodann über Geröll steil aufwärts zum Wandfuß. (Hierher kann man auch vom großen Felsblock unter dem Couloir rechts hinauf über ein sehr steiles Geröll-/Schneefeld gelangen.)

Aufstieg: Vom Wandfuß auf eine Kanzel in etwa 2200 m Höhe; von hier leicht absteigend auf die Koritnicaseite. Man quert eine Schlucht, steigt gegenüber über Felsstufen und Schrofen auf eine Kuppe und gelangt so in weiterer Folge, gut gesichert, auf die Nordseite (erster Blick auf den Kotsattel). Jetzt erreicht man absteigend einen gut griffigen Kamin und steigt durch diesen auf den Grat, dem man folgt. Weiter über sanfte Schuttbänder, dann durch eine Steilrinne. Von der Steilrinne wieder auf die Koritnicaseite und weiter auf und unter dem Grat immer der Bezeichnung folgend in die Südflanke. Man steigt in eine Schlucht ab, gelangt um einen Vorsprung herum in die Flanke des Vorgipfels und erreicht so einen Felszahn. Wieder absteigend gelangt man in eine große Schlucht, die man gut gesichert quert; ein waagrecht gespanntes Drahtseil hilft vor allem

Jalovec-Klettersteig am Nordwestgrat.

bei Eis und Altschnee über diese Hürde hinweg. Von der Schlucht über Felsstufen und mit Hilfe von Drahtseilen nun wieder ständig aufwärts, dann auf teils ausgesetzten Bändern zum letzten Aufschwung. Auf guten Stufen und über Geschröf im leichten Fels etwas mühsam schließlich zum Gipfel.

Höhenunterschied: Kranjska Gora 810 m — Vršič 1611 m. Weiter zur Zavetišče pod Špičkom, 2010 m — Gipfel 2643 m. Gesamthöhenunterschied Vršič — Gipfel 1032 m. Trenta etwa 1000 m — Gipfel 2643 m. Tamarhütte 1108 m — Gipfel 2643 m.

Gehzeiten: Von Vršič zur Hütte Zavetišče pod Špičkom 3—3 1/2 Std.; weiter bis zum Gipfel gute 2 Std. Von der Jagdhütte aus ist es etwas kürzer. Von der Tamarhütte zum Gipfel etwa 5—6 Std. Über Nordwestgrat 4—5 Std. Abstieg je nach Variante etwa 3 Std.

Schwierigkeiten: Auf den beiden Normalanstiegen, vom Vršič und aus der Trenta, sind Ausdauer, Trittsicherheit und Schwindelfreiheit erforderlich.
Der Aufstieg von der Tamarhütte durch das Couloir nur für sehr Bergerfahrene und im Eis Geübte! Der Aufstieg über den Nordwestgrat erfordert Schwindelfreiheit; technisch kein Problem.

Stützpunkte: Um den Vršič siehe Tour 23 — Zavetišče pod Špičkom, 1981 vergrößert, im Sommer bew., 40 M., Kochgelegenheit, Wasser in Zisterne. — Planinski dom / Tamar (Tamarhütte) im Planicatal, Alpenvereinsschutzhaus des slowenischen AV, voll bew. vom 1. 6. bis 20. 10., elektr. Licht, 20 B., 30 L.

Hinweis: Der Aufstieg im Fels ist, wo nötig, mit Drahtseilen und Eisenstiften gesichert. Bei Gewitter sind die Drahtseile, besonders am Gipfelgrat, zu meiden. Die Schwierigkeiten erhöhen sich naturgemäß bei Schlechtwetter und Vereisung. Für das Couloir sind Steigeisen und Pickel sowie Seil anzuraten (evtl. auch für die Couloirquerung, wie unter Zugangsvariante zu c) beschrieben). Steinschlaghelm! Wegen der Länge dieser Bergfahrt ist früher Start am Morgen empfehlenswert. Genügend Trinkwasser mitnehmen! Im Herbst Taschenlampe mitführen.
Siehe Karte Nr. 6.

26 Bavški Grintavec, 2344 m, gesicherte Steige

Flitscher Grintavec / Grintouc

Der Bavši Grintavec ist ein schöner Aussichtsberg und Kulmina-
tionspunkt des langen Gebirgszuges, der vom Ušje, 1821 m, über
Vratica, 1978 m, Trenski Pelc, 2109 m, und Srebrnjak, 2099 m, die
Trenta nordwestlich begrenzt und diese von der Hinteren Trenta
trennt. Von Soča und aus der Hinteren Trenta führen schöne Anstie-
ge zum Gipfel.
Die Route aus der Hinteren Trenta, durch die Nordflanke und über
den Nordgrat, war vorher eine Kletterei II. Grades und ist jetzt durch
Eisenstifte und Drahtseilsicherungen entschärft. Erstbesteigung im
Jahre 1868 durch I. Mlekuž und E. Trancer (Kugy 1881).

Zufahrt a): Siehe Tour 25, Hintere Trenta. Es besteht evtl. die Möglichkeit, vom Parkplatz im ausgetrockneten Flußbett bis zu dessen
Ende zu fahren (nicht empfehlenswert).

Zufahrt b): Gleichfalls wie bei oben erwähnter Zufahrt, doch nicht
die Abzweigung rechts mit der Hinweistafel „Koča pri izviru Soče"
benutzen, sondern weiterfahren in die Trenta bis zur Ortschaft
Soča-Isonzo.
Beim Gasthaus rechts an der Straße kann man parken.

Zugang a): Vom Parkplatz in der Hinteren Trenta auf bez. Steig
oder mit Kfz im Flußbett talein. Man folgt weiter dem markierten
Steig, überquert einen Bach und wandert dann rechts mäßig steil
durch Wald aufwärts. Bald erreicht man die verfallene Alm Zapo-
tok/Planina Zapotok (letzte Wasserstelle). Gleich nach den Almhütten führen zwei Steige ab, die sich später wieder vereinen. Man
wählt besser den linken, der durch Latschen und über Geröll, an riesigen Felsblöcken vorbei, ständig aufwärts führt. Links erblickt man
die Velika Vrata und den Sravnik, rechts den Zagorelec und die Kan-
ja. Nun leitet der Steig über große Geröllhalden (bis in den Sommer
hinein Schnee) zu einer markierten Wegteilung nach rechts, über
die man bald den Einstieg erreicht.

Zugang b): Gleich neben dem Gasthaus in Soča steht eine Kapelle.
An dieser vorbei beginnt der gut bez. Steig. Er führt zwischen Bau-
ernhäusern hindurch (Lemovje, 856 m). Hier befindet sich die letzte

Wasserstelle. Weiter durch einen schönen Buchenwald, dann über einen schmalen, karstähnlichen Felssteig auf die Alm Soča/Planinska Soča, 1385 m.

Aufstieg a): Vom Einstieg im leichten Fels der Nordflanke über Schrofen und Grasbänder mit einigem Hin und Her auf den Nordgrat. Hier beginnen die ersten Drahtseile. Ständig in steilem, aber gut griffigem Fels empor (Sicherungen). Mit Hilfe von Eisenstiften und Drahtseilen über eine Steilwand, die man ausgesetzt überwindet. Weiter über Felsstufen und über Bänder in eine Schuttrinne, durch diese gut gesichert empor (Steinschlag), dann nochmals über Stufen und Blöcke zum höchsten Punkt. Großartige Rundschau.

Verkürzte Variante: Bei einer markierten Wegteilung links aufwärts und den Bez. folgend zu den Felsen. Über einen Schrofenrücken und durch eine gut gestufte Rinne (Drahtseil) empor auf den flachen Nordgrat. Hier mündet Aufstieg a) ein.

Aufstieg b): Von der Alm Soča, an einer halbverfallenen Unterstandshütte vorbei, erst über Grasstufen, dann auf einem Geröllsteig mühsam und steil in Kehren aufwärts, bis in einen Geröllkessel („Predolina"). Durch diesen hindurch und rechts zum fast 2000 m hohen Kol. Dann nach links und unter den „Lanterna" und „Mali Grintavec" ständig aufwärts. Hier ist bis in den Sommer hinein ein großes Schneefeld. Man überschreitet es und gelangt über Blöcke, Stufen und Rinnen in leichter Kletterei auf den Gipfel.

Abstieg: Wie Aufstiege.

Höhenunterschied: Hintere Trenta 1000 m — Soča 437 m — Bavški Grintavec 2344 m.

Gehzeiten: Hintere Trenta, Alm Zapotok — Gipfel etwa 4 Std., Soča — Gipfel 4—4½ Std.

Stützpunkte: Koča pri izviru Soče, privat, am Beginn der Hinteren Trenta, 5 B., 7 L., Sommerbewirtschaftung. — Zavetišče pod Špičkom, 40 M., Hütte vergrößert (Stand 1981), Sommerbewirtschaftung. — Koča Zlatarog im Trentatal, Slov. AV, 18 B., 16 L. — Gasthaus in der Ortschaft Soča.

Schwierigkeiten: Für den Aufstieg aus der Hinteren Trenta sind Trittsicherheit, Gewandtheit im Fels und Schwindelfreiheit erforderlich. Der Anstieg aus der Trenta (Soča) ist leicht. Gute Kondition und Ausdauer sind aber bei beiden Touren nötig.

Hinweise: Im Frühsommer ist die Mitnahme eines Pickels zu empfehlen. Für schwächere Teilnehmer ist für den Aufstieg a) ein kurzes Seil anzuraten. Auf genügend Trinkwasser achten. Früher Aufbruch am Morgen nötig. Bei Gewitterneigung die Eisenwege meiden (der Bavški Grintavec ist bei Gewitter sehr gefährlich). Vorsicht bei rasch aufziehendem Nebel! Siehe Karte Nr. 5.

Der Bavski Grintavec im Hinteren Trentatal von Nordosten, mit dem Aufstieg
und der verkürzten Variante.

27 Kleine Mojstrovka, 2332 m, Klettersteig durch die Nordwand

Jalovec-Mangart-Gruppe

Der Doppelgipfel der Mojstrovka sinkt wie die meisten Berge der Östlichen Julischen Alpen in südlicher Richtung in die Trenta und auch zum Vršičpaß in Latschenhängen und Geröllhalden ab, die nur vereinzelt von steileren Absätzen unterbrochen werden. Gegen Norden jedoch brechen beide Gipfel zum Hochplateau der Sleme und ins hinterste Planical mit teilweise senkrechten Wänden ab; durch diese Nordabstürze führen einige der schwierigsten Kletterrouten der Julischen Alpen. Durch die Nordwand der Kleinen Mojstrovka leitet jedoch ein sehr gut angelegter und auch ausreichend gesicherter Steig, der wegen seiner Kürze als spannendes Halbtagsabenteuer jedem Klettersteigliebhaber zu empfehlen ist.

Die Sleme, eine grüne Hochfläche mit drei winzigen Bergseen und alten Lärchenbeständen, bietet großartige Blicke auf den Jalovec, die Travnikkette und den Ponzazug; sie gehört zu den lieblichsten Flecken der Julischen Alpen und bietet zusammen mit dem Nordwandklettersteig ein kontrastreiches Tagesunternehmen.

Zugang: Vom Vršič auf bequemem Steig zur Vratca (= Törl), 1807 m, dem Übergang von der westlichen Talseite zur Hochfläche der Sleme. Hierher gelangt man auch auf sehr steilem, mühsamem Serpentinenpfad direkt von der Erjavčeva koča (Beginn des Pfades bei Kilometerstein 11). Von hier auf bez. Schotterpfad in ¼ Std. schräg nach links ins Kar bis an den Wandfuß.

Aufstieg: Vom Einstieg führen zunächst zwei sehr steile, kaminartige Rinnen gut gesichert empor, oder man benützt rechts die beiden Eisenleitern, vor allem, wenn im Frühsommer die Seile unter dem Schnee liegen. Auf einem Band nach links, dann auf einer etwas luftigen Rippe wieder steil empor. Abermals ein Band nach rechts (sehr lang und zum Teil ungesichert), dann über eine Reihe glatter Platten schräg empor zu weiteren Bändern. Im oberen Teil folgt einfacheres Block- und Felsgelände, über den flacheren Ostrücken zu-

Die Nordwand der kleinen Mojstrovka – von Vratica.

letzt sehr anregende einfache Kletterei (I) durch problemlosen, gut gestuften und nicht ausgesetzten Fels; vorzügliche Markierungen bis zum Gipfel. Der Übergang zur Großen Mojstrovka, 2369 m, ist weglos, Pfadspuren führen durch die Schuttfelder über eine flache Senke bis an den stark gestuften Gipfelaufbau, der an mehreren Stellen einfach zu durchklettern ist (I); bei Nebel jedoch ist dieser Abstecher abzuraten.

Abstieg: Vom Gipfel der Kleinen Mojstrovka führt der ausreichend bez., im Aufstieg sehr mühsame Normalweg auf schuttbedeckten Serpentinenpfaden über die schräge Südabdachung bis in den Latschengürtel und von hier zu einer breiten Einsattelung unmittelbar über dem Vršičpaß. Eine steile, zu Beginn nur grobschottrige Schlucht mündet bald in eine breite Schuttreise mit feinem Geröll — eine großartige „Abfahrt" bis zur Paßhöhe!

Höhenunterschied: Vršič 1611 m — Mojstrovka 2332 m. Höhendifferenz des Klettersteigs etwa 300 m.

Gehzeiten: Vršič — Mojstrovka 2½ Std.; Abstieg 1—2 Std.

Schwierigkeit: Luftig und teilweise sehr ausgesetzt, gut gesichert und vorzüglich markiert, für Geübte auch bei schlechteren Wetterverhältnissen möglich. Im unteren Teil Steinschlaggefahr.

Stützpunkte: Siehe Tour 33.

Ausgangspunkt: Vršič, Paßhöhe, oder Kilometerstein 11.

Hinweis: Am Steilhang zum Einstieg des Klettersteiges liegt bis in den Frühsommer hinein oft Hartschnee; Vorsicht ist besonders am Morgen geboten (Pickel). Beim Abstieg auf dem Normalweg bietet sich, bei plötzlich aufkommendem Gewitter, keinerlei Schutzmöglichkeit. Es wird empfohlen, so schnell wie möglich den Latschengürtel zu erreichen.
Siehe Karte Nr. 6.

Martuljekgruppe

Der Špik ist einer der großen Berge in den Östlichen Juliern. Seine pyramidenförmige Gestalt kommt am besten von Gosd-Martuljek, also von der Nordseite, zur Geltung. Die mächtige, 900 m hohe Nordwand fällt steil in das Hochkar Pod Srcem ab.
Die Erstbesteigung von Norden erfolgte 1925 durch Dibona mit Anna Escher; das eigentliche Wandproblem wurde jedoch erst im Jahre 1926 durch die Slowenin Mira Marko Debelakova und Stane Tominšek gelöst. Alle Nordanstiege auf den Špik sind sehr schwierig. Unser Klettersteig von Süden her ist jedoch nicht minder lohnend und interessant.

Zufahrt: Von Villach über den Wurzenpaß nach Kranjska Gora und auf guter Asphaltstraße in Richtung Vršičpaß. Gleich neben dem kleinen See über die Brücke der Pičnica und in einigen Kehren zur Koča Mihov (Mihov dom, Mihovhütte), 1180 m. Parkmöglichkeit. Nun auf bez. Steig, später über einen Saumweg in etwa $1/2$ Std. zur Koča Krnici, 1218 m.
Zweite Möglichkeit: Vor der Brücke links (Hinweistafel) auf einer Schotterstraße durch die Lipna Trata, immer der Pičnica entlang, zur Koča Krnici.

Zugang: Von der Koča Krnici auf gut bez. Steig in nordöstlicher Richtung durch schönen Mischwald, später durch Latschen hinauf und weiter über die Hänge der Gruntovnica. Zwei große Geröllrinnen werden gequert, dann links querend und schließlich rechts über Blöcke bis in halbe Höhe einer Schlucht, aus der man nach links aussteigt. Auf einem Block befindet sich der Hinweis „Špik". Wieder führt ein bez. Steig mäßig steil aufwärts in Richtung Gamsova Špica; jetzt links der großen Schlucht mühsam in einen Kessel. Hier Bez. „Lipnica-Špik". Unter Schuttreisen und Latschen leitet der Steig westwärts. Über Geröll und Stufen höher. Man wendet sich nach links, steigt über Schrofen in die Westschlucht jenseits der Gamsova Špica und durch diese ständig aufwärts. Dann links queren und weiter durch Latschen auf gutem Steig leicht abwärts in ein Geröllkar. Dieses quert man nach links und gelangt, ständig aufwärts, zur ersten, markanten Schlucht. An dieser vorbei und links durch Latschen und über Schrofen mühsam auf eine Kuppe. Von hier, immer der Bez. folgend, zum Aufbau der Lipnia. Über Schrofen, an wildzerklüfteten Zacken, Graten und Türmen vorbei, auf den Gipfel, 2418 m. Über ihn hinweg zum Verbindungsgrat, der an die Südflanke des Špik leitet. Auf dem Grat Drahtseilsicherungen. Vom Grat abwärts zum Wandfuß und steil durch die Südflanke (Sicherungen), zuerst über Stufen und Schrofen zum höchsten Punkt. Schöne Fernsicht, besonders auf die Hohen Tauern.

Abstieg: Wie Aufstieg. Oder durch den „Schlangengraben": Abstieg zum Wandfuß, dann nach rechts über eine riesige Schutthalde (Schnee bis in den Spätsommer). Weiter auf gutem Steig leicht nach links, über Steilstufen und Rinnen abwärts und durch einen Mischwald in vielen Kehren zur Talsohle. Hier über das grobe Geröll nach rechts und durch Laubwald und Gestrüpp auf die Fahrstraße. Nach links erreicht man über die Koča Krnici den Ausgangspunkt.

Höhenunterschiede: Kranjska Gora 810 m — Mihov dom 1180 m — Koča Krnici 1218 m — Lipnica 2418 m — Špik 2472 m.

Gehzeiten: Mihov dom — Koča Krnici $^1/_2$ Std.; Koča Krnici Gipfel 4—4$^1/_2$ Std.; Abstieg je nach Variante 2—3 Std.

Stützpunkte: Kranjska Gora, 810 m, verschiedene Hotels und Gasthöfe. Mihov dom. — Koča Krnici.

Schwierigkeiten: Für Bergerfahrene, Trittsichere und Schwindelfreie kein Problem. Schöne, lohnende Bergfahrt.

Hinweis: Früher Aufbruch am Morgen ratsam; genügend Trinkwasser mitnehmen. Vorsicht bei Nebel! Beim Abstieg durch den „Schlangengraben" nicht den Steig verlassen. Vorsicht vor Giftschlangen.
Siehe Karte Nr. 7.

Der Gipfelaufbau des Špik von Süden (Schlußanstieg des Klettersteiges).

31

Škrlatica, 2738 m, gesicherte Steige

Škrlatica-Martuljek-Gruppe

Die Škrlatica ist der zweithöchste Gipfel in den östlichen Julischen Alpen. Ihr alter Name war Suhi plaz (Ruhiger Ort) und sie wird auch heute noch wenig begangen. Zwar sind steile Passagen sehr mühsam, der geübte Klettersteiggeher findet jedoch schöne Stellen im Gipfelbereich. Herrlich ist der Blick in die Nordwand des Triglav. Eine reiche Flora und Fauna begeistert zudem jeden Naturverbundenen. Die Bergsteiger in Slowenien bezeichnen die Škrlatica übrigens als „Frau des Triglav". Ihre Erstbesteigung erfolgte im Jahre 1880 durch Dr. Julius Kugy mit Komac und Kravanja von der Südseite.

Zufahrt a): Über den Wurzenpaß und die Grenze nach Jugoslawien, weiter in Richtung Jesenice bis Mojstrana. Von der Hauptstraße rechts ab (Hinweistafel Mojstrana-Vratatal-Aljažev dom), durch die Ortschaft und auf guter Asphalt-, dann auf Sandstraße ins Vratatal. Ständig aufwärts bis zum Aljažev dom, 1015 m.

Zufahrt b): Siehe Tour Nr. 32.

Zugang a): Von der Wiese vor dem Aljažhaus erst mäßig ansteigend, dann steil auf bez. Steig durch den Wald. Über ein Bachbett und gegen Westen aufwärts. Bald erreicht mandie Alm Planinska Turkova. Weiter auf Steig durch Latschen und felsdurchsetzte Grasstufen steil und mühsam empor, bis man das steile, große Schuttkar unter dem Stenar erreicht (bis in den Sommer hinein Schnee). Weiter über steile Bänder, dann teils auf Schuttsteig, Geröll und Latschen in Kehren aufwärts, bis man die Stelle erreicht, von der nach links der Steig zum Stenar abzweigt. Von hier über einen Schuttsteig auf ein Plateau zwichen Stenar im Süden, Križjoch im Westen und Dolkova špica im NW. Weiter auf gutem Steig zuerst fast eben nach Norden, an einer Höhle mit Quelle vorbei, dann steil nordwest-

Die glatte Steilwand des Škrlatica-Klettersteiges.

wärts über das große Kar in eine schöne Mulde. Hier steht das Biwak IV auf einem Felskopf in 1980 m Höhe. Der Steig führt leicht ansteigend weiter nach rechts über Geröll und begrünte Matten (Edelweiß), dann etwa 20 Min. abwärts. Nach Überquerung einer Rinne gelangt man zum eigentlichen Wandfuß. Hier beginnen die ersten Drahtseilsicherungen. Zuerst steil empor, dann rechts, einen Felsvorbau umgehend, in das große Kar. Hier liegt ebenfalls bis in den Sommer hinein Schnee. Durch das Kar steil und mühsam aufwärts zu einer Terrasse, wo sich der Steig mit dem von der Roten Scharte herabführenden vereint.

Zugang b): Siehe Tour Nr. 32, Anstieg auf die Križka stena.

Aufstieg a): Rechts steil über eine Geröllhalde empor. Vorsicht Steinschlag! Auf einem Band nach rechts queren zum Einstieg. An Drahtseilen zu einer Rinne, durch diese empor und bei einem markanten Turm links abwärts. Weiter zu einer glatten Steilwand, die sehr luftig an Eisenstiften überwunden wird. Steil über Schutt und Schrofen hinauf, dann links entlang des Grates, immer den Steigspuren folgend, zum höchsten Punkt.

Aufstieg b): Vom Križjoch (siehe Tour 32) der Markierung folgend nach links in etwa 20 Min. zu einer Steiggabelung: Der rechte Weg führt hinunter zum Biwak IV und weiter wie bei Zugang a). Der linke leitet zum Bovški Gamsovec und zur Dolkova špica. Zunächst absteigen, dann in steilem Gegenanstieg über Geröll aufwärts in die Rote Scharte. Von hier wieder absteigen ins Kar. Man quert es, dann weiter wie bei Aufstieg a).

Abstieg: Wie Aufstiege. Oder Überschreitung von der Krnicahütte (siehe Tour 22) ins Vratatal bzw. umgekehrt. Äußerst lange Tour.

Höhenunterschied: Aljažev dom 1015 m — Biwak IV 1980 m — Škrlatica 2738 m. Krnicahütte 1218 m — Križjoch 2301 m — Škrlatica 2738 m.

Gehzeiten: Aljažev dom — Biwak IV etwa 3 Std.; Biwak IV — Gipfel 2—3 Std. Krnicahütte — Križjoch — Biwak IV etwa 3 Std.; Biwak IV — Gipfel siehe oben.

Schwierigkeiten: Schwindelfreiheit und Trittsicherheit, Kondition und Ausdauer sind Voraussetzungen.

Stützpunkte: Mojstrana, Hotel Triglav und einige Privatquartiere. — Aljažev dom. — Koča v Krnici, slow. AV, Sommerbew. von Anfang Juli bis Ende September. 6 B., 25 L. — Einige Schutzhütten an der Vršičstraße.

Hinweis: Pickel und, für schwächere Teilnehmer, kurzes Perlonseil angeraten. Früher Aufbruch am Morgen (Hochsommerhitze); genügend Trinkwasser mitführen! Siehe Karte Nr. 7.

32 Kriška stena, Križ, 2410 m, gesicherter Steig

Škrlatica-Martuljek-Gruppe

Die einmalige Hochfläche der Kriški podi, welche bei dieser Bergfahrt berührt wird, ist nur nach Süden offen. An drei Seiten aber wird sie im Halbkreis von Gipfeln umrahmt. Diese Tour kann sowohl als selbständige Bergfahrt oder auch als Zugang zum Razor bzw. zur Škrlatica gemacht werden. Als bester Stützpunkt für letztere dient das Pogačnikhaus auf den Krizböden, welches wohl im weiten Umkreis das schönste bzw. beste Schutzhaus sein dürfte.

Zufahrt: Siehe Tour Nr. 30.

Zugang: Zur Koča v Krnici wie bei Tour 30.

Aufstieg: Bei der Hütte Hinweistafel „Križ". Auf rot bez. Steig erreicht man nach etwa 15 Min. ein meist ausgetrocknetes Bachbett. Am rechten Rand des Baches weiter. Durch riesige Steinblöcke und Latschenhänge zu einer Quelle. An der Quelle vorbei und in vielen Kehren empor, begleitet von einer herrlichen Flora (Almrausch, Alpenrosen). Nun über einen kargen Almboden in Richtung Talschluß. Jetzt wird das Gelände sehr steil. Schnell erreicht man die Hochfläche des riesigen Talschlußkessels. Hier bietet sich eine herrliche Schau auf die senkrechten Wände der Kriška stena und des Razors. Weiter sehr steil über eine Schuttreise, dann über ein Firnfeld (das oft sehr hart sein kann, besonders in den Morgenstunden) zum Fuß der Kriška stena. Hier Einstieg. Von der Randkluft in den Fels. Drahtseil und Eisenstifte weisen den Anstieg. Durch kleine Kamine und über Absätze erst schräg links empor, dann wieder nach rechts. Auf einem Bändersystem, immer den Drahtseilen folgend, weiter hinauf zum Wandrand. Von hier ist es möglich, entweder zur Škrlatica (Tour 31) bzw. ins Vratatal zu gelangen. Hier, auf dem Krizjoch, 2300 m, beginnen die Krizböden mit ihrem eigenartigen Charakter. Rechts befindet sich ein Wegweiser. Man wählt den Steig zum Trenta Tor, 20 Min. Nun nach links auf einen Kamm und über diesen unschwierig zum Gipfel des Križ, 2410 m.

Abstieg: Wie Aufstieg. Oder zum Pogačnikhaus und in die Trenta; oder über den Sovatnasattel hinunter ins Vratatal.

Höhenunterschied: Krnicahütte 1218 m — Krizjoch 2300 m — Križ 2410 m.

Routenverlauf des gesicherten Steiges durch die Križwand.

Gehzeiten: Krnicahütte — Einstieg 1½ Std.; Einstieg — Gipfel etwa 2½—3 Std.; Abstieg etwa 3 Std.

Schwierigkeit: Trittsicherheit und Schwindelfreiheit erforderlich.

Stützpunkte: Koča v Krnici, Tel. 064/81231 (siehe Tour 31). — Mihahaus (siehe Tour 33). — Pogačnikhaus, 2052 m, Sommerbew., 34 B., 40 M.

Hinweis: Bei Nebel und schlechter Sicht ist auf den Križböden, die sehr unübersichtlich sind, größte Vorsicht geboten. Die Markierung ist leider nicht immer gut, daher Orientierungssinn nötig.
Siehe Karte Nr. 7.

33 Prisojnik, 2547 m, Klettersteig durch das Fenster

Razor-Prisojnik-Gruppe

Der Prisojnik ist ein weit auseinandergezogener und breit ausladender Felskamm mit mehreren selbständigen, durch einen langen und zerklüfteten Grat verbundenen Gipfeln; er bildet die großartige Felskulisse von Kranjska Gora. Vom Vršič führt ein atemberaubend spannender Klettersteig, der eine Reihe einmaliger Eindrücke und Erlebnisse vermittelt, zum Hauptgipfel. Da ist zuerst eine riesige Felsenbildung in Form eines menschlichen Gesichts – eine dämonische Laune der Natur. Es folgt eine senkrechte, überaus kühne, vorzüglich gesicherte Klettersteigpassage sowie ein Kriechkamin mitten in der steilsten Wandpartie. Höhepunkt aber ist das „Okno", das wohl größte Felsenfenster der Alpen, das aus der schaurig-düsteren Nordwandroute auf die Südseite (lichte Höhe 100 m) leitet und neben berauschenden Durchblicken einen völligen Wechsel der Szenerie vermittelt. Schneefelder können das Unternehmen zusätzlich würzen.

Zufahrt: Von Kranjska Gora aus fährt man mit dem Auto in insgesamt 24 Kehren 800 Höhenmeter hinauf zum Vršičpaß, 1611 m. Hier sind ausreichend Abstellplätze für Pkw vorhanden. Diese hervorragend trassierte Paßstraße wurde noch in der k.u.k.-Monarchie von russischen Kriegsgefangenen erbaut. (Bei der Auffahrt links in einer Kehre befindet sich die Russenkapelle.) Wenige Meter oberhalb der Paßhöhe steht das Alpenvereinshaus Tičarjev dom / Tičar dom, das ehemalige Kronauerhaus des DÖAV. Am Haus beginnt der Zugang zum Klettersteig.

Zugang: Am AV-Haus vorbei, zuerst einige Minuten auf einem Fahrweg aufwärts (links zweigt der Weg zum Poštarhaus hinauf ab), dann beginnt ein Steig, der meist durch Latschen auf einen begrünten Hügel führt. Über diesen, dann jenseits hinunter zu einer Wegteilung (rechts beginnt der Normalweg, auf dem man nach der Tour wieder zurückkehrt), nach links; auf einem Stein die Bezeichnung „OKNO", der man über Blöcke und Geröll folgt. Bald geht es im steilen Gelände hinunter zum Einstieg des Klettersteiges. (Man kann auch von der Erjavechütte / Erjavčeva koča hierher gelangen, es ist aber vorteilhafter, den beschriebenen Zugang zu wählen.)

Anstieg: Nach Erreichen des Wandfußes beginnt bei einer Gedenktafel das erste Drahtseil. Dieses leitet unter einen Überhang, dann leicht schräg zu einer Schlucht, die man quert. Nun beginnt eine luftige Passage. Über eine gut gesicherte, gestufte Wand steigt man hinauf und erreicht durch Latschen eine Kanzel. Der Bezeichnung folgend, in leichterem Gelände weiter empor. Der Steig leitet in hervorragend dem Gelände angepaßter Wegführung über Schrofen und zahme Bänder hin zur ersten großen Schlucht, die man quert. Unter einer auffallend rotgelben Felswand erreicht man alsbald einen senkrechten Kamin. Dieser ist mit Doppelseilsicherung und vielen Trittstiften vortrefflich ausgestattet (ohne die Sicherungen IV). Der Kamin wird mit erheblichem Kraftaufwand bezwungen. Im Anschluß daran ersteigt man die wohl schwierigste Stelle der ganzen Tour: eine Engstelle, ein Kriechkamin. Zuerst an guten Haltepunkten hoch, dann steigt man in den Felsspalt (der meist naß und glatt ist) und schiebt sich seitlich, am besten mit dem Rücken nach außen, unter dem Überhang hinauf. Am Rand des Überhanges befindet sich ein von unten nicht sichtbarer Eisenstift (der einzige), mit dessen Hilfe man sich emporzieht. Es empfiehlt sich, den Rucksack vor sich herzuschieben oder mittels Seil aufzuziehen. Nach Überwindung dieser schwierigen Passage wird es allmählich leichter (von dieser Stelle genießt man herrliche Tiefblicke ins Tal und auf das Kurvenband der Vršičstraße). Weiter aufsteigend über Stufen und Schrofen gewinnt man rasch an Höhe. Eine große Steilrinne wird gequert und weiter über einen rampenartigen Felssockel zu einem bequemen Band angestiegen. Von diesem Band leiten nach rechts Seile über Felsstufen, Wandln und Rinnen hinauf zum sogenannten Katzenbuckel in 2040 m Höhe. Hier erblickt man erstmals das gigantische, über 100 m hohe Felsenfenster (beste Fotostelle). Ein Seil leitet nach links hinunter in die große Zentralschlucht (diese kann, bedingt durch schneereichen Winter, bis in den Sommer hinein ernstliche Probleme bereiten), die schließlich in das Okno führt. Man durchsteigt das Felsenfenster über Geröll und Schutt (rötliches Gestein), steil und mühsam, möglichst am rechten Rand aufwärts. Eine glatte Platte wird mittels eines Drahtseils und Eisenstiften erstiegen und der Ausstieg auf der Südseite erreicht (etwa 2270 m). Für bereits Ermüdete empfiehlt sich hier der Abstieg, unter Verzicht auf den Gipfel, nach rechts hinunter auf den Steig, der zum Ausgangspunkt zurückführt. Ein letzter Blick noch durchs Fenster und

Das Prisojnik-Fenster.

weiter steigt man links hinauf. Auf guten Steilstufen empor, dann nach links, leicht absteigend, sodann weiter hinauf zu einer nicht ganz leichten Felspassage (einige Sicherungen), über die man den Grat erreicht. Nun teils nordseitig über Schuttsteig und Schrofen aufwärts. Ein letztes Seil hilft über ein Steilwandl hinweg und weiter geht es auf dem langen, landschaftlich unvergeßlich schönen Grat. Mit einigem Auf und Ab in die Südflanke — über eine Stelle muß man auf kleinen Tritten über eine Platte hinweg. Weiter ostwärts in die Flanke hinein, bis man auf den Normalweg stößt. Nun gemeinsam in wenigen Minuten zum Gipfel.

Abstieg: Entweder auf dem Normalweg oder auf dem Grat zurück zum Fenster, an diesem vorbei und über den grasbewachsenen Westgratrücken auf einem Pfad abwärts, bis man weiter unten auf den Normalweg trifft. (Wegtafel an einem Baum; Achtung: hier nicht absteigen, sondern nach rechts den Steig durch die Latschen hinunter, ein großes Schuttkar überschreitend, und über den begrünten Hügel oder links um diesen herum zum Ausgangspunkt zurück.)

Höhenunterschied: Kranjska Gora 810 m − Vršič 1611 m − Fenster (Ausstieg) 2270 m − Gipfel 2547 m; Höhendifferenz des Klettersteiges 936 m.

Gehzeit: Vršič − Fenster 3¹/₂ − 4 Std. Abstieg je nach Variante etwa 3 Std.

Schwierigkeit: Klettersteig durchs Fenster zum Teil sehr ausgesetzt. Gute Kondition erforderlich. Im Frühsommer bei Altschnee erhöht sich naturgemäß die Schwierigkeit. Vorsicht bei Nebel (Orientierung). Im zweiten Abschnitt oberhalb des Fensters wesentlich leichter, doch die Exposition ist teilweise noch vorhanden.

Stützpunkte: Kranjska Gora, Sommer- und Wintersportzentrum. Vom Tal bis zur Paßhöhe bieten sich folgende Stützpunkte / AV-Hütten an: Mihahaus / Mihov dom, 1150 m, am Beginn der Paßstraße. Ganzjährig geöffnet, 20 Schlafplätze. Tel. 064 / 8 12 31, Peter Klofutar, Kranjska Gora. Hütte im Walde / Koča na Gozdu, 1226 m. Neuerbautes Haus mit Hotelcharakter, Tel. 064 / 8 84 25, Danček, Kranjska Gora. Koča na Krnici, 1238 m. Bew. Anfang Juli bis Ende Sept. Im Winter an Wochenenden. 30 Schlafplätze. Tel. 064 / 8 12 31, Peter Klofutar, Kranjska Gora. Erjavechütte / Erjavčeva kôca na Vršiču 1515 m. Ganzjährig bewirtschaftet. 70 Schlafplätze. Tel. 064 / 8 85 06, PD Jesenice Cesta železarjev 1. Poštarhaus / Poštarska koča na Vršiču, 1725 m. PTT Ljubljana, Marolt-Miro PTT servis LJ Tel. 061 / 8 85 07. 30 Schlafplätze. Im Sommer bewirtschaftet von Juni bis Sept.
Tičarhaus / Tičarjev dom na Vršiču, 1680 m. Im Sommer bew. von Juni bis Okt. 100 Schlafplätze. Tel. 064 / 8 12 91 PD Jesenice, Cesta železarjev 1. Unterwegs keine Stützpunkte!

Hinweis: Bis in den Sommer hinein oftmals steile harte Firnfelder, Eispickel ratsam. Für schwächere Partner Seilgebrauch. Unterwegs kein Trinkwasser! Helm besonders für den ersten Abschnitt anzuraten. Siehe Karte Nr. 6.

34 Prisojnik, 2547 m, Hanzasteig durch die Nordwand

Razor-Prisojnik-Gruppe

Als Gegenstück zum vielbegangenen „Fensterweg" bietet sich der „Hanzasteig" durch die Nordwand an. Einer der faszinierenden Felsgänge in den Julischen Alpen. Eine Tour, recht lang, etwas verwickelt, oftmals sehr luftig, landschaftlich hervorragend angelegt. Er verlangt Ausdauer und gute Kondition, da immerhin fast 1400 Höhenmeter zurückzulegen sind. Für Felsversierte ein wahrlich sportlicher Aufstieg, voll mit Überraschungseffekten garniert.

Zufahrt: Siehe Tour 30; Pkw-Abstellplatz bei der Koča na Gozdu.

Zugang: Von der Koča na Gozdu/Hütte im Walde, 1226 m (heute ein neu erbautes Haus), nach links über das Bachbett in Richtung eines Schuttkegels. Auf Steig in Serpentinen bergan zu den Einstiegsfelsen in etwa 1400 m, etwa ½ Std.

Anstieg: Mit Hilfe von Drahtseilen wird der Einstieg im Fels schnell überwunden; diese leiten auf eine Rampe, dann auf ein Schrägband und zu einer Kanzel. Man steigt in eine Schlucht unter dem ersten Wasserfall durch. Hier bekommt man ein unfreiwilliges, aber unvermeidliches Duschbad. Aufsteigend, einige Schluchten querend, gelangt man in eine Latschenzone. Über einen Steilhang erreicht man die obere Grünzone und eine Schlucht. Diese wird von links nach rechts gequert (rechts eine Parallelschlucht; zweiter Wasserfall), dann über Blockwerk aufwärts zu einem markanten Turm und den Drahtseilen folgend in eine Schlucht. Jetzt wird es rasant: vom Schluchtgrund über Stufen auf eine Rampe, dann waagrecht ausgesetzt über eine kleine Leiste, die auf Eisenstiften traversiert wird (sehr luftig), und schließlich mittels einer Doppelseilsicherung auf eine Kanzel. Von der Kanzel führt abermals ein Seil in eine Schlucht. Am Seil wieder hinauf zu einem Felsen mit der rot bezeichneten Höhenangabe 1600 m. Nun abwärts in eine Schlucht; diese wird gequert und dann in der nächsten Schlucht aufgestiegen. Den Drahtseilen folgend schräg hinab zu einer Randkluft. Beginn des ersten Firnfeldes (im Spätsommer beinhart). Dieses wird von links nach rechts gequert (nach links ein instruktiver Blick zur äußerst schwierigen Kante des Teufelspfeilers). Gegenüber dem Firnfeld befindet sich ein roter Pfeil; von diesem steigt man hinauf in eine Grünzone

Der Hanzasteig durch die Nordwand. Hier die Felsnase am Nordgrat gegenüber dem Teufelspfeiler.

mit einigen Lärchen. Der Ausblick hier ist großartig: die senkrechten
Nordabstürze, vom Sonnenlicht bestrahlt, vermitteln einen zauberhaft schön-schaurigen Anblick. An einem Felsblock vorbei wird eine
Kuppe erreicht, von der geradeaus der weitere Wegverlauf zu den
Felsen und Drahtseilen führt. Hier am Felsen eine Tafel „Hanzasteig" (rechts zweigt der untere Teil des Hanzasteiges zu dem be-
rühmten Fenster/Okno ab). Aufwärts über gestuften Fels, dann

durch einen kleinen Kamin in eine Schluchtrinne. Steil leiten Drahtseile auf ein Felsband rechts um einen Vorsprung herum aufwärts. Eine Schlucht ist zu durchqueren und über Schrofen erreicht man einen Sattel (schöner Rastplatz). Durch ein großes Schuttkar (im Frühsommer das zweite Schneefeld) erreicht man plattigen Fels. Gute Bänder, die mittels Drahtseilsicherungen den Aufstieg erleichtern, führen in Richtung der bereits sichtbaren Scharte. Durch eine große Geröllschlucht (sie liegt zwischen dem Hauptmassiv und dem Teufelspfeiler) mühsam empor. Bald erreicht man die Scharte in etwa 2200 m Höhe. Ein rascher Kulissenwechsel: herrliche Tiefblicke und grandiose Rundschau in die gegenüberliegenden enorm steilen Wandfluchten der Škrlatica und der Martuljekgruppe. Von der Scharte nach rechts durch einen Kamin, sehr exponiert, auf eine Felsnase, genau gegenüber der Ostflanke des Teufelspfeilers. Auf einem Steig und auf Bändern werden einige Schluchten in der Nordflanke umgangen. Man wechselt mehrmals die Seiten, schließlich leiten Drahtseile durch Steilrinnen in ein Hochkar und durch dieses zum Gipfelgrat. Um einen Felsvorsprung herum gelangt man zu einer Kante. Diese wird sehr steil und exponiert erstiegen. Durch eine Schluchtrinne erreicht man plattigen Fels (hier ist ein Drahtseil derzeit nicht in Ordnung!) und passiert diese heikle Stelle. Im unschwierigen Fels und über Blockwerk erreicht man von Nordosten in Kürze den Gipfel.

Abstieg: Auf dem Normalweg oder am Fenster vorbei. Siehe Tour 33.

Höhenunterschied: Koča na Gozdu 1226 m – Gipfel 2547 m; gesamt 1321 m.

Gehzeiten: Vom Ausgangspunkt zum Gipfel 4 – 5 Std. je nach Jahreszeit, bedingt durch die Schneefelder. Abstieg gut 2 Std.

Schwierigkeit: Für Felsversierte technisch kein Problem. Schwindelfreiheit und Trittsicherheit sowie gute Kondition und Ausdauer erforderlich. Selbstsicherung bei einigen Passagen.

Stützpunkte: Siehe Tour 33.

Hinweis: Erstes und zweites Schneefeld: Für die Querung der Schneefelder unbedingt Steigeisen und Pickel mitführen. Für schwächere Teilnehmer Seil ratsam. Nicht vor Juli nach schneereichem Winter. Bei unsicherem Wetter, Nebel oder Neuschnee ist von einer Begehung unbedingt abzuraten. Unterwegs kein Trinkwasser. Fotoapparat nicht vergessen!
Siehe Karte Nr. 6.

35 Prisojnik, 2547 m – Razor, 2602 m, „Jubiläumsweg"

Razor-Prisojnik-Gruppe

Zum 60jährigen Bestehen des jugoslawischen Bergsteigerverbandes wurde 1953 vom Prisojnik ein Klettersteig über den Ostgrat bis in die Scharte zwischen den beiden Gipfeln gebaut. Diese spannende, landschaftlich außergewöhnlich schöne Führe verläuft größtenteils auf natürlichen Bändern in der wildromantischen Nordflanke zwischen dem Hauptgipfel und dem Hinteren Prisojnik; Höhepunkt ist das zweite „Fenster", durch das man in die steile Südflanke absteigt. Der Gegenaufstieg in der überraschend harmlosen Westflanke des Razor ist der beschauliche Ausklang dieser ausgedehnten Tagestour, die – zusammen mit dem Aufstieg durchs erste Fenster – an Erlebnisfülle und Überraschungsmomenten fast alles enthält, was die Julischen Alpen für den Liebhaber gesicherter Steige zu bieten haben: einen steilen, schwierigen Nordwandklettersteig und lange Felsbänder mit großartiger Aussicht, dazu die Naturwunder der beiden Felsfenster; daneben Edelweißwiesen, ausgedehnte Kare, romantische Scharten und am Rückweg weite Strecken Wald- und Latschenzone.

Aufstieg bis zum Prisojnik: a) „Klettersteig durchs Fenster", wie Tour 33, etwa 3½ Std.; b) Normalwege zum Prisojnikgipfel, sind bei Tour 33 als Abstiegswege a) und b) beschrieben, je etwa 2 Std.

Verbindungsweg Prisojnik – Razor: Vom Gipfel des Prisojnik zunächst auf dem Anstiegsweg einige Minuten (etwa 50 Höhenmeter) bergab, bis eine deutlich ausgeprägte und bezeichnete Abzweigung gegenläufig links in die Bergflanke führt (der Jubiläumssteig beginnt **nicht** unmittelbar am Gipfel!).
Durch die schuttbedeckte Südflanke des Gipfels ostwärts bis zu einer Felsrinne, hier gut gesichert senkrecht hinab zu einem Absatz in einer Scharte, bei dem der felsige Verbindungsgrat beginnt. Linkerhand erblickt man eine gähnende, tiefschwarze Höhlung im ostseitigen Steilabbruch – ein „blindes Fenster", schaurig wie der Ein-

Der Schlußanstieg auf den Razor.

Weg auf den Razor

gang zur Hölle! Hier beginnt eine bizarre, wildromantische Fels-szenerie, die vielleicht nur in den Klettersteigpassagen der Brenta ein Gegenstück findet. Teilweise waagrechte Bänder führen in der Nordflanke des türmereichen, wild zerklüfteten Grates bis zum Überstieg in die Südflanke. Südseitig kurze Strecke bergab bis zum tiefsten Punkt des Bändersystems. Nun abermals in die Nordflanke und in schöner Wegführung auf ausreichend gesicherten natürlichen Bändern bei großartiger Aussicht, teilweise reichlich ausgesetzt, westwärts. Einzelne Schneefelder in schattigen Passagen fordern erhöhte Vorsicht. Kurz vor dem Ende der Felskette leitet das Bändersystem völlig überraschend in das zweite „Fenster" – ein Felsendom von unerhört sakraler Wirkung. Man durchschreitet das riesige spitzbogige Felsgewölbe und steht unvermittelt im Steilab-bruch der Südflanke. Doppelseilgesichert geht's zunächst fast senk-recht, später flacher durch eine steile Felsrinne, bis der Weg ost-wärts auf schuttbedeckte Bänder herausführt und zuletzt auf prächtige Wiese bringt (Edelweiß). Hier Vorsicht bei Nebel – unter der idyllischen Wiese befindet sich ein senkrechter Abbruch!

Ein kurzes Wegstück links bergab über geröllbedeckte Platten, dann weiter westwärts bis zu einer fast senkrechten, gut gesicher-ten Felsrinne am Ende des hier tief herabsinkenden Grates, hier endgültig auf den sicheren Karboden mit seinen grotesken Türmen hinab. Hier endet der eigentliche Klettersteig und mündet in den Verbindungsweg Vršič – Razor (transversaler Höhenweg). Ermüde-ten ist hier – unter Verzicht auf den Razor – der Rückweg zum Vršič angeraten, Unentwegte setzen den Weg fort und queren leicht ansteigend auf gut getretener und bez. Pfadspur das Kar bis zum Felsansatz des klotzigen Razor. Ein überraschend breites Band, ei-ne Rampe, schraubt sich gemächlich um den rundlichen Felsklotz aus der Nordwestflanke in die Südwestseite hinüber, nach kürzerem Abstieg gelangt man zu einem steileren Abbruch. Hier verläßt der Steig das breite Rampensystem, steigt über wenige Eisenbügel pro-blemlos wieder in die Westflanke zurück und führt in Kehren auf ei-ne breite, in den Felsaufbau eingelagerte Schutterrasse, die sich bis in die Südseite hinüberzieht. Auf relativ flachem Schotterpfad, teil-weise über Schneefelder, hinüber zum Joch zwischen Razor und Planja in 2349 m Höhe (hier in 1 Std. Abstieg zum Pogačnikov dom möglich). Zum Gipfel links ab auf einen Schotterpfad und in der Ost-flanke fast bis zur schutterfüllten Südschulter, vorher jedoch links ab und mäßig steigend wieder in die Westflanke. In raffinierter, ver-schlungener, aber technisch problemloser Wegführung durch das Labyrinth der Gipfelfelsen bis zum höchsten Punkt, 2602 m.

Abstieg: Zurück zur Koritascharte zwischen Prisojnik und Razor. Hier bleibt man auf dem transversalen Höhenweg, steigt das weite Kar in Kehren bis an den Ansatz der Prisojnik-Südflanke ab und quert nun, teilweise fast eben, den untersten Teil der Felsausläufer. Über mehrere steile Gräben, Schluchten und Rinnen in bewaldetes Gelände und in sehr ermüdendem halbstündigem Gegenanstieg, vorbei an den Einmündungen der Normalwege auf den Prisojnik, bis zum bewaldeten Gratrücken des in die Trenta herabziehenden Sporns des Prisojnik. Endlich über das westliche Schuttkar leicht bergab und auf bequemen Wegen im Latschengelände zum Vršič.

Höhenunterschied: Vršič 1611 m – Prisojnik 2547 m – vom Prisojnik zur Koritascharte etwa 550 m Abstieg (mit mehreren kleineren Gegenanstiegen), von hier zum Razor wieder etwa 600 m Anstieg; auf dem Rückweg 1000 m Abstieg bei etwa 250 m Gegenanstieg. Höhendifferenz der Klettersteige: Vršič – Prisojnik etwa 900 m, Prisojnik – Koritascharte etwa 2 km Grat und etwa 500 m Abstieg, Aufstieg zum Razor nur kurze Klettersteigpassagen.

Gehzeiten: Vršič – Klettersteig durchs erste Fenster auf den Prisojnik – Jubiläumsweg bis zum Razor 8$\frac{1}{2}$ – 9 Std.; vom Vršič über Prisojnik und Razor bis zum Pogačnikhaus etwa 10 Std.; vom Vršič über Prisojnik und Razor und zurück auf dem transversalen Höhenweg 11$\frac{1}{2}$ – 12$\frac{1}{2}$ Std.

Schwierigkeit: Bis zum Prisojnik siehe Tour 33. Jubiläumsweg bis zum zweiten „Fenster" mäßig ausgesetzt, ausreichend gesichert, bei größeren Schneeresten in den Bändern der Nordseite schwieriger. Abstieg vom zweiten „Fenster" steil, aber gut gesichert. Aufstieg zum Razor unschwierig.

Stützpunkte: Wie bei Tour 33.

Hinweis: Unbedingt genügend Getränke mitnehmen!
Siehe Karte Nr. 6.

36

Bovški Gamsovec, 2389 m, gesicherter Steig

Razor-Prisojnik-Gruppe

Diese sehr lohnende Überschreitung kann jedem Bergsteiger bestens empfohlen werden. Nirgendwo sonst in den Julischen Alpen bieten sich derart herrliche Ausblicke, Abwechslung und landschaftliche Vielfalt. Liebhabern der Julier sei diese Tour deshalb besonders ans Herz gelegt.

Zufahrt: Siehe Tour 44.

Zugang: Wie bei Tour 44c) zum Luknjapaß. Von hier folgt man der Bez. „Bovški Gamsovec" nach rechts. Auf gutem Steig mäßig steil in vielen Kehren, dann über eine Platte (zwei Eisenstifte) in ein Hochkar mit Geröllkessel. An diesem vorbei und an einer Schützenlinie aus dem ersten Weltkrieg entlang (rechts seltene Karrenbildungen) gegen eine Kuppe. Nun ist der Blick zum Triglav wieder vollkommen frei. An der Kuppe rechts vorbei aufwärts in ein zweites, größeres Hochkar, das, einem Amphitheater gleich, von wildgezackten Graten umrahmt wird.

Aufstieg: Bei etwa 2100 m in eine gestufte Steilrinne und durch diese, ständig der Markierung folgend, empor. Dann über Grasbänder auf die Nordwestseite. Weiter, mit mehrmaligem Hin und Her auf die Südseite (Blick ins Kar). Jetzt wird der Gipfel sichtbar. Ständig mühsam aufwärts und auf Grasbändern zu den ersten Drahtseilsicherungen. Ausgesetzt empor und zuletzt über Schrofen und leichten Fels zum Gipfel. Herrliche Rundsicht.

Abstieg: Vom Gipfel einige Meter absteigen zur Markierung „KB" (= Križböden). Nun folgt man einem griffigen luftigen Grat steil hinab (einige Reitstellen) zu einem kurzen Kamin mit Eisenstiften. Danach ständig der roten Markierung folgend durch einen gesicherten Riß. Es folgt ein ständig abwärtsführendes Bändersystem, das zu einem schon von weitem sichtbaren roten Wegweiser leitet. Nun entweder nach links, um dem **Pogačnikhaus** einen Besuch abzustat-

Luknjapaß (links) und Verlauf des Anstieges zum Bovški Gamsovec.

ten, oder dem Hinweis „Vrata" folgend **zum Ausgangspunkt zurück:** Der Markierung folgend über den Sovatnasattel, an einigen Resten von Stellungsbauten und Stacheldraht aus der Zeit des ersten Weltkrieges vorbei, und über ein oft hartes Firnfeld und durch das Vratatörl abwärts. Weiter durch drei aufeinanderfolgende Geröllkessel abwärts (fast das ganze Jahr über Schnee), dann über Stufen, Grasbänder und Geschröf dem Talboden des Vrata entgegen. Ein Schuttsteig leitet mit vielen Windungen, zuletzt linkshaltend, in einen schönen Buchenwald. Durch diesen abwärts zum Ausgangspunkt im Vratatal.

Höhenunterschied: Mojstrana 641 m — Aljažev dom 1015 m — Luknjapaß 1758 m — Bovški Gamsovec 2392 m — Sovatnasattel 2180m — Pogačnik dom 2052 m.

Gehzeiten: Aljažev — Luknjapaß 2—2½ Std.; Luknjapaß — Gipfel 2 Std.; Gipfel — Vrata über Sovatnasattel 2—3 Std.;

Schwierigkeiten: Hochalpine Tour, die Ausdauer und gute Kondition fordert. Schwindelfreiheit und Trittsicherheit Voraussetzung. Von zwei Passagen abgesehen technisch unschwierig. Bei Nebel guter Orientierungssinn nötig. Bei unsicherem Wetter oder Neuschnee ist von der Tour unbedingt abzuraten. Vorsicht bei Gewittern!

Stützpunkte: Siehe Tour 32 und 44.
Hinweis: Kurzes Perlonseil für schwächere Teilnehmer, vorwiegend für den Abstieg, ratsam. Früher Aufbruch am Morgen, genügend Trinkwasser mitnehmen. Der Abstieg über den Sovatnasattel wird allgemein als „Kniebeißer" bezeichnet.
Siehe Karte Nr. 7.

40 Kanjavec, 2568 m, Komarsteig — Nordwandbänderweg

Triglavgruppe

Eine Felsen-Haute-Route, deren Julierszenerie an landschaftlicher Schönheit ihresgleichen sucht. Die hier beschriebene hochalpine Felstour mit Aufstieg aus der Zadnjica über den Komarsteig von Osten durch die Nordflanke des Kanjavec zur Prehodavcihhütte oder umgekehrt ist die kürzeste Verbindung von der Doličhütte/Tržaška koča na Doliču zur Prehodavcihhütte. Man kann aber auch von der Trenta kommend zur Prehodavcihhütte aufsteigen und den Nordwandbänderweg als Zugang zum Triglav wählen.

Zufahrt: Siehe Tour 30. Über den Vršič-Paß hinunter auf die Südseite des Passes; bei der Kehre Koča Zlatorog links Hinweistafel ins Tal Zadnjica. Etwa 3 km mit Pkw auf einer Schotterstraße bis zur Schranke befahrbar.

Zugang: Von der Schranke auf einem Karrenweg durch den Wald aufwärts bis zu einer Steinmauer. Den Steig Dolič einige Min. benützend dann rechts ab (Achtung: verblaßte Markierung beachten!) zum Beginn des Komarsteiges (rechts Wasserfall), etwa 40 Min.

Anstieg: Über Schrofengelände, das mit Latschen durchsetzt ist, erreicht man eine kapellenartige Nische. Nach etwa 10 Min. erste Drahtseilsicherung. Drahtseile leiten nach rechts zu einer Schlucht, in ihr steil zu einem riesigen Felsblock, der mit Hilfe von Eisenstiften erstiegen wird. Weiter rechts aufwärts auf ein Band und dann nach links um die Ecke über eine exponierte Steilflanke (Drahtseile) rechts der Schlucht empor. Absteigend führt ein Drahtseil wieder oberhalb in die Schlucht zurück. Man quert die Schlucht und gelangt auf einem Band in eine Grünzone. Aufsteigend zur letzten Schlucht, durch diese und auf Latschensteig in einen Geröllkessel. Steil durch diesen auf Schotter mühsam hinauf zum Normalweg, der zur Doličhütte führt (Ende des Komarsteiges). Einige Min. dem Normalweg folgend gelangt man rechts zu einem Hinweis auf Fels „Prehodavcih". Durch ein Kar steigt man ab und quert ein meist beinhartes Firnfeld (Spätsommer). Auf Steigspuren über einen Schuttkegel erreicht man ein Felsband, das auf eine Rampe oberhalb der weißen Platten führt (exponiert). Im weiteren Verlauf gelangt man auf ein Bändersystem, das durch Schluchten unterbro-

chen wird. Diese Wandbegehung ist eine ausgesprochene Genußtour. Ständige Rundschau entlang des ganzen Weges. Man durchsteigt hier eine gewaltige Felsarena; eindrucksvolle Bilder einer einmaligen Bergwelt! Nach etwa 1½ Std. erreicht man ein oft noch
letztes Firnfeld (Spätsommer). Schließlich, über Geröll und Schrofen
erreicht man einen Sattel zwischen Vršac und Kanjavec. Vom Sattel
absteigend erblickt man zwei der sieben Triglav-Seen, den Ersten
und den Zweiten See, zwei wunderschöne Smaragdaugen, in denen
sich die Wolken spiegeln. Ein kurzer Gegenanstieg und die Prehodavcihhütte, 2071 m, ist erreicht.

Abstieg: Hat man seinen Pkw in der Zadnjica geparkt, nimmt man
am besten folgenden Abstieg: Man wählt den Trentaweg bis man
rechts zum Sattel Čez Dol, 1632 m, gelangt, steigt steil zur Talsohle
durch ein großes Geröllkar und dann durch Wald im Zadnjiški Dol
ab, um schließlich nach etwa 8 Std. den Ausgangspunkt zu erreichen. Auch ein Zugang und Abstieg aus dem Siebenseental sowie
aus der Trenta ist möglich. Von der Prehodavcihhütte besteht die
Möglichkeit, wenn genügend Zeit vorhanden, einen Abstecher auf
den Gipfel des Kanjavec, 2568 m, zu machen.

Höhenunterschied: Pkw-Abstellplatz etwa 700 m — Komareinstieg 900 m —
Komarausstieg 1850 m. Nordwandeinstieg 1900 m. Nordwandbänderweg etwa 2200 m — Prehodavcihhütte 2071 m.

Gehzeiten: Schranke — Komar 3½ Std. Nordwandbänderweg — Prehodavcihhütte 2 Std. Abstieg in die Zadnjica 2½ Std.; gesamt etwa 8 Std.

Schwierigkeit: Schwindelfreiheit und Trittsicherheit sind unerläßlich. Nur für
erfahrene Bergsteiger. Technisch kein Problem.

Stützpunkte: Koča Zlatorog, Doličhütte sowie alle Hütten um den Triglav. Prehodavcihhütte am gleichnamigen Sattel; geöffnet vom 28. 6. bis 24. 9. Die Hütte wurde kürzlich renoviert. 55 Schlafplätze, Gaslicht, Funk-Bergrettung über
Polizeiruf Bovec. Sektion PD Radečepri Zidanem, mostu. Planinska zweza
slovinjie.

Hinweis: Die Überschreitung dieser Nordwandtour sollte man erst im Spätsommer oder Herbst unternehmen, da in den Schluchten und vor allem auf
den Bändern sehr lange Eis und Schnee liegt. Pickel und Steigeisen das ganze Jahr hindurch mitführen! Die Route ist, wo nötig, bestens mit ganz neuen
Drahtseilen gesichert. Im August 1986 wurden die Sicherungen erneuert.
Siehe Karte Nr. 8.

In der Kanjavec-Nordwand.

41 Cmir, 2393 m, gesicherter Steig

Triglavgruppe

Aufstieg: Von der Staničhütte / Staničev dom (siehe Tour 44) nord-ostwärts über den typischen Triglavfels und über Rinnen und Spalten zum Begunjska Vratca / Begunjskator. Hier leicht rechts absteigen (Bez.), dann meist über ein Firnfeld (oft sehr hart) und links unter den Wänden der Begunjski Vrh hindurch, über Schrofen und Stufen im weiten Bogen zu einem Sattel (Achtung: nicht nach rechts ins Kar absteigen!). Weiter in nördlicher Richtung zu einer geneigten Platte. Diese wird mit Eisenstiften überwunden (sehr luftig!). Nun über einen kurzen Grat, dann über Blockwerk und auf bzw. über die Rjavčeve glave / Rjavčeveköpfe. Von diesem Vorgipfel nach links durch eine kaminartige Verschneidung hinab (Eisenstifte, sehr ausgesetzt) und weiter abwärts durch einen etwa 20 m langen Kamin. Nun durch einen Riß, dann durch einen weiteren Kamin, der im oberen Teil durch ein Dach unterbrochen wird. (Vorsicht, plattiger Fels, auf dem meist Geröll liegt!). Es folgt ein Steilwandl, dann wieder über Platten, die ebenfalls mit Eisenstiften gesichert sind (sehr ausgesetzt!). Weiter über Schrofen und einen Grassteig, der auf einen begrünten Steilhang emporleitet. Vom Steilhang auf eine mit Gras durchsetzte Schneide. Dann absteigen, um einen turmartigen Pfeiler herum, auf die Ostseite. Immer der Bez. folgend und abwärts. Die Markierung ist teilweise sehr schlecht zu sehen. Nun beginnt der Gipfelanstieg. Nordöstlich über Schrofen. Fels und Grasstufen, dann auf einem Schuttsteig aufwärts zum höchsten Punkt.

Aufstieg: Wie Aufstieg.

Höhenunterschied: Staničhütte 2332 m — Cmir 2393 m. Der Gegenanstieg und die Überschreitung der Rjavčeve glave, sowie der Abstieg von dieser sind bei der Zeitplanung mit einzuberechnen.

Gehzeiten: Staničhütte — Cmir 2—3 Std.; Abstieg 2 Std.

Schwierigkeit: Trittsicherheit und Schwindelfreiheit erforderlich. Für Bergerfahrene eine schöne, kurze Genußtour.

Stützpunkt: Staničhütte (siehe Tour 44).

Hinweis: Achtung bei Nebel, Markierung teilweise schlecht. Bei Gewitterneigung sowie Schnee oder Vereisung abzuraten. Siehe Karte Nr. 7.

Unterwegs am Grat des Rjavčeve glave zum Cmir.

42 Vrbanova špica, 2408 m, gesicherter Steig

Triglavgruppe

Diese Gebirgskette zählt, wie die Rjavina (Tour 43) zu den einsamsten in der Triglavgruppe. Die Tour vermittelt grandiose Tief- und Weitblicke; ein Felsgang von ganz besonders hohem Erlebniswert. Einzigartig ist der Tiefblick in die Mulde Pekel (= „Hölle").

Zufahrt: Von Mojstrana, 641 m, ins Kottal. Durch die Ortschaft nach links über die Brücke und weiter auf guter Sandstraße bis zu einer Wiese (Waldlichtung) in etwa 1000 m. Hier parken.

Zugang: Vom Parkplatz erst fast eben durch einen schönen Mischwald ½ Std. talein, dann durch Wald und Latschen bis zu einer Quelle (die sogen. „Ewige Quelle") empor, von der man das ganze Jahr hindurch gutes Trinkwasser bekommt. Weiter über drei mit Latschen bewachsene Schrofenstufen und zum „Debeli kamen" (= der „dicke Felsblock"). Von hier auf Steig weiter bis ans untere Ende des Kottales. Hier beginnt die Pekelgrenze. Nun zweigt nach rechts ein Steig ab. Rote Hinweistafel „Vrbanova špica". (Hierher auch mit ½ Std. Abstieg vom Staničhaus.)

Aufstieg: Vom Wandfuß an einem Drahtseil und Eisenstiften empor. Eine Platte wird überklettert, dann eine Schlucht gequert. Anschließend gelangt man auf einen sattelartigen Vorsprung. Von diesem steigt man auf schmalem Schuttband am Rande des Felsabbruchs entlang aufwärts. Diese Stellen sind ungesichert und fordern besondere Vorsicht. Anschließend auf einen Schuttsteig, der unter eigenartig geformten Felsgestalten emporführt. Bald erreicht man eine Latschenzone. Es folgen ein Geröllsteig und Felsbänder, bis man wieder zu einem Drahtseil gelangt. Weiter über Fels und Grasstufen auf die Westseite. Nun sehr ausgesetzt links der Schlucht über einen Steilhang. Einzige Haltepunkte sind die Latschen; bei Nässe Vorsicht! Einige Eisenstifte und ein Drahtseil leiten nach rechts in die Schlucht. Man quert sie, um dann nach links auf Stufen und Bändern wieder zu einem Drahtseil zu gelangen. Jetzt über grasdurchsetzte Schrofen zu der Stelle, von wo aus man einen

Der Aufstieg zum Špica.
E = Einstieg, S = Spodna, Š = Špica.

markanten Felsturm erblickt. Weiter dem Steig folgen. Nun Achtung: der Routenverlauf ändert sich. Nach links (die kaum sichtbaren Markierungen genau beachten) und über Schrofen (Eisenstifte) rechts zu Drahtseilen, die zum ersten Teil des luftigen Grates leiten (eine Sicherung ist locker!). Man klettert die Gratschneide entlang bis zum Vorgipfel. Nun an Eisenstiften und Drahtseilen absteigen und auf die Westseite. Hier über Bänder und Geröll, dann tief hinunter (ausgesetzt) und gut gesichert zum zweiten bzw. dritten Vorgipfel. Phantastischer Tiefblick in die „Hölle". Jetzt auf die Ostseite und mit Seilhilfe auf die Vrbanova špica. Absteigen auf eine Wiese und über Geröll auf den Hauptgipfel der Vrbanova Vrh.

Abstieg: Die etwa hundert Meter tiefer liegende Staničhütte erreicht man, der Bez. folgend, in etwa 15 Min.

Höhenunterschied: Parkplatz etwa 1000 m — Einstieg etwa 1900 m — Vrbanova Vrh 2408 m. (Durch das mehrmalige Absteigen zwischen den Gipfeln ergibt sich immer wieder ein Höhenverlust.)

Gehzeiten: Parkplatz — Einstieg 3 Std.; Klettersteig mit Überschreitung 3 Std.; Abstieg zum Ausgangspunkt 3 Std.

Schwierigkeit: Schwindelfreiheit und Trittsicherheit erforderlich. Ungesicherte Stellen teilweise ausgesetzt. Bei Nässe oder Neuschnee abzuraten. An zwei Stellen sind die Seile beschädigt.

Stützpunkte: Mojstrana, 641 m — Staničhütte — evtl. Triglavhaus (siehe Tour 44).

Hinweis: Keine Wasserstelle vorhanden, letztes Wasser bei der „Ewigen Quelle".
Siehe Karte Nr. 7.

43 Rjavina, 2532 m, gesicherter Steig

Triglavgruppe

Der Rjavina-Luknja-Peč-Zug teilt das Krmatal vom Kottal. Diese Gruppe, vor allem die beiden Rjavinagipfel, sind einen Besuch wert. Sie sind wenig oder kaum begangen, weshalb man hier die Stille der Bergeinsamkeit in vollem Maße genießen kann. Es mag wohl auch daran liegen, daß der Modeberg Triglav, hier in nächster Nähe, allen Gipfeln ringsum den Rang abläuft. In den ersten Septemberwochen kann man auf den Gipfeln der Rjavina jedes Jahr die Flugbahn oder Reiseroute der Schwalbenformationen beobachten. Sie fliegen über diesen Teil der Julischen Alpen gegen Süden. Tausende von Vögeln verfinstern plötzlich wie Wolken, die sich vor die Sonne schieben, den Himmel. Wie viele wohl im Frühling noch zurückkehren?

Zufahrt a): Zum Aljažhaus, siehe Tour 31.

Zufahrt b): Von Mojstrana wie bei Tour 42 ins Kottal.

Zugang a): Von der Staničhütte (dorthin siehe Tour 44). Von der Staničhütte absteigen (rote Punkte) in Richtung Kottal oder von der Hütte über den langgezogenen Felsrücken zum Dovškatörl, 2254 m. Von dort absteigend trifft man auf die obengenannte Markierung. Weiter abwärts der Bez. folgend, dann rechts in etwa 20 Min. über ein Schneefeld. Nun folgt ein kurzer Gegenanstieg auf eine Graskuppe. Hier befindet sich die Pekelgrenze und der Beginn des Abstiegsweges ins Kottal. Von der Kuppe nach rechts steil in Kehren über Geröll zu den Felsen. Hier beginnt die Schlucht, welche die ganze Flanke durchzieht (roter Fels). Der Einstieg befindet sich auf etwa 2100 m.

Zugang b): Aus dem Kottal. Wie bei Tour 42 zur Pekelgrenze und auf dem Steig zur Vrbanova špica ¼ Std. weiter. Bei der Abzweigung nach links wenden zum Einstieg des Klettersteigs.

Aufstieg: Von der Abzweigung wie bei Zugang a) zum Einstieg. Nun an Drahtseilen, Klammern und Stiften durch die Nordwestflanke und über die linksseitigen Rippen und Grate. Der Ausstieg befindet sich auf 2480 m in einer Scharte. Bis hierher etwa 1 Std. vom Einstieg. Von der Ausstiegsscharte kann man, um diese Bergfahrt zu komplettieren, einen Abstecher auf den Hauptgipfel II machen, den man in etwa 30 Min. erreicht.

HG A E

Von hier weiter zum Hauptgipfel: Von der Scharte nach links empor zu einem Drahtseil und über Platten und Schrofen zu einem Steinmann. Über den folgenden Grat an Drahtseilen ausgesetzt zu einem etwa 30 m langen Kamin. Luftig durch diesen hinauf in eine Scharte und auf einen wildzersägten Grat. Von dort über Stufen und Schrofen, an zwei interessanten Felsfenstern vorbei, in die Nordostflanke. Weiter auf einem Steig, dann durch Rinnen (Drahtseil) wieder auf den Grat. Von diesem abwärts, weiter über Platten an den letzten Grataufschwung und zum Hauptgipfel. Unbeschreiblich schöne Rundsicht.

Abstieg: Vom Hauptgipfel zurück zur Ausstiegsscharte, etwa 2480 m. Von hier über einen frischen Felsabbruch (rotes Gestein) empor. An einem lockeren Drahtseil durch einen Felsspalt. Anschließend über einen kleinen Holzsteg. Es folgt eine Steilwand, die mit Eisenstiften überwunden wird. Man gelangt auf einen Grat. Diesem folgt man absteigend (Steighilfen) in eine Scharte. Von dieser über Blöcke auf den ersten Gipfel. Nun über Schutt abwärts zu einem weiteren Grat (herrlicher Blick auf den Triglav). Es folgt ein kurzer Kamin, durch ihn gut gesichert abwärts zur Fortsetzung des Grates. Bald an einer Höhle vorbei und an Seilen und Stiften über schrofiges Gelände abwärts in eine Rinne, die allmählich zur Schlucht wird. Mehrere Sicherungsseile und Stifte leiten steil über eine Felsrippe und geneigte Platten hinunter. Weiter über Schrofen und Geröll zum Dovškatörl, 2254 m. Von hier auf den rotmarkierten Steig und wie bei Zugang a) zur Staničhütte bzw. nach rechts hinunter ins Kottal.

Höhenunterschied: Parkplatz etwa 1000 m — Einstieg etwa 2100 m — Ausstiegsscharte etwa 2480 m — Rjavina-Hauptgipfel 2532 m.

Gehzeiten: Kottal-Parkplatz — Einstieg des Klettersteigs 3—4 Std.; Klettersteig — Hauptgipfel oder Hauptgipfel II 1½ Std.; Staničhütte — Einstieg etwa 1 Std.; Abstieg vom Hauptgipfel zur Staničhütte 2—2½ Std.

Schwierigkeit: Trittsicherheit und Schwindelfreiheit notwendig. Evtl. Seil für schwächere Teilnehmer anzuraten.

Stützpunkte: Siehe Tour 44.

Hinweis: Bei unsicherem Wetter, Nebel, oder gar bei Vereisung und Schnee ist von einer Besteigung abzuraten. Besondere Vorsicht bei Gewitterneigung, da Dutzende Meter Drahtseile und über 200 Eisenstifte und Klammern! Von den beiden Gipfeln ergießt sich bei starkem Regen ein Wasserfall, mit rotbraunen Gesteinsmassen vermischt, über die Anstiegsroute. Siehe Karte Nr. 7.

Der Auf- und Abstieg zum Rjavina: E = Einstieg, A = Ausstieg, HG = Hauptgipfel.

Die letzte Steigerung ins Gigantische bietet in den Julischen Alpen die Triglav-Nordwand über dem Vratatal. Mit der Watzmann-Ostwand, der Birnhorn-Südwand, der Hochstadel-Nordwand und der Nordwand des Monte Agnèr gehört sie zu den fünf höchsten Felswänden der Ostalpen.

Diese berühmte Nordwand mit ihren Routen aller Schwierigkeitsgrade ist ein Mekka der Kletterer, die, angelockt von Kugys begeisternden Schilderungen oder getrieben von dem Wunsch, ihr Können an einer der großen Alpenwände zu messen, jährlich zum Triglav pilgern.

Zu beiden Seiten der gut 3 km breiten, über 1500 m hohen, abweisenden Nordwand führen drei markierte und gesicherte Steige verschiedenen Charakters und unterschiedlicher Schwierigkeit zu den gipfelnahen Stützpunkten Stanič̆hütte, Triglavhaus, Planikahaus und Doličhütte. Jeder dieser Wege enthüllt auf seine Art die gigantischen Maße dieser Nordwand, die in mystischem Schatten liegt, während gegenüber die Škrlatica, die „Scharlachrote", in der vielfältigen Farbenpracht ihres bunt gesprenkelten Gesteins aufleuchtet. Die drei Klettersteige auf den eigentlichen Gipfelstock selbst sind kurz, anregend, freundlich und problemlos.

Wie viele andere Berge, so hat auch der Triglav im Mythos des Volkes eine bedeutende Rolle gespielt. Der Name weist wohl auf eine verschollene dreihäuptige slawische Gottheit hin. Überzeugende Wiedergaben altslawischer Gottheiten sind zwar nicht überliefert und auch archäologische Funde bisher nur spärlich ans Tageslicht gekommen, Bernard de Montfaucon bildet jedoch in seiner „Antiquité expliquée et présentée en figures" aus dem Jahre 1719 auch slawische Göttergestalten ab und fügt ihnen knappste Erklärungen bei. „Trigla" wird in diesen stark von der Phantasie beflügelten Zeichnungen als eine nackte Frau unter einem gewölbten halbrunden Pavillon dargestellt. Die Steinköpfe sind unorganisch neben den mittleren Kopf auf die Schultern aufgesetzt.

Petrus Albinus schreibt in seiner „Meysnischen Land-Chronica" im Jahre 1590 wörtlich: „Trigla ist fürnemlich der Wenden vmb Brandeburg Abgott gewesen, dem sie auch vff dem Hartungerberg einen Tempel gebawet, da hernach ein Kloster, Praemonstrat ordens, draus gemacht worden. Pirnensis schreibt, dz man noch zu seiner

Das neue Triglavhaus.

zeit, als vmb das 1526 jar, ein Bild daselbst geweiset, so empor in einem winckel gestanden, welches ein heubt vnd drey angesichte, Item wie ich sonsten berichtet werde, einen halben Monden in der hand gehabt..." Albinus erwähnt, daß die Slawen auch „anderswo solcher Götzen auff dem Berge gedencket".

Die Wissenschaft schließt heute nicht aus, daß „Triglav" eine lokale Form der großen Gottheit der Elbslawen war.

Aufstiege: a) Tominšekweg, Zugang: Beim Partisanendenkmal (riesiger Haken mit eingehängtem Karabiner), 400 m hinter dem Aljažev dom, zweigt ein gut bezeichneter Pfad nach links ab, führt über das Bachbett und steigt steil und mühsam durch Waldhänge, Wildbachgräben und Latschenbestände in vielen Kehren bis zur Baumgrenze. Er quert auf seichten Bändern von links unten nach rechts oben die Wandflucht der Rjavčeve glave und Begunjski vrh, windet sich hier an Abgründen und Klüften vorbei und bietet großartige Einblicke in die Wandfluchten des Triglav. Bei 1700 m nimmt der Weg Klettersteigcharakter an, alle 100 Höhenmeter trifft man auf eine entsprechende Höhenmarke. Unter der senkrechten Westwand des Begunjski vrh trifft man auf eine betonierte Quellfassung, wenig unterhalb Einmündung des Pragweges; hier unter der Wand zeitweise extreme Steinschlaggefahr. 5 Min. nach der Quelle Wegabzweigung links zum Staničev dom.

Am rechten Steig überquert man eine Hochfläche, ein kesselartiges Plateau aus Kalkstein mit vielen Spalten und Dolinen. Letztlich geht man über den Triglavgletscher / Zeleni sneg den („grüner Schnee") und erreicht in etwa 1 Std. das AV-Haus Triglavski dom auf der Kredarica.

Klettersteig zum Gipfel: Er beginnt am Ostgrat und leitet in beruhigender Wegführung an Eisenstiften, Drahtseilen und ausgemeißelten Tritten über den gemütlichen Grat in die Südflanke. Bald auf breiten Felsbändern wieder auf den Grat empor zum sanft geneigten Gratbuckel des Vorgipfels, des Mali Triglav, 2725 m. Weiter den bald scharfen Grat entlang. Eine Gedenktafel erinnert an Markus Pernhart, (berühmter Kärntner Landschaftsmaler), der 1867 als erster die großartige Triglavaussicht abbildete. Auf der Gratkante weiter steil empor; eine weitere Gedenktafel gilt dem slowenischen Dichter und Bergsteiger Valentin Vodnik, der 1795 den Mali Triglav erstieg und darauf die berühmte „Vršac" ersann.

Etwas höher weist ein Pfeil zu einer künstlich in den Fels gemeißelten Höhle, die sich etwa 50 m unter dem Gipfel in der Südflanke befindet und bei Unwetter sicheren Schutz bietet (Staničevo zavetišče; stanič = Unterstand). Diese Höhle ist dem Blechturm auf dem Gipfel unbedingt vorzuziehen. Über den tadellos gesicherten Grat erreicht man bald den Gipfel — hier standen zum erstenmal bereits im Jahre 1778 vier Bergsteiger. Der rote Eisenzylinder mit kegelförmigem Dach, der sog. Aljažev stolp, wurde 1895 auf Kosten des bekannten slowenischen Bergsteigers und Pfarrers von Dovje, Jakob Aljaž, errichtet und bietet bei Gewittern vier bis fünf Personen Schutz (Faradayscher Käfig).

b) Pragweg: Beim Partisanendenkmal geradeaus weiter und talein bis zur Wegverzweigung Pragweg — Bambergweg; nach links über den Bach bis an den Fuß des ersten Felsgürtels und zum gut mar-

Der östliche Teil der Triglav-Nordwand mit dem Pragweg.

kierten Einstieg in den Prag-(Schwelle-)weg. Hier steil durch eine gesicherte Rinne empor und auf einem breiten grasigen Bandstreifen bequem ostwärts. Eine Steilpassage führt im Zickzack mühsam über geröll- und schuttbedecktes Gelände zur Einmündung in den Tominšekweg. Weiter wie a).

c) **Bambergweg** (benannt nach einem verdienten Bergsteiger): An der bei b) beschriebenen Wegkreuzung geradeaus, zunächst nur leicht steigend auf einem Schuttrücken gegen den Paß. Bald weiter, zuletzt sehr mühsam über eine Schuttreise auf den Luknjapaß, 1758 m, einem alten Übergang aus der Trenta in die Vrata (nach rechts Weg zum Pogačnikhaus).
Nun links steil in die Gratflanke empor; eine längere, fast senkrechte Felsrinne, hervorragend mit Doppelseil gesichert, leitet die rasante Führe in der wildzerklüfteten Südwestflanke ein. Endlose, steile, schmale, schuttbedeckte Bänder führen ungesichert durch die grasdurchsetzten Schrofen, nur vereinzelt entschärfen Stifte delikate Passagen. Erst in den teilweise sehr ausgesetzten Gipfelpassagen am oberen Gratrücken folgt eine Reihe sehr scharfer, aber gut gesicherter Klettersteigstrecken mit unheimlichen Einblicken in die Nordwand des Triglav. Vom höchsten Punkt des Grates, 2361 m, in leichtem Abstieg über Bänder auf das weite Fels- und Geröllplateau der Plemenica. Rechterhand die zerklüfteten Triglavski podi, in ihrem oberen Teil eine verfallene ehemalige italienische Kaserne. — Über ein weites Schneefeld zum Kar — dieser Weg ist im Juli stellenweise noch tief verschneit — hier bald Wegabzweigung (Abstieg zur Koča na Doliču). Über das Kar zum westlichen Wandfuß, auf gesichertem Band in die Felswand. Eine Verschneidung und eine breite Felsrinne führen gut gesichert zum Überstieg in die Südflanke über die Bovška škrbina, 2515 m, einer breiten Scharte zwischen Triglav und Rjavec. An einzelnen Stiften und neuerdings durchgehendem Drahtseil problemlos über den äußersten südlichen Gratausläufer auf schottrigen Felsflanken zum Gipfel.

d) „**Čez-Nogo"-Weg**: Schön und lohnend, wenn auch wenig bekannt ist der Klettersteig vom Dom Planika „čez nogo", d.h. „über den Fuß" zur Bovška škrbina (Flitscher Scharte).
Vom Planikahaus in nordwestlicher Richtung in den großen Kessel unter dem Veliki Triglav. Über ausgedehnte ganzjährige Schneefelder bis zur Südwand; Markierungen und eingemeißelte Fußstapfen sind besonders zu beachten, um nicht in ungesicherte und gefährliche Steilhänge zu geraten. Teilweise über brüchiges Gestein, dann, nach etwa halbstündiger, genußvoller leichter Kletterei auf die Bov-

ška škrbina, 2515 m, mit herrlichen Ausblicken gegen Westen. Hier weiter wie c).

e) Normalanstieg: Vom Planikahaus führt der übliche Anstieg sofort hinter dem Haus gegen Norden in die Südwände des Mali Triglav. Knapp vor dem Vorgipfel mündet dieser Klettersteig in den von der Kredarica auf dem Ostgrat herabziehenden Steig a).

Abstiege: Neben den Anstiegen a)—e) kommen folgende Abstiegs- und Verbindungswege ins Vratatal in Frage: a) Von den Triglavski podi auf dem transversalen Alpenweg zur Doličhütte und in weitem Bogen auf dem ehemaligen ital. Saumweg, der „mulattiera", zuletzt mit Gegensteigung, zum Luknjapaß; b) Verbindungsweg vom Dom Planika am Fuße der Süd- und Südostwände zum Triglavhaus.

Höhenunterschied: Aljažhaus 1015 m — Triglav 2864 m. Höhendifferenz der Klettersteige: Am Pragweg etwa 100 m Klettersteigpassagen, am Tominšekweg etwa 300 m Klettersteigcharakter, Bambergweg 600 m scharfer Klettersteig. Gipfelanstiege je etwa 350 m Klettersteig.
Gehzeiten: Aljažhaus — Staničhaus 4½ Std.; Aljažhaus — Triglavhaus 5 Std. (über den Pragweg 5½ Std.); Aljažhaus — Triglav über den Bambergweg 7 Std. Vom Triglav- und Planikahaus auf den Triglav je 1 Std., von der Doličhaus 2½ Std.; Doličhaus — Planikahaus 1½ Std.
Schwierigkeiten: Pragweg relativ problemlos. Tominšekweg oben etwas ausgesetzt, Steinschlag möglich. Bambergweg weitaus schwierigster Anstieg, zum größten Teil ungesicherte, schmale, schuttbedeckte Bänder, Klettersteig sehr anspruchsvoll und ohne Sicherung I, bei Nässe, Nebel, Schnee oder Vereisung unbedingt abzuraten. Alle Klettersteige auf den Gipfelstock problemlos. Auf dem Triglavplateau ist bei Nebel besondere Vorsicht geboten.
Stützpunkte: Mojstrana, 641 m, 10 km von Jesenice (Bahnstation). — Aljažhaus (Aljažev dom), 1015 m, erbaut 1910, Tel. 064/890 13 Miro Eržen; bew. vom 1. Mai bis Ende Oktober, 150 B., 60 M., von Mojstrana auf guter, 12 km langer Schotterstraße (z. T. asphaltiert) mit Kfz erreichbar. — Triglavhaus (Triglavski dom na Kredarici), 2515 m, bew. von Ende Juni bis Ende September; erbaut 1896, erneuert und erweitert 1906, 1954 und 1984, höchstgelegenes Schutzhaus Jugoslawiens. 18 Zimmer mit 69 B., 57 M.; meteorologische Station ganzjährig besetzt. — Staničhütte (Dom Valentina Staniča pod Triglavom), 2332 m, nordöstlich der Kredarica auf dem Hochplateau des Triglav, erbaut 1887, total renoviert 1963, bew. von Ende Juni bis Anfang September, 8 Zimmer mit 48 B., 45 M. — Doličhütte (Tržaška koča na Doliču), 2120 m, am Doličsattel südwestlich unter dem Triglav, bew. von Ende Juni bis Anfang September, 135 M. (Tel. 064/780 69). — Planikahaus (Dom Planika pod Triglavom), 2408 m, unmittelbar südlich des Gipfelstocks, erbaut 1908—1910, bew. von Ende Juni bis Anfang September, 20 B. in Zimmern, 44 M.
Hinweis: In Mojstrana, Richtung Vratatal, befindet sich ein winziges, aber sehenswertes Triglavmuseum (Hinweisschilder). Siehe Karte Nr. 7 und 8.

45 Krn (Monte Nero), 2245 m, gesicherter Steig

Krngruppe

Der Krn gehört zu den südlichsten Bergen der Julischen Alpen, begrenzt durch das Isonzotal zwischen Tolmein (Tolmin) und Kobarid (Karfreit, Caporetto). Im ersten Weltkrieg war er Schauplatz erbitterter Kämpfe. Von seinem Gipfel aus genießt man eine herrliche Sicht. Nordöstlich, tief unten, liegt der wunderschöne Krnsee, in dessen Wasser sich der markante Gipfel spiegelt. Zudem kann man vom Krn aus fast die gesamten östlichen und westlichen Juliergipfel überblicken. Zerfallene Baracken, verrosteter Stacheldraht, halbverfallene Schützengräben, Kavernen, Bunker sowie überall verstreute, rostige Granatsplitter sind Zeugen der schrecklichen kriegerischen Auseinandersetzungen. Nordöstlich des Krn befindet sich die größte Schafweide Sloweniens, die Planina-Duplje-Doliči.

Zufahrt: Von Tarvis (Tarvisio) über Raibl (Cave del Predil) zum Predilpaß und hinunter in das wildromantische Koritnicatal. Weiter ins Isonzotal (Sočatal) und nach Kobarid. Gleich am Anfang der Ortschaft zweigt man nach links ab. Hinweistafel: Drežnica-Vrsno. Nach einigen hundert Metern gelangt man zur Brücke über den Isonzo. Hier Weggabelung: Rechts nach Vrsno, links nach Drežnica. Links über die Brücke. Auf guter Asphaltstraße nach einigen Kehren in den Ort Drežnica. Durch diesen hindurch und noch etwa 1 km weiter zu einigen neuen Häusern, die nach dem Erdbeben von 1976 errichtet worden sind. Hier Parkplatz.

Zugang: Vom Parkplatz auf einem Karrenweg (zu Beginn roter Markierungspunkt) zur Alm Na Svinjah und weiter durch Wald fast eben zu einer kleinen Betonbrücke, die über den Kozjakbach führt. Hier Weggabelung mit Hinweistafel: Rechts leitet der Normalweg auf den Krn, links geht's in Richtung Zahodna-Smer „Drežinska". Dieser Bez. folgend gelangt man durch wunderschönen Laubwald und weiter nach links zum Bachbett, das man durchquert. (Hier auf einem Stein die Zahlen 137—138). Der Steig führt nach rechts steil auf-

Leiter am gesicherten Steig auf den Krn.

wärts durch Buchenwald in Richtung des großen, rotbraunen Fels-
aufschwungs, der dem Hauptmassiv vorgelagert ist und den man
schon von weit unten gut sehen kann. Mit steilen Kehren um diesen
Vorbau herum. Hier, in etwa 1100 m Höhe, steht ein neues, stets ge-
öffnetes Biwak. Mäßig steil in Richtung einer großen Schlucht mit
Kaminreihen. Über einen Geröllsteig zum Einstieg.

Aufstieg: Über ein steiles, meist hartes Firnfeld (Drahtseil) oder mit
Querung in den Felsen (Randkluft!) zu Stufen und Grasbändern und
steil empor (Drahtseile) in die Schrofen links der Schlucht. Über diese auf ein Bändersystem und immer gut gesichert zu einer Kuppe
am eigentlichen Wandfuß. Über diese hinweg und nordwestwärts erneut über Grasstufen und Geschröf zu einer Steilstufe, die mit Hilfe
von Drahtseilen überwunden wird. Nun auf der Westseite zu einer
Kanzel und zu einem Sattel, etwa 1700 m. Zwei Hinweistafeln;
rechts zur Zahodna-Smer „Drežinska". Wir steigen gerade empor
über die Zahodna-Smer „Silva-Koren". Erst über Grasstufen und
Schrofen, später in leichter Kletterei auf den Westgrat. Über diesen
luftig, jedoch gut gesichert empor zu einer Kanzel (rechts die große
Zentralschlucht, an der entlang der gesamte Anstiegsweg verläuft).
Weiter über eine Steilstufe zu einer Blechkassette mit Buch und
Stempel (etwa 2100 m). Nun über eine Steilwand (8 m hohe rote Leiter) zu einem weiteren Steilwandl, über das eine etwas kürzere Leiter hinweghilft. Jetzt über Stufen zu einer Rechtsquerung (ausge-
sprengtes Felsband) an die Schlucht, dann wieder nach links zurück
auf den Grat. Ständig gerade empor zum Ausstieg. Dieser befindet
sich einige Meter unterhalb der Unterstandshütte Gomiščkove zavetišče (Krnhütte), 2210 m. Von hier in wenigen Min. zum Gipfel.

Abstieg: Wie Aufstieg.

Günstigere Variante: Von der Krnhütte hinab bis in Nähe des
Klettersteig-Ausstiegs. Nun an verfallenen Kriegsbauten vorbei steil
auf der Grasschneide (Grasstufen) etwa 150 m abwärts, dann scharf
nach rechts (rote Markierungsstriche) bis zu einem Felsblock mit
Bez. „Zahodna Smer Drežinska". Von hier rechts hinunter (Stufen
und künstliche Tritte, Drahtseile) und weiter auf Bändern und Fels-
stigen durch die Zentralschlucht. Nach einigem Auf und Ab gelangt
man zuletzt aufwärts in Richtung Westgrat zur Kanzel und weiter zu
den beschriebenen Hinweistafeln in 1700 m Höhe. Weiter wie Aufstieg.

Höhenunterschied: Drežnica 550 m — Einstieg 1400 m — Kanzel mit Tafel
1700 m — Blechkassette 2100 m — Krnhütte 2210 m — Gipfel 2245 m.

Gehzeiten: Parkplatz — Krngipfel 5—5½ Std.; Abstieg je nach Variante 2—3 Std.

Schwierigkeiten: Klettersteig für Geübte kein Problem. Trittsicherheit und Schwindelfreiheit erforderlich. Zugang etwas mühsam.

Stützpunkte: Kobarid, 235 m, jedoch nur ein Hotel. — Drežnica, Privatquartiere. — Krnhütte, 2210 m, einfache Unterkunft, Matratzenlager. Sommerbewirtschaftung; in der übrigen Zeit ist die Hütte frei zugänglich. Hüttenschlüssel beim Slowenischen Alpenverein PD Novo Gorica. Knr Biwak / Pod Krnov — Drezniskih Planincev.

Hinweis: Früher Aufbruch am Morgen notwendig. Genügend Trinkwasser mitnehmen. Bis spät in den Herbst hinein begehbar. Für das Einstiegsfirnfeld evtl. leichte Steigeisen angenehm.
Siehe Karte Nr. 9.

Aus der Lehrschriftenreihe des Österreichischen Alpenvereins

Pit Schubert
Alpine Felstechnik

Allgemeine Ausrüstung – Alpintechnische Ausrüstung – Gefahren im Fels – Seilknoten – Klemmknoten – Anseilmethoden – Anbringen von Sicherungs- und Fortbewegungsmitteln – Sicherungstheorie – Sicherungspraxis – Ökonomisch richtiges Verhalten im Fels – Spezielle Freiklettertechnik – Künstliche Klettertechnik – Fortbewegung der Seilschaft – Geologie und Klettertechnik – Gang an der Sturzgrenze – Der Sturz im Fels – Hilfsmaßnahmen beim freien Hängen – Schwierigkeitsbewertung im Fels – Routenbeschreibung und Anstiegsskizzen – Gefahren im Fels – Biwak – Rückzug – Rückzug mit Verletzten – Überleben im Fels – Alleingang im Fels – Erstbegehungen im Fels.
Zahlreiche Fotos und Zeichnungen. 4. Auflage 1985.

Zu beziehen durch alle Buchhandlungen
Bergverlag Rudolf Rother GmbH · München

Alpine Auskunft

Mündliche und schriftliche Auskunft in alpinen Angelegenheiten für Wanderer, Bergsteiger und Skitouristen

➤ Deutscher Alpenverein
**Montag bis Donnerstag von 9 bis 12 Uhr
und 13 bis 16 Uhr,
Freitag von 9 bis 12 Uhr
und 13 bis 15 Uhr
D-8000 München 22, Praterinsel 5
Telefon (089) 29 49 40**
[aus Österreich 06/089/29 49 40]
[aus Südtirol 00 49/89/29 49 40]

➤ Österreichischer Alpenverein
**Montag bis Freitag von 8.30 bis 12.00 Uhr
und von 14 bis 18 Uhr
Alpenvereinshaus
A-6020 Innsbruck, Wilhelm-Greil-Str. 15
Telefon (0 52 22) 2 41 07**
[aus der BR Deutschland 00 43/52 22/58 41 07]
[aus Südtirol 00 43/52 22/58 41 07]

➤ Alpenverein Südtirol
Sektion Bozen
**Montag bis Freitag von 9 bis 12 Uhr
und von 15 bis 17.30 Uhr
im Landesverkehrsamt für Südtirol –
Auskunftsbüro
I-39100 Bozen, Pfarrplatz 11
Telefon (04 71) 99 38 09**
[aus der BR Deutschland 00 39/471/99 38 09]
[aus Österreich 04/471/99 38 09]

Steiner Alpen

Ehe die Felsmassive der Südlichen Kalkalpen in den Hügelketten des Pannonischen Tieflandes verebben, bäumen sie sich mit den Gipfeln der Steiner Alpen ein letztes Mal zu alpinen Höhen auf. Dieser Gebirgszug erstreckt sich südlich der Karawanken zwischen Laibach und der österreichischen Grenze, hängt durch den Seebergsattel mit den Karawanken zusammen, gehört geologisch und morphologisch jedoch eher zu den Julischen Alpen. Er gliedert sich in eine große Zentralgruppe, die Storžičgruppe und die östliche Raduhagruppe. Die zentrale und höchste Gruppe erstreckt sich als wildzerklüfteter Kamm von der Kočna bis zur Ojstrica. Seinen Namen erhielt dieses Bergmassiv nach dem Ort Stein (Kamnik) oder dem Flüßchen Savinja, daher die Slowenische Bezeichnung „Kamniške in Savinjske Alpe". In der älteren Literatur finden wir auch die Benennung Sulzbacher oder Sanntaler Alpen.

Die Bergkette der Steiner Alpen, die an klaren Tagen aus dem Dunst der slowenischen Tiefebene aufragt und die eindrucksvolle alpine Kulisse der Hauptstadt Laibach bildet, ist durch ein Netz von gut markierten Wegen und Steigen zugänglich und durch romantische und gepflegte Berghütten gut erschlossen. An der Südwestseite, bei Cerklje, befindet sich die Talstation der Seilbahn auf den Krvavec, 1853, die vor allem für den Wintersport bedeutsam ist. Eine zweite Seilbahn führt aus dem Tal der Kamniska Bistrica auf die Velika Planina, eine malerische Almfläche in etwa 1500 bis 1600 m Höhe, die zu den weitläufigsten Almen des jugoslawischen Alpenanteils gehört und im Winter ebenfalls ein Skiparadies darstellt.

Drei Gipfel der Zentralgruppe — Kočna, Grintavec und Skuta — sind durch bemerkenswert gepflegte Klettersteiganstiege von Norden her erschlossen und über landschaftlich großartige, zum Teil sehr luftige, aber ebenfalls ausreichend gesicherte Gratwege miteinander verbunden.

Zentraler Ausgangspunkt für diese Klettersteige ist die idyllische Tschechische Hütte (Češka koča) im riesigen Felsenkessel der Nordwände. Der kurze, teilweise wildromantische Zugang führt aus dem malerischen Weiler Makek bei Jezersko in weniger als zwei Wegstunden mitten in die alpine Felsszenerie — bei entsprechender Strapazierung des Autos in kaum mehr als einer Stunde. Die Gesamtüberschreitung aller drei Gipfel an einem Tag — 11 km Klettersteig — gehört zu den sehr anspruchsvollen und anstrengenden Unternehmungen; teilt man die Begehung in zwei Tage auf, erweist sie sich als ausgesprochen genußvoll.

50 Jezerska Kočna, 2520 m, gesicherter Steig

Steiner Alpen

Aus dem samtenen Grün des Jezersko- und Kokratales erhebt sich mit schroffen Wänden und Pfeilern das breit ausladende Massiv der Kočna, des westlichen Eckpfeilers der Zentralgruppe. Die Besteigung über den transversalen Alpenweg, der als rassiger Klettersteig über dem nordwärts auslaufenden Felssporn zur Seeländer Scharte führt, hier in einen Kriechkamin mündet und im spärlichst gesicherten Gipfelaufbau mit einigen teilweise ausgesetzten, teilweise anspruchsvolleren Felspassagen aufwartet, ist die schwierigste der Klettersteigtouren in den Steiner Alpen.

Zugang zur Česka koča: Von der Ortsmitte in Jezersko bezeichneter geschotterter Fahrweg über den Weiler Ravne zum Weiler Makek (1,5 km), hier sehr empfehlenswerter Gasthof, Parkplatz. Weitere Auffahrt mit Auto über den ehem. Einödhof Marof steil und ungepflegt bis zum beschilderten „Parkplatz" möglich (1,9 km; Wendemöglichkeit etwa 300 m weiter!). Auf Karrenweg in wenigen Min. zu einer Quelle, dann durch dichten Wald steil bergauf, bei einer unbez. Wegverzweigung nach rechts. Der Pfad kreuzt eine ebene Forststraße und zieht nun bequem und fast eben in romantischer Wegführung durch dichten dunklen Wald bis an einen steilen, latschenbestandenen Abhang. Auf teilweise künstlich verbreiterten Bändern und Holzstegen, zum Teil drahtseilgesichert, bequem, nur zuletzt etwas steiler, zur Hütte.

Aufstieg: Von der Česka koča auf bez. Pfad mühsam in das steile Kar unter den Nordwänden empor. Bei der Wegverzweigung etwa in der Mitte des Kars nach rechts und aus den Schotterpfaden des Steilkars auf einen steilen Felssporn der zur Vrata herabziehenden Felsflanke, welcher sichelförmig aus der Felsenkette in das Kar hineingreift. An der Gratschneide steil und mäßig ausgesetzt, aber ausreichend gesichert zu einem in die Felswand eingelagerten kleinen

Klettersteig auf die Jezerska Kočna durch die Ostflanke des Nordostgrates.

Kriechkamin

Kar empor. Auf schuttbedeckten Bändern bis zum Felsansatz, hier an Bändern in der östlichen Felsflanke weiter, wobei zwei absteigende Passagen in Kauf zu nehmen sind. Leicht ansteigend drahtseilgesichert weiter unter ein leicht überhängendes Felsdach.

Über schräge Bänder und Platten schräg empor zur Seeländer Scharte in großartiger Felsszenerie (Wegabzweigung nach Osten zum Grintavec). Nach rechts westwärts auf ein schmales Felsband, das sich zu einem sehr schmalen, aber kurzen Kriechband verengt, welches man nur bäuchlings durchrobben kann. (Rucksack abnehmen und ablegen oder vor sich herschieben.)

Über schuttbedeckte Bänder auf dem brüchigen, schrägen Nordostrücken bis zu einem kurzen Felsabsatz, der in leichter Kletterei (II) überwunden wird; Sicherungsmöglichkeit nur an zwei Stellen durch Eisenstifte. Auf einem weiteren schuttbedeckten Felsband quert man im Halbbogen um den Vorgipfel, geht auf einem schmalen, ausgesetzten und abdrängenden kurzen Band über das kleine Joch zwischen den beiden Gipfeln und erreicht über schuttbedeckte Pfade den Hauptgipfel.

Abstieg: In jedem Fall zurück zur Wegverzweigung am Sattel, hier entweder: a) zurück wie beim Aufstieg oder: b) wie bei Tour 51 auf dem großartigen Klettersteig über den Grat zum Mlinarsko sedlo und von hier Abstieg über den leichteren Klettersteig zur Hütte.

Höhenunterschied: Jezersko 906 m — Češka koča 1540 m — Kočna 2520 m. Höhendifferenz des Klettersteigs etwa 500 m.

Gehzeiten: Jezersko — Češka koča 2½ Std., Makek — Češka koča 2 Std., letzter Parkplatz auf Fahrstraße — Češka koča 1¼ Std., Češka koča — Kočna 3 Std., Kočna — Mlinarsko sedlo 2 Std., Mlinarsko sedlo — Češka koča im Abstieg 2 Std.

Schwierigkeit: Klettersteig zur Seeländer Scharte teilweise mäßig ausgesetzt, Steig zur Kočna nur spärlich gesichert, eine Stelle II, einige kurze Bänder schmal und abdrängend.

Stützpunkte: Jezersko, 906 m; nächste Bahnstation Kranj (31 km), von dort Busverbindung; mehrere Hotels und freundliche Läden, Camping. — Weiler Makek mit sehr freundlichem, preiswertem Gasthof. — Češka koča na Ravneh, 1540 m, im Sommer bew., sehr freundlicher Hüttenwirt, deutsch sprechend; ausreichend L. und M.; Winterraum.
Siehe Karte Nr. 10.

51 Grintavec, 2558 m, gesicherter Steig

Steiner Alpen

Der Grintavec, der „Krätzige" oder „Grindige", der höchste Gipfel
der Steiner Alpen, erhebt sich in der Mitte der Zentralgruppe. Vielleicht haben die von Grasflecken durchsetzten Felsbänder und
Schutthalden der Südflanke zu diesem Namen geführt. Eine andere
Deutung bezeichnet den Berg als den „Grimmigen", wegen seiner
eher rundlichen Gipfelkalotte wohl zu Unrecht. Die Besteigung ist
auch von der Nordseite problemlos und empfiehlt sich in Verbindung mit dem Aufstieg zur Kočna — für reinrassiges Klettersteigvergnügen sorgen in jedem Falle Auf- und Abstieg durch die Nordwand und der luftige Grat über die Dolska Škrbina. An klaren Tagen
reicht die Sicht von den adriatischen Küstenbergen über die benachbarten Julischen Alpen und Karawanken bis zu den Hohen
Tauern.

Zugang: Wie bei Tour 50 zur Češka koča.

Aufstiege: a) Über die Seeländer Scharte. Wie bei Tour 50 bis zur
Seeländer Scharte, hier ostwärts auf den Grat und über breite, griffige, vielfach gestufte Rinne ungesichert, aber problemlos bis zur
Wegabzweigung ins Kar (zur Cojzova koča). Hier links empor und
an vier Stiften sehr steil und etwas ausgesetzt zur Gratschneide und
zum höchsten Punkt, der Dolska Škrbina, 2317 m. Am flacher abfallenden, sich verbreiternden Gratrücken bis zum drahtseilgesicherten steileren Abstieg in eine winzige Scharte. Auf schmalem Schuttband in der Felsflanke hinab ins Kar. Am Felsfuß leicht steigend,
teilweise über Schneefelder, ostwärts bis zu den ersten Felsen und
sehr mühsam, teils über Schutt und schrofigen Fels, empor zu einem Joch vor dem eigentlichen Gipfelaufbau. Über mäßig geneigtes, schrofiges Felsgelände bergan bis zur senkrechten Wandstufe,
die an mäßig ausgesetzten Felsbändern, nur spärlich gesichert, umgangen wird. In der Nordflanke durch grobschottrige Karfelder zur
Wegverzweigung Grintavec — Mlinarsko sedlo. In weitem Bogen,
durch Schuttfelder, zuletzt über einige Plattenfolgen und die letzte
drahtseilgesicherte Platte zur schuttbedeckten Gipfelkalotte.

b) Über den Mlinarsko sedlo: Wie bei Tour 50 in das Kar, bei der
Wegverzweigung nach links und durch das steile Kar bis zu den
Schneefeldern im oberen flacheren Karabschnitt (Skilift!).
Markierte Felsblöcke in den harmlosen Schneefeldern weisen den

Weg zum Einstieg. Zunächst ungesichert längs einer Wasserrinne über Felsansatz empor (letztes Wasser!). Auf breitem Schuttband nach links zu einer steilen, gut gesicherten Felspassage. Auf ungesichertem Band zu einer gegliederten Felsrippe. Leicht absteigend zu einem langen, fast ebenen Band und über viele kleinere Bänder im Zickzack, stets bez. und, wo nötig, gesichert zur Scharte. (Mlinarsko sedlo, 2334 m, Wegverzweigung von Norden nach Süden, Česka koča — Cojzova koča und, von Osten nach Westen, Grintavec — Skuta.) Hier westwärts nach rechts in gemütlicher Wegführung auf den anfangs nur leicht steigenden Grat bis zum höchsten Punkt. Hier bald über steile und luftige, aber gut gesicherte Plattenverschneidungen abwärts. Auf schrägem Schuttband den Grat verlassend bis zur Wegabzweigung zum Gipfel, weiter wie Aufstieg a).

Abstieg: Empfehlenswert ist Abstieg b) und Aufstieg a).

Höhenunterschied: Česka koča 1540 m — Grintavec 2558 m. Höhendifferenz des Klettersteiges etwa 500 m.

Gehzeit: Česka koča — Grintavec 3—3½ Std.

Schwierigkeit: Gipfelanstieg technisch problemlos, Verbindungsgrat Seeländerscharte — Mlinarsko sedlo teilweise luftig, aber gesichert. Klettersteig Česka koča — Mlinarsko sedlo problemlos (Steinschlag!). Siehe Karte Nr. 10.

Die gesicherten Steige zum Grintavec und zur Skuta.

Skuta, 2532 m, gesicherter Steig

Steiner Alpen

Die Skuta, „die Einsame", dritthöchster Gipfel der Steiner Alpen, ragt aus den Karen als eleganter, heller Felsturm mit einer senkrecht abbrechenden Nordwand auf. Der rassige, gesicherte Gratweg über den Dolgi hrbet bietet Einblicke in die gähnenden Felsschluchten der Nordwände, optisches Hauptmotiv ist der faszinierende Überblick auf die urweltliche Karstlandschaft der „Podi", der „Böden" oder „Tennen", von Urkräften zerfetzte Karrenfelder, Gesteinsschichten, die sich senkrecht aufstellen und mit scharfen Kanten wie Granatsplitter zum Himmel ragen, dazwischen Trichter und Krater — ein Schlachtfeld ungebändigter Naturgewalten.

Der Gipfel selbst bietet gute Übersicht über die gesamte Gruppe und einen weiten Blick nach Süden in das romantische Tal der Kamniska Bistrica.

Zugang: Wie bei Tour 50 zur Češka koča.

Aufstieg: Bis zum Mlinarsko sedlo siehe Tour 51. Von der Scharte sofort wieder ostwärts, nach links, auf den Grat und in anregender leichter Kletterei auf der teilweise gesicherten südlichen Gratflanke zu einer sehr schneidigen, ausgesetzten Passage über dem Abgrund der Nordwand, die auf die Gratschneide emporleitet. Auf breitem Gratrücken zum Gratgipfel, dem Dolgi hrbet, 2470 m. Nun in hochinteressanter, spannender Wegführung zunächst fast eben den Grat entlang, bald jedoch in abenteuerlichem Auf und Ab zwischen den Türmchen und Gratzacken, Schluchten, Rinnen und Steilflanken des wildzerklüfteten Grates. Sparsame Sicherungen entschärfen technisch schwierige Passagen. Hinab in eine sehr enge Scharte und an einer senkrechten, etwas abdrängenden plattigen Wandstelle empor in die Südflanke eines Gratturmes, dann erschließt sich leichteres, verflachendes Felsgelände. Auf einer Felskuppe steht man schließlich vor der Steinwüste der Skuta, ein bequemer Schuttpfad führt zunächst in den kleinen flachen Karkessel („Voda" [Wasser] ist trotz Hinweis hier kaum jemals anzutreffen) und von hier in wenigen Minuten in bequemer Steigung zum schuttbedeckten Gipfelklotz.

Abstieg: Vom Gipfel auf dem Schuttpfad zurück zu der erwähnten Felskuppe. Hier leiten rote Markierungen in südlicher Richtung über gutgestuften Fels hinab. Vom Wandfuß nun in westlicher Richtung,

Blick vom Mlinarsko sedlo zur Skuta. Von hier leitet ein interessanter Klettersteig durch die Südwand zum Gipfel der „Skuta". Rechts im Hintergrund die Ojstrica.

immer den Markierungen folgend, zuletzt leicht ansteigend zum Ausgangspunkt Mlinarsko sedlo zurück.

Höhenunterschied: Češka koča 1540 m — Skuta 2532 m. Höhendifferenz des Klettersteigs etwa 500 m.

Gehzeit: Češka koča — Skuta 4 Std.

Schwierigkeit: Klettersteig über den Grat des Dolgi hrbet teilweise ausgesetzt, jedoch ausreichend gesichert. Klettersteig zum Mlinarsko sedlo — eher problemlos, aber durch Vorausgehende sehr steinschlaggefährdet.

Stützpunkte: Siehe Tour 50.

Hinweis: Gesamtüberschreitung aller drei Gipfel an einem Tag möglich, jedoch sehr anstrengend; es empfiehlt sich Aufstieg über transversalen Alpenweg zur Kočna, Überschreitung von der Seelländer Scharte zum Mlinarsko sedlo unter „Mitnahme" des Grintavec, Klettersteig zur Skuta, Rückweg über Normalweg, Abstieg vom Mlinarsko sedlo über den leichteren Klettersteig in der Nordwand zur Hütte. Gesamte Gehzeit etwa 10—12 Std. Durchaus zu empfehlen ist die Begehung von Kočna und Grintavec an einem Tag; Gehzeit etwa 8—9 Std.

Tip: Eine empfehlenswerte Kostprobe slowenischer Klettersteige bietet der gesicherte Übergang ostwärts zur neu erbauten Hütte Koča na Ledinah am Karbeginn unterhalb der Skuta, der durch mehrere steile Schluchten mit ausgesprochenem Klettersteigcharakter führt. Gehzeit 1 Std.

Hinweis: Bis in den Sommer hinein liegen nordseitig noch oft steile und harte Firnfelder. Pickel oder Skistöcke sind ratsam! Siehe Karte Nr. 10.

53 Ojstrica, 2349 m, gesicherter Steig

Steiner Alpen

Die Ojstrica ist der östlichste Hochgipfel der zentralen Steiner Alpen. Auch auf diesen prächtigen Berg leitet ein interessanter, luftiger Klettersteig, der die Mühen mit einem faszinierenden Überblick über die gesamte Gruppe lohnt.

Zufahrt a): Von Bleiburg 6 km zur jugoslawischen Grenze. Weiter etwa 20 km in die Ortschaft Črna / Schwarzach. Hier Straßengabelung. Man fährt nach rechts, dem Hinweis „Dolarska dolina" nach. Gleich nach Črna noch einige Kilometer Asphaltstraße, dann nach links auf guter Sandstraße am Fuße des Raduchabergs aufwärts. Anschließend abwärts in die Ortschaft Solčava / Sulzbach. (Ein Abstecher zur Steinzeithöhle auf der Olševa ist zu empfehlen.) Nun am Savinjafluß entlang ins wunderschöne Logartal. Nach wenigen Minuten erreicht man eine Brücke; rechts davon steht ein Landhaus. Hier Parkplatz.

Zufahrt b): Über den Wurzenpaß nach Jugoslawien, nach Kranjska gora, Kranj und Kamnik. Weiter nach Ljubno, Luče und Solčava.

Zugang: Rechts am Parkplatz steht eine Hinweistafel „Klemenšova-Koča / Klemenshütte". Nach links leitet ein Karrenweg fast eben durch Wald bis zu einer Lichtung. Hier befindet sich die Talstation der Materialseilbahn zur Hütte. Der gut bez. Steig führt nun steil und mühsam in vielen Kehren durch schönen Mischwald aufwärts. Eine Schlucht wird überquert (Wasserstelle), weiter auf Steig in Schrofengelände, über das man nach etwa einer Stunde die Klemenshütte erreicht. Von der Hütte (Hinweistafel „Škarje") auf bez. Steig durch einen herrlichen Buchenwald, dann zu einem turmartigen Felsaufbau. Am Fuß einer Wandflucht entlang und erneut durch Wald auf steilem Pfad bis zu einer Weggabelung. Hier benützt man den linken Weg. Wenig später erblickt man rechts ein Hochkar. Dieses befindet sich unter dem Vorbau der Ojstrica. Weiter der Bez. folgend durch ein riesiges Geröllkar und über Blöcke steil empor. Links oben steht ein nach Westen geneigter Felsturm. Über Stufen, Blöcke und auf einem Grassteig wird eine Scharte erreicht. Von hier aus phantastischer Tiefblick ins Robanov kot / Robantal. Jetzt in Kürze zum Einstieg, etwa 1800 m.

Aufstieg: Ein erstes Drahtseil leitet über eine Felskanzel und von dieser auf die Ostseite, von der man rasch auf einem Steig in Richtung der schon gut sichtbaren Schlucht gelangt. Es folgen Schrofen, Stufen und Platten (Drahtseile, Eisenstifte). Bald erreicht man den Grund der Schlucht. Nun steil empor. Durch einen gut gesicherten Riß und über Steilstufen in eine Scharte. Durch diese und auf einen Steig. Diesem folgen und in leichtem Fels in Richtung zur großen Schlucht. Man überwindet eine luftige Passage mit blauem Gestein. Weiter den Drahtseilen folgen, dann wieder über Schrofen und auf Grasbändern in Richtung Schlucht, die nach einigem Auf und Ab, zuletzt mit einer Querung, erreicht wird. Nun auf dem Grat luftig zu einem Kamin (schwierigste Stelle, sehr ausgesetzt, jedoch gute Sicherungen). Dann etwas abwärts und über Schrofen zu einem Steig. Dieser leitet südlich links unter den mächtigen Überhängen zu einem Absatz. Weiter durch Rinnen und über Steilstufen, dann über Platten an Türmen und Zacken vorbei. Durch einen Plattenriß gut gesichert empor zu einem Felskopf, weiter auf die Westseite und in leichtem Fels zum Gipfel. Hier Blechkassette mit Buch und Stempel.

Abstieg a): Wie Aufstieg. Oder vom höchsten Punkt auf dem Normalweg südwärts hinunter bis auf etwa 2100 m. Hier Steiggabelung. Nach rechts (Hinweis „Škarje/Schere") auf einen Steig und nach wenigen Metern sehr steil und ausgesetzt (Eisenstifte) abwärts. Die Steiganlage leitet durch steile Felsflanken und über Absätze und durch Rinnen in ein Kar. Hier mündet auch ein vom Kocbekov Dom na Korošici heraufführender Steig. Man folgt der Bez. und erreicht mit einem kurzen, steilen Gegenanstieg eine Scharte, etwa 2140 m. (Nach links aufwärts führt der Slov. Transversalweg auf die Loška Baba und weiter zur Planjava). Nun steil über Schrofen und Blockwerk hinab, dann auf einem Schuttsteig in die Latschenzone. Hier nochmal eine Steiggabelung. Der eine Weg leitet rechts, unter der Rjavčki vrh, ins Kar und zur Klemenškovahütte. Wir wenden uns jedoch nach links (westl.). Durch Latschen und ein grobblockiges Kar (Achtung auf die teils sehr blasse Markierung), dann erneut durch Latschen und über Geröll und Schrofen mit vielen Kehren abwärts. Man klettert unter gewaltigen Überhängen und Wandabbrüchen durch die „Grlo" (Gurgel) und gelangt auf einen Steig. Auf diesem

Die Nordwestflanke der Ojstrica. Die Aufstiegsroute führt teils hinter der im Bild dunklen Kante hinauf.

über ein Bachbett, dann durch Latschen und Nadelwald zur Asphaltstraße, etwa 900 m. Von hier in etwa 20 Min. zum Ausgangspunkt bei der Brücke.

Abstieg b): Vom Gipfel in etwa 1 Std. südl., der Bez. folgend, auf gutem Steig zur Korošicahütte/Kocbekov dom na Korošici, 1808 m. Von hier östl. quer durch das Korošica-Becken, das einem riesigen Stadion gleicht. Hier findet man Alpenblumen in großer Zahl. In etwa $1/2$ Std. erreicht man den oberen Wandrand. Durch dichte Latschen führt der Steig in die Felsflanke. Nun steil durch Rinnen und über Stufen, dann wieder über Schrofen und Absätze hinunter. Drahtseile und Eisenstifte sowie ständige Höhenmeterangaben leiten talwärts. Bald erreicht man einen Wasserfall. Durch Buchenwald sehr steil hinunter zur Robanalm/Robanov kot. Von hier über Wiesen, die im Frühling ein einziger Blumenteppich sind. Ein Karrenweg führt schließlich zum Bauern Roban, der dem Tal seinen Namen gab. In der Rückschau kann man noch einmal die scharfe Spitze der Ojstrica bewundern. Vom Bauernhof Roban gelangt man in etwa 20 Min. zur Asphaltstraße und links weiter nach Solčava.

Höhenunterschied: Parkplatz an der Brücke 833 m – Klemenšovahütte 1206 m – Einstieg 1800 m – Gipfel 2349 m – Bauernhof Roban 687 m.

Gehzeiten: Parkplatz – Klemenšovahütte etwa 1 Std.; Klemenšovahütte – Gipfel $3^1/2$ – 4 Std.; Gipfel – Bauernhof Roban etwa $3^1/2$ Std.

Schwierigkeit: Trittsicherheit und Schwindelfreiheit erforderlich, ebenso gute Kondition und Ausdauer. Der Abstieg durch die „Grlo" fordert guten Orientierungssinn. Achtung bei Nebel: Markierung nicht verlieren!
Siehe Karte Nr. 11.

54 Storžič, 2132 m, Klettersteig „Skozi Žrlelo"

Steiner Alpen

Die schöne Felsgestalt des Storžič wurde beliebt aufgrund ihrer herrlichen Fernsicht und der so vielfältigen und schönen Flora auf der Südostseite. Neben einigen anspruchsvollen Kletterrouten gibt es auch einen recht lohnenden Eisenweg auf diesen Berg.

Zufahrt: Von Österreich über den Loiblpaß in das Städtchen Tržič / Neumarktl. Von hier in Richtung Lom. Durch den Ort und auf guter Sandstraße mit einigen Kehren zum Dom pod Storžičem, 1100 m. Hier gute Parkgelegenheit.

Zugang: Der hier beschriebene Anstieg ist identisch mit der bekannten Slowenischen Bergtransversale. Vom Dom pod Storžičem steigt man an einer Hinweistafel vorbei, der roten Bez. folgend, über eine Weide zu einer Sennhütte (Brunnentrog). Von hier links im Wald hinein und zu einer Steiggabelung. Links zweigt der Normalweg ab, der jedoch meist im Abstieg begangen wird; rechts geht's zum Klettersteig. Durch schönen Mischwald, dann auf Schuttsteig zu einer Geröllhalde (meist Schnee). Diese wird zu den Einstiegsfelsen hin überquert. Der Einstieg ist mit roter Farbe gekennzeichnet.

Aufstieg: Vom Wandfuß rechts der großen Schlucht in eine Rinne, durch diese und nach links (Achtung, Steinschlaggefahr). Durch mehrere Rinnen, immer den Drahtseilsicherungen und Eisenstiften folgend, auf ein Band. Über dieses zu schuttbedeckten Felsstufen und durch kurze Rinnen hinauf. Weiter über Stufen und Platten gut gesichert zur Schlucht und durch diese zu einer Scharte, etwa 1800 m. (Bei Schnee unbedingt die Rinnen benützen, da keine Markierung sichtbar ist.) Nun nach links und durch Latschen in einigem Auf und Ab erst auf die Südseite, dann über Stufen und Schrofen in die Nordseite. Weiter über Schrofen in eine Steilrinne, durch sie und über Stufen auf den Westgrat. (Achtung auf Steinschlag, wenn mehrere Bergsteiger in der Wand sind.) Vom Grat mit kurzer, leichter Kletterei auf den Mali Storžič und in wenigen Min. zum Gipfel (Blechkassette mit Gipfelbuch und Stempel).

Abstieg: Wie Aufstieg. Oder über die gesicherte Route durch die Nordostflanke: Vom Gipfel westwärts abwärts bis zur Bez. „Kaminje". Rechts in die Schlucht (langes Drahtseil). Steil durch eine Rinne und über Schrofen erneut in eine Schlucht. Man quert sie und erreicht in leichtem Gegenanstieg den Nordostgrat. Auf einem Steig zu einer mit Latschen und Gestrüpp bewachsenen Schneide. Nordostwärts hinunter, dann westwärts durch Gestrüpp auf gutem Steig in einen schönen Mischwald. Durch diesen auf Saumpfad zum Ausgangspunkt.

Höhenunterschied: Tržič 515 m – Dom pod Storžičem 1100 m – Gipfel 2132 m.

Gehzeiten: Dom pod Storžičem – Gipfel 2 – 2½ Std. Abstieg je nach Variante etwa 2 Std.

Schwierigkeiten: Für Bergerfahrene leicht, auch für weniger Klettergewandte ein schönes Erlebnis. Trittsicherheit und Schwindelfreiheit trotzdem erforderlich.

Stützpunkte: Verschiedene Gaststätten in Tržič. – Dom pod Storžičem, bew. von Anfang Mai bis Ende Oktober, 60 B., 120 M., Slowenischer Alpenverein, PD Tržič.

Hinweis: Im Frühsommer viele lange Schneefelder, besonders in den Rinnen. Vorsicht bei Nebel. Genügend Trinkwasser mitführen.

Klettersteig auf den Storžič.

Karawanken und Karnischer Hauptkamm

Die **Karawanken** bilden die östliche Fortsetzung des Karnischen Hauptkammes und stellen wie dieser ein west-ost-verlaufendes Kettengebirge mit einer Länge von 120 km und einer Breite von 6 bis 30 km dar. Im Westen beginnen sie bei Arnoldstein-Törl und enden im Osten bei Unterdrauburg in Slowenien („letzter" Berg der Karawanken ist der Ursula-Gora). Die gesamte Kette bildet den Grenzverlauf zwischen Österreich und Jugoslawien. An sie schließt sich das Bacherngebirge (slowenisch Pohorje) an. Im Südosten gliedert sich der Zug der markanten Vitanje an, im Südwesten befinden sich die Julischen Alpen.

Der höchste Gipfel in den Karawanken ist der 2238 m hohe Hochstuhl (siehe Tour 62 in diesem Führer). Die Höhe der Karawankenkette nimmt gegen Osten zu. Die für den Bergsteiger interessanten Hochziele sind jeweils die Nordnordostanstiege. Neben der Hauptkette ist im besonderen noch die Koschuta mit ihren bizarren Graten und Türmen zu nennen. Die Karawanken-Hauptkette wird durch drei wichtige Pässe geteilt. Der Einschnitt im Westen ist der Wurzenpaß, im Mittelteil liegt der Loiblpaß und im Osten der Seebergsattel. Über den Seebergsattel gelangt man in das Seeland und in die Steiner Alpen.

Der **Karnische Hauptkamm** liegt im Grenzverlauf zwischen Österreich und Italien (Österreich: Kärnten und Osttirol, Italien: Provinz Belluno und Friaul-Julisch Venetien). Umgrenzung: Westlich von Villach nahe Arnoldstein.

Von Arnoldstein westlich durch das Gail- und Lesachtal bis ins Pustertal bei Sillian-Innichen.

60

Kordeschkopf (Kordeževa glava-veliki glava), 2126 m, „Zavarovana pot"

Karawanken

Dieser breite Gebirgsstock ist aus der Karawankenkette weit nach Nordosten vorgerückt. Es gibt hier kaum noch höhere Berge, so daß sich von seinen Höhen eine herrliche Aussicht bietet. Die Petzen (Peča) ist der letzte mächtige Felsberg der Ostkarawanken. Der Kamm zieht sich von Nordwesten nach Südosten, zum Teil in steilen Nordwänden abbrechend, teilweise über Almhänge und Latschenfelder. Der westliche Gipfel ist die Feistritzerspitze, 2114 m, auch als Hochpetzen bekannt, und liegt ganz auf österr. Staatsgebiet. Über den mittleren Gipfel, 2110 m, Knieps genannt, zieht sich die Staatsgrenze und ganz zuletzt im Osten erhebt sich die Kordeževa glava als höchste Erhebung der Petzen mit 2126 m. Diese ist von Österreich (Bleiburg) und auch von Jugoslawien, vom Dom na Peči, zu besteigen.

Zufahrt: Sie erfolgt von der Grenzstation Bleiburg, 479 m. Die Stadt liegt am Ende des Jauntales, 2 km vor der Grenze nach Jugoslawien. Der Name des Ortes erinnert an das Bleivorkommen in der Petzen. Gegründet wurde Bleiburg im 12. Jh. Sehenswert u. a. das schöne Renaissanceschloß der Grafen Thurn-Valsassina aus dem 16. Jh. Der Hintergrund wird durch das mächtige Massiv der Petzen beherrscht.

a) Von Bleiburg zum Bahnhof, dann in südlicher Richtung durch die Ortschaft Penk nach Unterort, etwa 5 km. Hier beginnt die Petzenstraße (Mautstelle). Sie führt in zahlreichen Kehren aufwärts auf die Alm Siebenhütten, etwa 11 km.

b) Von Bleiburg in östlicher Richtung (etwa 5 km) zum Grenzübergang Grablach. Die Grenze passieren, weiter nach Mežica-Črna, 20 km ab der Grenze. Von Črna an der Hauptstraße befindet sich bei der ersten Weggabelung die Hinweistafel „Michev". Von hier weiter bis zur Talstation der Materialseilbahn, die zum Dom na Peči führt. Hier Abstellplatz für Pkw. „Michev" Zavetišče-Podpeči ist ein altes, mächtiges Gehöft in 910 m, ganzjährig geöffnet, einige Betten sind von der Sektion Mižica PD betreut. Ganz in der Nähe des Hauses befindet sich die Materialseilbahn. Von hier steigt man auf gut bez. Steig zur Jagdhütte Tomaževa koča auf und gelangt an dieser vorbei zum Dom na Peči.

Zugang a): Von der Alm Siebenhütten (über den Kniepssattel) führt der mit 603 bez. Steig zu einem Zaun, der überstiegen wird. Weiter durch Wald mäßig steil, meist der Schleppliftanlage entlang bis zum letzten Liftstationshäuschen. Von hier steigt man nach links, zuerst entlang eines Drahtzauns, dann steil über einen Grat auf eine Hochfläche. Jetzt sieht man schon die Grenztafel „Achtung Staatsgrenze" (Grenzbestimmungen beachten). Nach links dem bez. Steig (grün-rot-weiß in einem Kreis, sowie ein Pfeil „Dom na Peči") folgend, kommt man etwas ansteigend auf den Kniepssattel, über diesen und dann leicht abwärts auf eine Hochalm, um im leichten Gegenanstieg unschwierig über Grasmatten auf den Gipfel zu gelangen. Hier ist ein Eisenpickel mit Kassette und Buch angebracht. Herrliche Fernsicht! Vom Gipfel folgt man einem markierten Steig über Grasstufen und Geschröf abwärts und gelangt nach etwa 1 Std. zum Dom na Peči.

Zugang b): Vom Dom na Peči – gleich hinter der Hütte Wegbezeichnung – führt die Tour links auf die Mala Peči und rechts auf den Weg, der zur Steiganlage führt. Steil hinauf und nach etwa 10 Min., beim Treffpunkt des Steiges, der von der Mala Peči herunterkommt, links auf einen Steig in die Latschen. Tafel: roter Pfeil „Zavarovana pot". Weiter geht's dem Steig folgend durch dichte Latschen und Geröll in eine Schlucht zum Einstieg.

Aufstieg: Der Klettersteig beginnt in der Schlucht in 1850 m Höhe. In der Schlucht Eisenstifte und gute Tritte. Nun steigt man etwa 50 m empor und erreicht dann links das erste Drahtseil, weiter auf eine Kanzel und dann auf ein Band. Jetzt um einen Felsaufbau rechts herum in eine kleine Scharte (luftig, doch durchgehend gut gesichert). Man steigt wieder auf ein Band ab und gelangt auf diesem nach rechts in eine Schlucht, durch man mit Hilfe von Drahtseilsicherungen aufsteigt. Gerade weiter, dann über Felsstufen zu einem Absatz. Jetzt wendet man sich nach links hinauf (fester Fels). Links oben befindet sich ein großer Felskopf; darunter in eine Scharte, durch die man auf ein Band absteigt. Die Schlucht querend und weiter einem Band aufwärts folgend erreicht man einige Fichten, von welchen aus man leicht in eine Rinne absteigt. Die Rinne wird links mit Drahtseilsicherungen überwunden. Man gelangt in eine kleine Scharte, von dort auf guten Stufen, der Drahtseilsicherung folgend, zu Schrofen und Latschen, durch die man eine Kuppe erreicht. Nun öffnet sich links wieder eine große Schlucht. Ständig südseitig über Schrofen auf einem Steig zuerst nach links, dann rechts durch Latschen, bis man den Gipfelaufbau sieht. Über einen

Almboden, in dessen Mitte sich ein Birkenstamm als Hinweis befindet, weiter über Grasstufen erreicht man, der Markierung folgend, den höchsten Punkt.

Abstieg: Der Abstieg erfolgt zum Dom na Peči, wie bei a) beschrieben. Abstieg zur Siebenhüttenalm wie Aufstieg von dieser in umgekehrter Richtung.

Höhenunterschied: Berggasthof Siebenhütten 1700 m – Kniepssattel 2100 m – Gipfel 2126 m. Talstation der Materialseilbahn zum Dom na Peči 950 m – Dom na Peči 1665 m – Einstieg zum Klettersteig 1850 m. Gesamthöhenunterschied Siebenhütten – Gipfel 420 m, Parkplatz Materialseilbahn – Gipfel 1776 m.

Gehzeiten: Vom Berggasthof Siebenhütten – Gipfel 1—1½ Std.; Gipfel – Dom na Peči 1 Std.; Dom na Peči – Einstieg zum Klettersteig ½ Std.; Einstieg – Gipfel 1 Std.; Abstieg zur Siebenhütten-Gastwirtschaft oder zum Dom na Peči je 1 Std., von der Materialseilbahn zum Dom na Peči 1½ Std.

Schwierigkeit: Für Bergerfahrene problemlos, Trittsicherheit und Schwindelfreiheit sind erforderlich. Die Steiganlage ist, wie die meisten in Slowenien, in bestem Zustand.

Stützpunkte: Berggasthof Siebenhütten, 1700 m, ganzj. geöffnet, Beherbergung nur vom 1. 6. bis 10. 10., 60 B., elektr. Strom. – Dom na Peči, 1665 m, slowenischer Alpenverein Sektion Mežica PD, geöffnet vom 20. 4. bis 15. 10., 14 Zimmer, 75 B., 50 L., elektr. Strom.

Hinweis: Vorsicht bei Nebel! Auf Grashängen und Mulden schlechte Orientierung. Unbedingt gültigen Reisepaß mitnehmen (das Grenzabkommen gilt nur für österreichische und jugoslawische Staatsbürger).

Sehenswürdigkeit: Beim Aufstieg von Črna aus, bei Michev, empfiehlt sich ein Abstecher zur Grotte. Von Michev führt ein steiler Pfad nach links hinauf zur Höhle des „Kralj Matjaž" (König Mathias) und im Bogen zurück zum Dom. In einer kleinen Grotte befindet sich eine Statue des Kralj Matjaž in natürlicher Lebensgröße. Ein Werk des akadem. Bildhauers Marjan Keršic Belac. Zur Grotte gelangt man über einen markierten Steig, der vom Dom zuerst steil aufwärts führt (Tafel mit der Aufschrift „Votlina Kralja Matjavža"), dann durch ebenen Fichtenwald leicht zur Grotte absteigt (etwa 10 Min.). Elektrische Beleuchtung.

Die Sage hat den ungarischen König Mathias Korvin zu einem beliebten slowenischen Nationalhelden hervorgehoben. Es wird von ihm erzählt, er schlafe in einer Höhle unter der Peča mit einem großen Heer und werde im Augenblick der größten Not seines Volkes hervorkommen, um es zu befreien.
Siehe Karte Nr. 12.

61 Koschutnikturm (Košutnikov turn), 2136 m, ÖTK-Steig

Karawanken (Koschuta)

Der Koschutnikturm ist der höchste Gipfel der Koschuta und die schönste Erhebung der ganzen Gruppe. Auf Grund seines guten Gesteins und wegen seiner kurzen Anstiege ein sehr beliebtes Kletterziel. Fast die ganze Gruppe ist durch die Grenze mit Jugoslawien zweigeteilt.

Zufahrt: Von Klagenfurt auf der B 85a oder vom Rosental kommend auf der B 85 nach Zell Pfarre. Etwa 200 m vor der Ortschaft zweigt von der Landesstraße nach rechts eine Mautstraße ab, die am Koschutahof vorbei in Serpentinen zum Militärstützpunkt und weiter in Kürze zum Koschutahaus führt. Das Koschutahaus des Touristenvereins „Die Naturfreunde", 1279 m, ist der beste Stützpunkt für Touren in dem langen Gebirgskamm. Es liegt so zentral unter den Kalkwänden des Massivs, daß die Anstiege relativ kurz sind.

Zugang: Vom Koschutahaus auf bez. Steig 603 durch schönen Buchenwald in östlicher Richtung aufwärts auf die Großalm, zum Mejniksattel. Von diesem weiter nach rechts und mühsam durch Gestrüpp und Latschen in eine Rinne. Danach über einen Steilhang aufwärts in eine Mulde, die sich bis in den Frühsommer als Schneefeld zeigt, 1650 m. Dem Steig folgend erreicht man nach etwa 10 Min. eine Weggabelung. Man nimmt den rechten Weg 603 (linker Weg 642). Von hier aus sieht man schon ganz nahe den Koschutnik- und den Kainradlturm. Sehr steil und mühsam über Geröll auf einen Schuttkegel und von diesem zum Wandfuß (vom Geröll zum Wandfuß bis in den Frühsommer hinein ein sehr steiles Schneefeld).

Aufstieg: Der Einstieg befindet sich in etwa 2000 m. Hier beginnen die ersten Drahtseilsicherungen, mit deren Hilfe man eine steile, seichte Verschneidung bezwingt. Nach etwa 20 m nach rechts zu einem Aufbau, dann weiter zu einem steilen Wandabsatz und über diesen auf ein Band. Nun links, weiter durch eine Rinne und rechts empor auf ein Felsköpfl. Man muß nun, sich links haltend, durch eine Schuttrinne gehen und erreicht von dieser über Wandstufen ausgesetzt den Ausstieg. Hier befindet sich die schwierigste Stelle der Führe, luftig, doch bestens gesichert. Gleich beim Ausstieg steht die gut sichtbare Tafel „Achtung Staatsgrenze", die man passiert und dabei nach links auf jugoslawisches Staatsgebiet gelangt. Man folgt dem Grenzgrat, steigt etwas ab und über Grasstufen den Steigspuren folgend wieder aufwärts, schließlich über leichte Schrofen und durch Geröll unschwierig zum Gipfel. Schönes Gipfelkreuz und Buch. Herrliche Aussicht.

Abstieg: Wie Aufstieg, oder durch die Ostschlucht, die teilweise gesichert ist (Steinschlaggefahr), bis man den Weg 642 erreicht. Bei Schneelage sowie bei Nebel ist von diesem Abstieg abzuraten.

Höhenunterschied: Koschutahaus 1279 m – Einstieg etwa 2000 m – Gipfel 2136 m. Gesamthöhenunterschied 857 m.

Gehzeiten: Vom Koschutahaus bis zum Einstieg 1½ Std.; Einstieg – Gipfel 1 Std.; Abstieg etwa 2 Std.

Schwierigkeit: Dieser Klettersteig ist vom Einstieg bis zum Ausstieg mit Drahtseilen bestens gesichert. Für Geübte problemlos, doch sind Trittsicherheit und Schwindelfreiheit erforderlich. Für schwächere Teilnehmer ist Seilgebrauch ratsam. Kurze, jedoch sehr lohnende Bergfahrt. Einige luftige Passagen (vor Anbringung der Sicherungen Schwierigkeit II).

Stützpunkte: Koschutahaus des TVN Touristenverein der Naturfreunde, Hauptstützpunkt für Touren in der Koschuta, 1279 m, bew. vom 15.5. bis 30.10., 12 Zimmer mit 40 B. und 20 L., Dusche, kaltes und warmes Wasser, Gaslicht. – Einige Gasthöfe und Privatquartiere in Zell Pfarre.

Hinweis: Vom Einstieg bis in den mittleren Teil der Führe Steinschlag, besonders wenn mehrere Gruppen unterwegs sind. Die Route führt ab Ausstieg teilweise über jugoslawisches Staatsgebiet, der Gipfel befindet sich wieder in Österreich. Grenzabkommen beachten und Reisepaß mitführen! Genaue, zeitgerechte Auskunft im Koschutahaus einholen. Das Grenzabkommen gilt nur für österreichische und jugoslawische Staatsbürger.

Für das zum Einstieg führende Schneefeld bzw. Firnfeld sind eventuell bis in den Sommer hinein Eispickel und Steigeisen anzuraten.
Siehe Karte Nr. 13.

Die Westflanke des ÖTK-Steiges.

62

Hochstuhl (Stol), 2238 m, gesicherter Steig

Karawanken

Der Hochstuhl ist die höchste Erhebung der Karawanken, Grenzberg gegen Jugoslawien mit wunderschöner Aussicht. Der gesicherte Klettersteig wurde im Jahre 1967 vom ÖBRD – Österr. Bergrettungsdienst Ortsstelle Klagenfurt – errichtet. Diese nordseitig verlaufende Route wurde mit über 300 m Drahtseil und 15 Eisenstiften bestens gesichert.

Zufahrt: Von Feistritz im Rosental fährt man ins Bärental. Gleich zu Beginn der ins Bärental führenden Straße steht eine Hinweistafel „Zur Klagenfurter Hütte". Dieser folgend fährt man auf guter Asphaltstraße bis zur Gastwirtschaft Stouhütte, 960 m. Parkplatz für Pkw. Eine Weiterfahrt ist auf steiler Schotterstraße bis zur Johannsenruhe, 1250 m, möglich, doch ist der Wegzustand denkbar schlecht. Gehzeit etwa 1 Std.

Zugang: Von der Johannsenruhe – an einem Baum befindet sich die Hinweistafel „Zur Klagenfurter Hütte" –, gelangt man auf bez. Weg (Karrenweg in Serpentinen) durch schönen Laubwald aufwärts bis zur sog. Karkehre, 1430 m, die unter der Klagenfurter Hütte liegt. Von hier folgt man, sich nach rechts wendend, dem grün-rot-weiß bez. Steig, der in vielen Windungen über Geröll zu dem schon von der Karkehre aus gut sichtbaren Felsaufbau führt. Rechts durch eine Schuttrinne gelangt man zum Einstieg, 1680 m. In der Rinne liegt bis in den Frühsommer hinein Altschnee.

Aufstieg: Durch die Rinne, dann über Fels und Grasstufen (Bez. grün-weiß-rot) zu einem Steig, der durch Latschen steil aufwärts bis zu den Felsen führt. Hier wendet man sich nach rechts in eine Rinne, die zu den ersten Drahtseilsicherungen leitet. Jetzt steil und luftig über Wandstufen in schöner Kletterei ausgesetzt empor, weiter leicht rechts, den Sicherungen folgend, luftig auf den Grat. Über diesen steigt man steil empor, doch ist er bestens mit Drahtseilen und Eisenstiften gesichert. Vom Grat absteigend gelangt man links

Der gesicherte Steig auf den Stol.

in eine Scharte und weiter nach rechts zur Schlucht, die man quert. In einer Rinne dann steil aufwärts (bis in den Frühsommer steiles Firnfeld), bis man an ihrem Ende über Stufen und Schrofen zu einer Felsnische gelangt, wo sich eine Blechschachtel mit Buch befindet. Nach leichter Kletterei erreicht man wieder eine Rinne (meist Schnee), die man emporsteigt, um dann über Geröll und Grasstufen auf das sog. Dach zu gelangen. Auf einem Steig unter dem Grat, der vom Gipfel nach Westen zieht, in einigen Serpentinen (Steinmann) unschwierig zum höchsten Punkt. Gipfelkreuz, Grenzstein, wunderschöne Tal- und Fernblicke nach Süden ins Krainische, auf die Städte Krainburg/Kranj und Laibach/Ljubljana, im Südwesten auf die Julischen Alpen, im Westen zum Mittagskogel, im Norden auf die Hohen Tauern, die Nockalpen und im Osten auf Vertatscha, Koschuta, Zelenica und die Steiner Alpen.

Abstieg: Der gesamte Abstieg ist leicht zu finden, bedingt durch die vorzügliche Markierung und Drahtseilsicherung. Den Abstieg auf dem Normalweg nimmt man in östlicher Richtung und folgt dabei dem markierten Steig bis in den Sattel. Oder man erreicht nach rechts hinunter nach etwa 10 Min. die nette Preschernhütte – Koča Prešernova – des jugoslawischen Alpenvereins. Sie steht auf der Südseite unter dem Kleinstuhl und ist vom Gipfel aus nicht sichtbar. Von der Hütte geht man nach Osten leicht ansteigend auf einem Kamm zum Sattel, auf dem sich die beiden Steige wieder vereinen. Nun führt eine lange, steile Geröllhalde hinunter in einen Felskessel (im Frühsommer Schneefeld) und weiter in einigem Hin und Her über Felsblöcke. Nach links ansteigend und weiter auf dem bez. Steig über Schrofen und Grasmatten zum Bielschitzasattel, 1840 m. Hier steht eine Tafel, auf der die Grenzbestimmungen angegeben sind, und eine zweite mit der Aufschrift „Achtung Staatsgrenze". Herrlichen Einblick in die Nordwände bis zum Einstiegspunkt. Jetzt geht es rasch hinunter über Felsstufen und Geröll (steil, aber gut gesichert); über einen Almboden und durch Latschen und Nadelwald erreicht man die Klagenfurter Hütte, von der aus ein Karrenweg in vielen Windungen zum Ausgangspunkt führt.

Höhenunterschied: Stouhütte 960 m – Johannsenruhe 1250 m – Karkehre 1470 m – Einstieg 1680 m – Gipfel 2238 m – Preschernhütte 2172 m – Bielschitzasattel 1840 m – Klagenfurter Hütte 1664 m. Gesamthöhenunterschied Stouhütte – Gipfel 1278 m.

Gehzeiten: Von der Stouhütte zur Johannsenruhe 1 Std.; Johannsenruhe – Karkehre $^1\!/_2$ Std.; Karkehre – Gipfel 2 - 2$^1\!/_2$ Std. Gesamtgehzeit Stouhütte – Gipfel 4 Std.

Schwierigkeit: Für Bergerfahrene problemlos. Trittsicherheit und Schwindelfreiheit erforderlich. Für schwächere Teilnehmer ist die Mitnahme eines kurzen Perlonseiles ratsam. Bis in den Frühsommer an mehreren Stellen Schneefelder, daher Mitnahme eines kurzen Pickels anzuraten.

Stützpunkte: Stouhütte, privat, beschränkte Unterkunft. – Klagenfurter Hütte, 1664 m, ÖAV-Sektion Klagenfurt, bew. von Mitte Juni bis Mitte Oktober, 15 B., 50 L., Gaslicht, Funk. Winterraum mit 9 M., 35 Decken, Propangas. – Preschernhütte (Koča Prešernova), PZS des Slowenischen Alpenvereins, bew. vom 10.6. bis 10.10., 15 B., 40 L., Gaslicht.

Hinweis: Für den Abstieg vom Sattel Achtung bei Nebel im Geröllkessel (Halde). Orientierung schwierig. Grenzbestimmungen beachten und gültigen Reisepaß mitnehmen (die Grenzabmachung gilt nur für österreichische und jugoslawische Staatsbürger!).
Siehe Karte Nr. 14.

Klettersteigführer der Ostalpen

Franz Hauleitner

Nördliche Kalkalpen Ost

37 Klettersteige in den Bergen zwischen Wien und Salzburg. Mit 43 Fotos, 25 Kartenskizzen und einer Übersichtskarte im Maßstab 1:600 000.
192 Seiten, 1. Auflage 1982.

Zu beziehen durch alle Buchhandlungen
Bergverlag Rudolf Rother GmbH · München

63 Kärntner oder Vellacher Storschitz, 1759 m, „Krainersteig"

Karawanken

Eine Halbtagestour auf einen Aussichtsberg. Seine Spitze mit steilen Felswänden im Osten, an der Seebergstraße gelegen, vermittelt dem Betrachter schroffe Steilheit. Ganz anders ist die Süd- bzw. Westseite, die meist von einem Waldgürtel umgeben ist.

Zufahrt: Eisenkappel – Seebergbundesstraße zur Paßhöhe.

Zugang: Vom Österreichischen Zollhaus nordostwärts (Bezeichnung 626) auf einem Güterweg durch Wald zur Louisenhütte, etwa 20 Min. (Hier Wegteilung, in gerader Richtung weiter zum Pastersattel.)

Anstieg: Von der Louisenhütte, Hinweistafel „Krainersteig", ansteigend durch Wald, vorbei an einem Brunnentrog, südwestwärts zu einer Waldlichtung (schöner Blick ins Tal); weiter westwärts an der Staatsgrenze entlang, bald dann nach rechts über eine Grünzone und Geröll zu einem Steilhang. Über diesen hinauf und auf schmalem Steig (Drahtseile), Querung nach rechts, erreicht man ein Schartl, etwa 1690 m (Eisenstifte und Drahtseilsicherungen). Vom Schartl absteigen, anschließend steil durch Latschen und Geschröf auf den Grat und in Kürze auf diesem zum Gipfel.
Schönes Gipfelkreuz und Buch. Das Gipfelkreuz wurde zum Gedenken an die Gefallenen beider Weltkriege errichtet.

Abstieg: Vom Gipfel nordwestwärts durch Latschen, immer der Bezeichnung folgend, hinunter auf eine Almwiese, über einen Zaun (Tafel) und weiter durch zauberhaft schönen Hochwald. Auf einem Güterweg gelangt man vorerst zum Pastersattel, Weg 628, und anschließend zum Ausgangspunkt beim Zollhaus.

Höhenunterschied: Zollhaus Seebergsattel 1216 m – Schartl 1690 m – Gipfel 1759 m.

Gehzeiten: Aufstieg 1³/₄ – 2 Std., Abstieg etwa 1¹/₂ Std.

Schwierigkeit: Trittsicherheit erforderlich; sonst problemlos.

Stützpunkt: Gasthof Lopar, verschiedene Gasthöfe in Eisenkappel.

Hinweis: Herrliche Rundschau auf die Mittel- und Ostkarawanken und auf die Steiner Alpen. Fernglas und Fotoapparat nicht vergessen! Grenzberg, Reisepaß bitte mitnehmen. Siehe Karte Nr. 15.

64 Uschowa/Erlberg, 1911 m, „Die Felsentore"

Karawanken

Die Uschowa/Erlberg ist ein mächtiger Felsberg mit einem 5 km langen Grat. Die Nordseite ist sehr waldreich und von vielen steilen Gräben durchzogen, die Südseite sehr steil und felsig. In einer Höhe von 1200 bis 1300 m liegt eine breite Terrasse mit einsamen Bauernhöfen (auf der Terrasse verläuft eine Straße, die Solčava/Sulzbach mit Črna/Schwarzach verbindet und die für den Tourengeher sehr wichtig ist).

Der Berg wurde wegen der Grotte Potočkazijalka/Potoschnighöhle weltberühmt. Die Höhle befindet sich im westlichen Teil auf der Südseite auf jugoslawischem Gebiet in 1700 m. Mehr als 115 m reicht sie in das Berginnere. In den Jahren 1928 bis 1936 wurden hier von Prof. Dr. Srčko Brodar Gegenstände des altsteinzeitlichen Menschen sowie Reste von Höhlenbären gefunden (zu besichtigen in den Museen von Celje und Ljubljana). Die Uschowa ist wegen der grandiosen Aussicht und ihres Florareichtums bekannt. Der Berg liegt fast ganz auf slowenischem Gebiet, nur der an der Grenze liegende Westgipfel, 1911 m, befindet sich auf österreichischem Gebiet. Er kann von Österreich aus mühsam erreicht werden. Die am Westhang befindlichen Felsentore stellen eine einmalige Sehenswürdigkeit dar. Sie werden hier beschrieben.

Die Felsentore der Uschowa in den Ostkarawanken sind eine seltene Naturschönheit, eine Rarität von besonderem Reiz. Geprägt durch die Einsamkeit der lieblichen steilen Gräben der Karawanken kann man hier noch die Stille und Erhabenheit der Natur genießen.

Zufahrt: Von Eisenkappel etwa 2 km in Richtung Seebergbundesstraße, dann links, ostwärts, in den Remscheniggraben. Im Hintergrund ragt die Uschowa als klotziger Felsberg auf. Man benützt das 6 km lange aufwärtsführende Sträßlein an wenigen Häusern vorbei bis zu einem Wegkreuz, St.-Margareten-Kreuz. Gleich daneben die erste Hinweistafel zu den Felsentoren. Man fährt in gerader Richtung aufwärts bis zu einer Linkskurve unterhalb der Kirche St. Margareten, 926 m. Abstellplatz für Kfz. Hier weist wieder eine Tafel zu den Felsentoren. Der Bezeichnung folgend gelangt man in etwa 20 Minuten zu der alten Lipuschmühle. Hier an der Mühle befindet sich ebenfalls eine Tafel mit Pfeilangabe und der Nr. 610.

Zugang a): Man überschreitet nun den Bach; nach wenigen Minuten verläßt man den Weg und benützt den links in steilen Windungen aufwärtsführenden Steig und geht dann fast eben westwärts unter den Felsen weiter.

Nun quert man eine Rinne und anschließend einen breiten Hang. Der Steig führt jetzt unter den Felswänden steil aufwärts. Hinweistafel; bis hierher etwa 1 Std. Man verläßt den Steig unter den Felstoren und folgt den Steigspuren den Abhang aufwärts. Eine Steilstufe wird überwunden, und man gelangt so zum untersten Tor, 1410 m. Dieses Felswunder ist etwa 20 m hoch. Man bezwingt es mit Hilfe von Eisenstiften und Drahtseilen und durchschreitet es, um dann schräg aufwärts zum zweiten Tor zu gelangen. Letztlich erreicht man nach etwa 20 Minuten das dritte, das Große Tor. Dieses einmalige Naturwunder, das einer grandiosen Felsaula gleicht, befindet sich in 1508 m. Vom zweiten und dritten Tor aus genießt man herrliche Durchblicke.

Gipfelanstieg: Vom Großen Tor in Richtung Felsaufbau kann man der Bezeichnung 611 folgend absteigen, immer gut mit Drahtseilen gesichert, sodann weglos durch Latschen und Geröllkare sehr mühsam zwischen den Felswänden aufwärts zum Westgipfel, etwa 2½ Std. Aber besser und leichter folgt man der Bezeichnung 611 mit leichtem Gegenanstieg durch den Wald, dann fast eben weiter, und erreicht eine Abzweigung. Links auf einem Stein befindet sich der Hinweis „Gipf" wie bei Zugang II.

Abstieg: Wie Aufstieg, oder man nimmt den Steig unter den Felsentoren, der zur Kirche St. Leonhard und von dort auf guter Forststraße in den Remscheniggraben zum Ausgangspunkt zurückführt. Etwa 2 Std.

Zugang b): Ein zweiter Zugang führt wie bei Zugang a) bis etwa 4 km, am Gasthaus Kupitz vorbei, zur Auffahrt einer Forststraße (Schranke). Wenn versperrt, kann man den Schlüssel für die Schranke bei Herrn Oberforstmeister Knafl erbitten. (Das Haus Knafl befindet sich am Beginn der Straße in den Remscheniggraben, gleich links.)

Großes Felstor Uschowa / Erlberg.

Ein Kapitel Alpingeschichte

Klaus Hoi / Elmar Jenny
Behelfsmäßige Bergrettungstechnik

Best.-Nr. 6070, DM 16,80

In diesem Buch wird die derzeitige aktuelle Seiltechnik und die mit normaler Bergsteigerausrüstung mögliche Rettungstechnik dargestellt. Bewußt liegt der Schwerpunkt auf der zeichnerischen Darstellung.

Ludwig Gramminger
Das gerettete Leben

272 Seiten, 248 Schwarzweißabbildungen.

Best.-Nr. 7005-6, DM 46,80

Aus der Geschichte der Bergrettung – Einsätze, Entwicklungen, Ausbildung, Episoden . . . Herausgegeben von Hans Steinbichler.

Bergverlag Rudolf Rother GmbH

Aufstieg: Auf guter Forststraße in einigen Windungen durch Gräben aufwärts, an einem unbewohnten Bauernhof vorbei und weiter aufwärts; nicht abzweigen, immer gerade hinauf. Bei einem Forsthaus führt die linke Straße zur Kirche St. Leonhard, 1334 m, oder vom Forsthaus rechts hinauf und etwas oberhalb der Kirche am Ende der Forststraße zum Hinweis auf einem Stein: KGW = Karawanken-Grenzweg mit den Nrn. 614 und 611, etwa 1400 m. Man entscheidet sich für das Steiglein mit der Nr. 611 und geht aufsteigend durch einen Jungwald, der dann später in Hochwald übergeht. Fast eben weiter an Grenzsteinen und Grenztafeln „Achtung Staatsgrenze" entlang. Es geht durch Fichtenwald, den Gipfel der Uschowa immer in Sicht. Langsam wird es steiler und nach einigen Serpentinen aufwärts erreicht man eine Grenztafel mit dem dringenden Hinweis, die Grenze nicht zu überschreiten, auch nicht mit einem gültigen Reisepaß. Nun linkshaltend weiter durch Fichten und Lärchenwald zu einem Stein mit dem Hinweis „Gipf". Zu den Felsentoren geht man aber dem Steig entlang gerade weiter. Im leichten Rechtsbogen absteigend erblickt man schon das Große Tor. Am Wandfuß beginnen die Drahtseilsicherungen, die zum Großen Tor hinaufleiten. Vom Großen Tor kann man der Bezeichnung folgend zum zweiten und ersten Tor absteigen und bei der Tafel beim ersten Tor den Steig 610, der zur Kirche St. Leonhard führt, benützen.

Höhenunterschied: Remscheniggraben 580 m – St. Margareten 926 m – Kirche St. Leonhard 1334 m.

Gehzeiten: St. Margareten – Lipuschmühle – Großes Felsentor etwa 2 – 2¹/₂ Std. Kirche St. Leonhard, erstes, zweites und drittes Tor 1¹/₂ Std. Höhe 1400 m – Grenzweg – Großes Felsentor 1¹/₂ Std., für den Gipfelaufstieg ist dieser Weg am besten.

Abstieg: Je nach Variante 1¹/₂—2 Std.

Schwierigkeit: Trittsicherheit erforderlich. Der Abstieg von den Toren erfordert besondere Vorsicht.

Stützpunkt: Eisenkappel, verschiedene Gasthäuser.

Hinweis: Staasgrenze unbedingt beachten (Reisepaß)!
Siehe Karte Nr. 16.

70 Roßkofel (Monte Cavallo), 2239 m, Via ferrata „Enrico Contin"

Karnischer Hauptkamm

Zufahrt (von Österreich): Vom Gailtal — Gailtaler Bundesstraße 111 — Bezirksstadt Hermagor, weiter in Richtung Kötschach-Mauthen, gleich nach Hermagor links über die Gailbrücke nach Tröpolach und weiter auf den Naßfeld-Grenzübergang nach Italien. Vom österreichischen Zollhaus auf der Straße nach Pontebba; etwa 3 km unterhalb der Grenze sieht man rechts das italienische Zollhaus. Abstellplatz für einige Pkw. Von Italien: Auf der Paßstraße Pontebba — Pramollo zu der oben erwähnten Kehre und zum Zollhaus.

Zugang: Gleich vom Parkplatz aus, neben dem Zollhaus, beginnt ein Karrenweg, Nr. 433, der durch schönen Nadelwald führt und auf der Winkelalm endet. Inmitten dieses Almbodens steht wieder ein Finanzierihaus, an diesem links vorbei und bald sieht man schon von weitem auf einem Felsblock einen roten Hinweispfeil. Diesem folgend geht es vorerst durch Lärchenjungwald ständig hinauf. Der Boden ist übersät mit Alpenrosen und einer Vielzahl schöner anderer Blumen. In vielen Windungen, schließlich über Blöcke, führt der Steig immer gerade hinauf. Links sieht man ständig die Nordwände des Roßkofels mit seinen Schutthalden. Jetzt gelangt man auf ein almartiges Plateau und gleich zu einem großen Felsblock mit folgenden Hinweisen: „Rotes Dreieck Pfeil links — Diretta Nord via F. Schiavi, Pfeil in gerader Richtung forca-ferrata." Dem Pfeil in gerader Richtung folgend gelangt man, sich etwas nach links haltend, über riesige Felsblöcke in einen breiten Kessel unter der Nordwand. Rechts in dem Blockgewirr wieder ein markanter Felsblock mit einem breiten Spalt. An diesem vorbei, wiederum sich leicht links haltend steil und mühsam über Schrofen und Geröll zu der jetzt schon gut sichtbaren Scharte.

Aufstieg: Die Scharte wird mit Hilfe eines kurzen Drahtseils in leichter Kletterei überwunden. Von der Scharte nach links über Stufen und Schrofen zum ersten Seil. In weiterer Folge sind eine Steilstufe und einige Felsrippen zu überwinden. Immer den Seilsicherungen

Die „Via ferrata Enrico Contin" auf den Roßkofel.

folgend geht's auf einem gratähnlichen Vorbau steil aufwärts und dann in einen mit Gras bewachsenen Graben (Steiglein). Jetzt über graugrüne Felsbrocken unschwierig zum Gipfel, bei Nebel sehr vorsichtig. Gipfelbuch und Stempel. Wunderschöne Fernsicht.

Abstieg: Wie Aufstieg, oder wesentlich länger aber dafür viel schöner: Vom Gipfel zuerst den Aufstiegsweg hinunter, nach wenigen Minuten Weggabelung; rechts der Aufstiegsweg; geradeaus, dann etwas nach links der gut bez. Steig 414, im besten Zustand, zuerst abwärts, dann querend, immer unter den Nordwänden entlang, mit vielen schönen Tiefblicken, zur Rudnigscharte. Nach der Rudnikscharte wieder eine Weggabelung: der Steig 414 führt weiter zum Trogkofel (Creta di Aip), der Steig 402 nach rechts in Richtung Naßfeld. Man nimmt den Weg 402. Zuerst nach rechts an einem noch gut sichtbaren, doch verfallenen Kriegsunterstand vorbei, in vielen Windungen einen Bach querend und weiter rechts in halber Höhe, der Markierung folgend, über riesige Felsblöcke hinweg, immer unter dem Massiv zur Scharte. Nun heißt es aufpassen! Nicht auf oder über die Scharte hinweg, sondern bei einem großen Felsblock nach links über die Madritschen. Auf diesen Almböden läßt in den Monaten Juli / August die Natur in verschwenderischer Fülle und Farbenpracht alle in diesem Gebiet vorkommenden Blumen und Blüten sprießen. Weiter den Steig entlang bis zum Häuschen der Liftstation und schließlich an den Grenzsteinen „Ö-I" entlang und dann nach links hinunter zum österreichischen Zollhaus auf dem Naßfeld. Von hier etwa 3 km zum Ausgangspunkt.

Höhenunterschied: Parkplatz 1500 m — Winkelalm (großer Felsblock) 1650 m — Scharte 2050 m — Gipfel 2239 m. Gesamthöhenunterschied 739 m.

Gehzeiten: Vom Parkplatz zum großen Felsblock 1¼ Std.; von diesem zum Gipfel 1½ Std. Gesamtzeit etwa 3 Std.

Schwierigkeit: Die Via ferrata „Contin" ist eine schöne, kurze Bergfahrt, dort, wo nötig, mit Drahtseilen gesichert. Trotzdem aber kein harmloser Spaziergang. Trittsicherheit und Schwindelfreiheit sind erforderlich. Beim Abstieg über den Aufstiegsweg ist bei Nebel, Nässe und Vereisung besondere Vorsicht geboten. Achtung bei Gewittern; Drahtseile meiden. Kurzes Seil eventuell ratsam.

Stützpunkte: ÖAV-Vereinshaus auf dem Naßfeld, 1528 m, ganzj. bew., 100 B. — Pension Ramsbacher und andere Unterkünfte.

Hinweis: In der Scharte beim Aufstieg liegen bis in den Frühsommer hinein Altschneefelder, ebenso am Abstiegsweg zur Rudnigscharte. Hier ist die Verwendung eines Pickels ratsam. Siehe Karte Nr. 17.

71 Trogkofel (Creta di Aip), 2279 m, gesicherte Steige

Karnischer Hauptkamm

Seine schönste Seite zeigt der Trogkofel dem Gailtal. Er ist aus Triaskalk aufgebaut und sein Gipfel besteht aus einer leicht abgeschrägten Hochfläche. Die fast senkrecht abstürzenden Nordwände werden im oberen Teil östlich durch eine sanfte Stufenform abgeschwächt, wo bis in den Sommer hinein ein großes Schneefeld liegt. Der Trogkofel hat viele, in allen Belangen verschiedene Kletterrouten anzubieten. Auch zwei Klettersteige führen auf seinen Scheitel: der „Uiberlacherweg" durch die Ostwand und — seit 1981 — ein neuer Eisenweg durch die Südabstürze.

Zufahrt a) „Uiberlacherweg": Von Hermagor im Gailtal auf der B 111 weiter in die Ortschaft Jenig. Hier Abzweigung nach links durch die Ortschaft Rattendorf. Am Feuerwehrhaus vorbei beginnt eine 10 km lange, schmale aber gute Sandstraße, auf der man in vielen Windungen auf die Rattendorfer Alm kommt; Abstellplatz für Pkw.

Zufahrt b): Von der B 111 kurz nach Hermagor links über die Gailbrücke. In wenigen Min. erreicht man die Ortschaft Tröpolach. Von hier Auffahrt über Schlanitzen zur Rudnigalm. Auf einer guten Schotterstraße (Viehgatter bitte immer schließen) in etwa ½ Std. zur Rudnigalm-Wirtschaft, 1621 m. Hier Parkplatz.

Zugang a): In der großen Kehre, etwa 100 m unter der Rattendorfer Almwirtschaft, bei km 9,7 ab Feuerwehrhaus Rattendorf, weist links eine Tafel auf die Tröpolacheralm. Diesem Steig folgt man am linksseitigen Hang, wobei man größtenteils vom Doberbach begleitet wird, und gelangt so immer höher über Geröll und Grasstufen auf einem in vielen Windungen emporführenden Steiglein zum großen Sattel. Dieser liegt in 1970 m zwischen dem Zweikofel links und dem Trogkofel rechts. Im Sattel links befindet sich eine gelbe Tafel mit dem Hinweis „NO-Kante". Man muß vom Sattel etwa 100 m absteigen und gelangt, immer den Steigspuren rechtsseitig folgend, zu einer Weggabelung. Der geradeaus führende Weg ist der 402er (der Karnische Höhenweg), der rechte, 413, der Uiberlacherweg.

Zugang b): Von der Almwirtschaft auf bez. Steig Nr. 413 in südwestl. Richtung aufwärts. Nach etwa ½ Std. erreicht man den höchsten Punkt der Alm. Jetzt immer der Bez. 413 folgend in nördl. Richtung zum Einstieg des Uiberlacherwegs.

Aufstieg: Zur ersten Seilsicherung und zum Ansatz einer Trittleiter in etwa 2100 m. Weiter aufwärts in eine Schlucht, die man an ihrem oberen Ende nach rechts verläßt bzw. umgeht; auf eine Schutterrasse, von der man rechts oben einen markanten Zacken, einen turmartigen Felskopf, sieht. Über Schrofen, einige Stufen und kleine Wandabsätze gelangt man dann zu einer 13sprossigen Eisenleiter (etwas ausgesetzt), der gleich anschließend eine zweite folgt. Nach deren Überwindung erreicht man rechts ein Band, von welchem aus man zu einem kanzelartigen Aufbau gelangt. Von hier offerieren sich schöne Nahblicke auf den gegenüberliegenden Zweikofel und auf das Zuckerhütel (nordseitig). Ständig empor über Stufen und Schrofen bis zu einem Geröllfeld (bis in den Spätsommer Schnee), etwa 2200 m, weiter nach links empor, dann wieder nach rechts in leichter Kletterei über Schrofen und Blöcke zum höchsten Punkt (1 Std. vom Einstieg). Am Gipfel befinden sich ein schönes Gipfelkreuz, Buch und Stempel. Wunderschöne Fernsicht.

Abstieg a): Über die Normalroute. Vom Gipfel in südwestlicher Richtung, der Bez. 416 folgend, durch ein Kar (Achtung bei Nebel) zu einem Felsschlupf, dann über eine Steilstufe zu einem senkrechten Absatz. Durch kleine Kamine und anschließend über Stufen und Rinnen hinab, dann über Schrofen und Schutt zum Karnischen Höhenweg Nr. 402. Nun nach rechts (nordwärts) zur Rattendorfer Alm oder links (ostwärts) bald zur Abzweigung des neuen südseitigen Klettersteigs und weiter auf Weg Nr. 402 zur Rudnigalm.

Abstieg b): Über die Via ferrata durch die Südabstürze.

Klettersteig durch die Südabstürze: Diese neue Via ferrata „Crete Rosse per rampa sud" bietet Klettersteigfreunden einen Aufstieg von der italienischen Seite her. Die Anlage wurde 1981 ihrer Bestimmung übergeben, errichtet wurde sie vom CAI Pontebba. Was diesen Eisenweg so attraktiv macht, ist nicht nur der kurze Zugang, sondern daß er „als erste wie auch als letzte Tour des Jahres" gemacht werden kann.

Gesicherte Steige am Trogkofel.
GS = Großer Sattel, U = Uiberlacherweg, K = Karnischer Höhenweg, F = Ferrata Crete Rosse per rampa sud, N = Normalweg, Biw = Biwak unter dem Rudnigsattel, R = Rudnigalm.

Zugang a): Von der Rattendorfer Alm wie auf Seite 175 beschrieben zur Abzweigung des Uiberlacherweges und auf dem Karnischen Höhenweg Nr. 402 weiter wie unter Zugang b).

Zugang b): Von der Rudnigalm wie auf Seite 175 beschrieben zum höchsten Punkt der Alm. Nun in ein Kar hinab, dann in steilem Gegenanstieg zum Grenzkamm. Jetzt auf dem Karnischen Höhenweg Nr. 402 leicht absteigen und nach rechts hinauf über Schrofen zum Einstieg der Via ferrata (Tafel).

Aufstieg: An der Tafel beginnen die ersten Sicherungen (Eisenketten). Man klettert über gut gestuften Fels empor, dann gelangt man in eine Rinne. Durch diese und weiter nach rechts unter einen mächtigen Überhang. Über Felsstufen zu einer Kante (Blick auf den Roßkofel). Über die Kante empor auf eine Schutterrasse (Achtung, keine Steine ablassen). Links befindet sich eine Blechkassette mit dem Steigbuch. Weiter durch eine kaminartige Verschneidung, dann durch eine Höhle auf eine Kanzel. Über eine Wandstufe empor, in der Folge über Felsabsätze, Schrofen und Blockwerk in einen begrünten Kessel unter dem Gipfelmassiv (schöner Rastplatz). Weiter der rot-blauen Bez. folgend über Geröll und plattigen Fels aufwärts. Nach etwa ½ Std. erreicht man den höchsten Punkt.

Abstieg: Normalroute (s. Seite 176) oder über Uiberlacherweg.

Höhenunterschied: Rattendorf 700 m — Rattendorfer Alm 1600 m — großer Sattel 1970 m — Einstieg Uiberlacherweg 2100 m — Gipfel 2279m — Rudnigalm 1621 m. Höhendifferenz des südseitigen Klettersteigs etwa 150 m.

Gehzeiten: Von der Rattendorfer Alm zum großen Sattel 1—1½ Std.; vom Sattel zum Einstieg Uiberlacherweg ½ Std.; Einstieg — Gipfel 1 Std. Gesamtzeit 3 Std. — Rudnigalm — Einstieg ital. Klettersteig 1—1½ Std.; großer Sattel — Einstieg ital. Klettersteig ¾ Std.; Einstieg — Gipfel 1½ Std.

Schwierigkeit: Der Uiberlacherweg ist für Felsversierte problemlos, doch sehr lohnend und schön. Für schwächere Teilnehmer ist die Mitnahme eines kurzen Perlonseils ratsam.
Südseitiger Klettersteig bis auf eine Stelle im oberen Teil unschwierig. Schwindelfreiheit und Trittsicherheit erforderlich.

Stützpunkte: Rattendorfer Alm, privat, bew. vom 20. 6. bis 20. 9., 8 Zimmer, 16 B., 30 L. — Rudnigalm. — Biwakschachtel am Rudnigsattel (Schlüssel CAI Pontebba).

Hinweis: Reisepaß oder Personalausweis wegen der Grenzbegehung anzuraten. Am Trogkofel findet alljährlich am 15. 8. (Mariä Himmelfahrt) eine Gipfelmesse beider Konfessionen statt! Die Uiberlacher Route wurde mit Eisenketten versehen, Stand 1988. Siehe Karte Nr. 17.

72 Monte Zermula, 2145 m, Via ferrata Nordflanke

Karnischer Hauptkamm

Der Monte Zermula liegt südlich parallel zum österreichisch-italienischen Grenzkamm. Er ist zwar kein Riese an Höhe, doch die Panoramasicht von seinem Gipfel ist trotzdem schön und umfangreich. Sein breiter und langgezogener Rücken mit der eigenartigen Gesteinsform erscheint dem Betrachter wie ein Felsriff.

Diese Bergfahrt ist eine Halbtagestour. Es handelt sich hierbei um eine Rundtour, bei der man nach 3—4 Std. wieder den Ausgangspunkt erreicht.

Zufahrt: Von der österreichisch-italienischen Grenze über Tarvisio nach Pontebba. Hier zweigt man rechts ab (Auffahrt Studena Bassa) und erreicht auf einer Schotterstraße nach 16 km den Lanzenpaß / Passo del Cason di Lanca, 1552 m. Hier kann man beim Finanzerhaus vorzüglich parken. Gleich am Wegrand findet man auf einem Stein die Bezeichnung „Ferrata", gelb-rot.

Anstieg: Vom bezeichneten Stein nordwärts aufsteigend, geht man unter Lärchen und durch Latschen in Richtung Nordflanke. Im weiteren Verlauf des Anstiegs steil zu einer Schuttreise, die man quert, um dann über einen Moränenbuckel und weiter über Schutt und einen mühsamen Steilhang (hier bis etwa Juni steiles Schneefeld) den Einstieg der Via ferrata, etwa 1600 m, zu erreichen. Man steigt nun über Felsstufen, Wandln und kaminartige Rinnen, den Drahtseilen folgend, empor. Über einen Absatz und durch Geröllrinnen gelangt man nun zu einer Kassette mit Wandbuch. Die Route führt weiter über Stufen und Schrofen steil in der Fallinie empor. Von nun an gewinnt man rasch an Höhe. Jetzt wird rechts oben der Gipfel sichtbar. Schließlich erreicht man den schon gut sichtbaren Grat, auf dem der eigentliche Klettersteig endet, in etwa 2000 m. Vom Ausstieg muß man sich rechts halten, am und unter dem Grat einen Kriegssteig benützen, um dann steil über den begrünten letzten Aufschwung in wenigen Minuten zum höchsten Punkt zu gelangen.

Hier auf dem Monte Zermula, in 2145 m Höhe, befindet sich eine Kassette mit Gipfelbuch und Stempel für das „30-Gipfel-Tourenbuch, Wege der Freundschaft", zu welchen auch der Monte Zermula zählt. Die Sicht reicht weit nach Osten in die Julischen Alpen, im Süden weit bis hin zu den Friulaner Bergen, im Westen zum Karnischen Hauptkamm und schließlich im Norden bzw. Nordwesten zu den Dolomiten und den Hohen Tauern.

Abstieg: Vom Gipfel steigt man am Ausstieg des Klettersteiges vorbei in Richtung Osten ab. Dem südlich unter dem Grat gelegenen Kriegssteig folgend, an einigen Kavernen aus der Zeit des I. Weltkrieges vorbei, dann steil hinunter, unterbrochen durch einen kurzen Gegenanstieg, und gelangt so auf einen Almboden, der mit herrlichen Alpenrosen übersät ist. Der Bezeichnung folgend werden einige ehemalige Schützengräben überschritten. Bald erreicht man die Forca di Lanza, 1831 m. (Bei Nebel aufpassen, Wegteilung!) Man benützt den Steig 442a nach links hinunter; durch Gebüsch (bei Nässe auf schlüpfrigen Steinen) erreicht man einen sumpfigen Kessel (rechts sieht man den Zuc della Guardia), durchschreitet diesen und gelangt zu einer Quelle. Weiter der Markierung folgend auf einem Geröllsteig und durch Latschen schließlich wieder zum Ausgangspunkt zurück.

Höhenunterschied: Parkplatz am Sattel etwa 1500 m — Anstieg zum Klettersteig etwa 1600 m — Ferrata-Ausstieg 2000 m — Gipfel 2143 m.

Gehzeiten: Parkplatz — Beginn des Klettersteiges etwa 1 Std. Ferrata — Gipfel 1—1½ Std. Länge des Klettersteiges etwa 300 m. Die Anlage ist im unteren Teil bei starker Begehung sehr steinschlaggefährdet.

Schwierigkeit: Trittsicherheit erforderlich. Technisch kein Problem.

Hinweis: Nach schneereichem Winter sind für die steilen Schneefelder Eispickel/Skistöcke etc. anzuraten. Beste Zeit Ende Mai bis Spätherbst. Man kann auch vom Parkplatz aus die nach Paularo abwärts führende Straße benützen und gelangt so nach Tolmezzo und Carnia.

Die Nordflanke des Monte Zermula.

73 Monte Brizzia/Brisiach, 1540 m, Sentiero attrezzato Rio degli Uccelli

Karnischer Hauptkamm

Am Beginn dieser Tour ahnt man noch nicht, daß man nach kurzer Zeit eine der schönsten und wildesten Schluchten erleben wird. Im I. Weltkrieg war hier der Grenzverlauf zwischen Österreich und Italien und ein für das Militär wichtiger Weg, der 1985 vom CAI Pontebba instandgesetzt bzw. ausgebaut wurde. 140 m Drahtseil, 65 m Eisenketten und 23 Eisenstifte wurden dort angebracht, wo es unbedingt notwendig erschien; alles übrige blieb naturbelassen.

Zufahrt: Von der österreichisch-italienischen Grenze über Tarvisio nach Pontebba. Vor der Brücke (Pontafel) zweigt man nach rechts in Richtung Kalvarienberg ab, fährt an einigen Kasernen vorbei, überquert nach rechts die Eisenbahnlinie und gelangt zum Ende der Fahrstraße. Gute Parkmöglichkeit und Hinweistafel „Sentiero Rio degli Uccelli (nur für Geübte)".

Zugang: Von der Hinweistafel folgt man der roten Markierung durch Gebüsch und Mischwald, zuletzt steiler ansteigend. Nach etwa ½ Std. erreicht man erstmals einen Schluchtrand.

Klettersteig: Man geht nun am linken Rand der einmaligen Vogelbachschlucht entlang, mit Tiefblicken in die wilde Schlucht. Der Klettersteig führt durch einige Steilabbrüche, wo man auch das erste Drahtseil findet. Der Steig leitet auf- und absteigend durch viele Sekundärschluchten. Ein Durchkommen ohne Hilfe der Eisenketten und Drahtseile wäre nur unmöglich. Schließlich gelangt man über Gras und einen Schuttsteig, teils sehr ausgesetzt, zum Vogelbach. Dieser wird nach rechts überquert, wobei große Felsblöcke das Überschreiten des Baches erleichtern. (Bei Hochwasser, etwa nach längeren Regentagen, ist hier ein Durchkommen kaum möglich.) Am rechtsseitigen Ufer geht es dann weiter (hier sehr gut auf die Markierung achten, rutschiger Hang) und nach wenigen Minuten quert man abermals den Bach nach links. Steigspuren führen an Stacheldrahtresten aus dem I. Weltkrieg vorbei. Jetzt erreicht man, den Bach schon wieder tief unter sich, eine Wildnis von Felsbrocken, etwa 950 m. Diese Halde von herabgestürzten Felsmassen ersteigt man am besten an ihrem linken Rand; rote Dreiecke weisen die Richtung. Eine von Wasser durchzogene Felsenge wird passiert; weiter sehr mühsam empor. Nach etwa 1 Std. ab dem Bach erreicht man nach mühevollem Aufstieg einen Saumpfad. Hier befindet sich eine Hinweistafel. Nach rechts führt ein Steig Nr. 501 zur Kronalpe/Malga Corona und zum Naßfeldpaß. Am Fels findet man die Bezeichnung „Rio degli Uccelli". (Schöner Rastplatz; im Norden sieht man den Zielkofel/Monte Zillen di Mezzodi und östlich erblickt man den Monte Scinauz, der militärisches Sperrgebiet ist. Viele Italienfahrer werden auf eine bei Leopoldskirchen/San Leopoldo rechts neben der Straße befindliche Seilbahn aufmerksam; diese führt zu Militäreinrichtungen.) Nun folgt man der Bezeichnung nach links um einen Felsvorsprung herum und erblickt ein ganzes System von einstigen Kriegsstegen, die über luftige Schluchten führen. Durch Rinnen hinab, da einige Stege nicht mehr gangbar sind, und wiederum dem System folgend ständig aufwärts zu einer Waldzone und zu einem Sattel. Hier an einem Baum eine Hinweistafel „Monte Brizzia", den man von hier in etwa ½ Std. erreicht.

Abstieg: Vom Gipfel auf dem Aufstiegsweg zurück zum Sattel, dann nach links (Tafel Pontebba) einen steilen Steig abwärts an einer Betonkonstruktion der einstigen Materialseilbahn aus dem I. Weltkrieg vorbei. Die Naßfeldstraße wird nun sichtbar. In vielen Windungen weiter abwärts; rechts im Wald befinden sich Soldatengräber sowie eine schöne Gedenktafel des CAI Pontebba für sechs 1916 hier Gefallene. Jetzt wendet man sich nach links südwestwärts, einen Kriegssaumpfad benützend, und erreicht eine Almhütte (Hinweistafel, Quelle). Nun strebt man durch Mischwald und Wiesen dem Talboden und dem Ausgangspunkt zu.

Höhenunterschied: Pontebba 561 m — Ende der Schlucht 950 m — Monte Brizzia 1540 m.

Gehzeiten: Aufstieg 4—5 Std. Abstieg 2—2½ Std.

Schwierigkeit: Trittsicherheit und Schwindelfreiheit erforderlich. Selbstsicherung, für schwächere Teilnehmer kurzes Seil anzuraten.

Stützpunkt: Pontebba, verschiedene Hotels und Gasthöfe.

Hinweis: Bei Nässe oder Schnee abzuraten. Beste Zeit Ende Juni bis Spätherbst.

74 Spitzegelmassiv, Hohe Wand, gesicherter Klettersteig

Gailtaler Alpen

Der Spitzegel in den Gailtaler Alpen hat in seiner Unterstufe eine sehr interessante Anstiegsroute erhalten, den „Schlugasteig". Diese gesicherte Steiganlage führt durch die „Hohe Wand" oberhalb des Pressegger Sees. Erbaut wurde die Anlage 1981/82 von den Pionieren des österreichischen Bundesheeres. Wenn die meisten Felsenwege noch verschneit sind, bietet sich der Klettersteig hier als Ausnahme an und wird dann gerne begangen.

Zufahrt: Von Villach oder Kötschach-Mauthen auf der B 111 in Richtung Vellach bis Schluga zum Gasthof; gegenüber der Wand Markierungstafel „Hohe Wand". Man gelangt mit Pkw über eine Betonbrücke zum Ausgangspunkt in etwa 600 m. Hier parken. Tafel mit Hinweis Klettersteig.

Zugang: Vom Ausgangspunkt durch schönen Mischwald aufwärts, dann nach links auf einem Steig mäßig steil durch Wald zum Fuchsloch. Hier am Wandfuß wieder eine Tafel „Nur für Geübte!" (Der Einstieg ohne Sicherungen ist etwa II.) Die Route ist durch die Drahtseile vorgegeben und wurde mit viel Geschick und alpinem Feingefühl angelegt.

Anstieg: Vom Einstieg steil und luftig empor und durch eine kaminartige Schlucht auf eine Kanzel. Anschließend gelangt man in eine Schuttrinne unter den Überhängen. (Achtung, keine Steine ablassen!) Die Route verläuft nun über Wandstufen nach rechts, um dann oberhalb wieder zur Schuttrinne zu gelangen. Schließlich über steile Schrofen und Grasstufen an einigen Bäumen vorbei nach rechts. Im weiteren Verlauf ziemlich geradlinig empor. Hier ergeben sich herrliche Tiefblicke und eine Panoramasicht auf die gegenüberliegenden Karnischen Alpen sowie ins Talbecken. Es erfolgt eine Querung nach rechts, zuerst im leichten Anstieg, dann weiter in östlicher Richtung absteigend. Wunderschöner Blick zum Pressegger See. In

In der Aufstiegsroute zum Spitzegel.

weiterer Folge erreicht man eine Grünzone bei einem Wetterbaum in etwa 850 m. (Buch und Stempel, schöner Platz für Rastpausen und Foto.) Von hier besteht die Möglichkeit, nach rechts durch die Rinne auf einfachem, nicht markiertem Weg zum Ausgangspunkt abzusteigen.

Vom Wetterbaum nach links gelangt man zu einer Schlucht und von dieser links über eine Rampe. Nun weiter empor zum Ende der Drahtseile. Hier auf Grasstufen nach links, sehr steil hinauf, dann durch Wald (nochmals Drahtseilsicherungen), bis zur Tafel des eigentlichen Ausstieges. Hier bitte die Markierung ganz genau beachten! Letztlich bergwärts, dann schräg zum Rücken eines Grabens gelangt man zu einer Forststraße.

Abstieg: Der Abstieg ist völlig problemlos. Nach der Markierung auf der Forststraße, dann auf dem Steig Nr. 248 zum Ausgangspunkt zurück.

Höhenunterschied: Ausgangspunkt 600 m — Ausstieg 1002 m. Länge der Drahtseile 300 m, 50 Eisenstifte.
Gehzeiten: Aufstieg etwa 2 Std.; Abstieg 1 Std.

Schwierigkeit: Nur für Geübte. Schwindelfreiheit und Trittsicherheit erforderlich. Steinschlaghelm ratsam, vor allem wenn sich mehrere Personen in der Wand befinden.

Hinweis: Beste Zeit März bis Spätherbst. Aufstieg über Steig Nr. 248 auf den Gipfel des Spitzegels etwa 3 Std. Übungstour fast zu jeder Jahreszeit.

75 Frischenkofel (Cellon), 2238 m, Steinbergerweg

Karnischer Hauptkamm

Zufahrt: Von Kötschach-Mauthen auf den Plöckenpaß. Für Benützer von Kfz ist unter dem Zollhaus auf der Paßhöhe der Parkplatz. Von Kötschach-Mauthen Postautobuslinienverkehr.

Zugang: Vom Parkplatz über die Straße zum Zollhaus; davor steht eine Hinweistafel: gelb-rot-gelb (nur für Geübte); auf einem gut bez. Steig führt der Zugang steil und in vielen Windungen über Almmatten mühsam zum Einstieg. Von hier eröffnet sich ein herrlicher Ausblick auf die gegenüberliegenden Berge Polinik, Großer und Kleiner Pal sowie Piz Timau.

Aufstieg: Der Klettersteig beginnt in der Rinne. Diese überquerend gelangt man zur ersten Drahtseilsicherung. Sie führt zuerst steil über mit Gras durchsetzten Fels empor, biegt dann nach links ab und mündet leicht absteigend 100 m über dem Einstieg in die Schlucht oberhalb der Rinne. In dieser Rinne, der Markierung folgend, etwa 100 m aufwärts, dann nach links heraus. Nach wenigen Metern folgt eine 20 m lange Drahtseilsicherung. Diese wird nur von einem kurzen Geröllfeld unterbrochen, dann über die nächste Sicherung sehr steil und luftig aufwärts, schließlich über Grasmatten immer links der Schlucht bis zum Ausstieg, wo ein kleiner Sattel in etwa 2100 m erreicht wird. Hier wendet man sich nach rechts und über einen nicht markierten Steig zum Gipfel. Am und unterhalb des Gipfels findet man Reste von Stellungen aus dem 1. Weltkrieg.

Abstieg: Den Ausstiegssattel überschreitend, dem roten Pfeil folgend, steigt man auf altem Kriegssteig (Normalweg) südlich auf italienisches Gebiet, zum Ausgangspunkt, ab; etwa 2½ Std.

Variante: Vom Sattel, ebenfalls dem roten Pfeil und der Markierung folgend, zuerst etwa ½ Std. leicht westwärts hinab, dann schräg aufwärts, wobei man einen rampenartigen Pfad benützt. Der Steig führt durch einen Felstunnel auf die Cellonschulter. Von hier begibt man sich auf nicht bez. Steigspuren, zuerst über Blöcke, dann über Graspolster sich leicht links haltend, wieder auf den Zugangsweg. Oder besser: Man durchschreitet wieder den Tunnel und wendet sich dann nach links auf den Normalweg. Auf der Schulter sowie am Steig und Einstieg findet man eine wunderschöne Flora.

Der Klettersteig „Steinbergerweg" am Frischenkofel.

Höhenunterschied: Plöckenpaß 1360 m — Einstieg 1830 m — Ausstieg 2100 m — Gipfel 2238 m.

Gehzeiten: Von der Paßhöhe zum Einstieg 1—1½ Std.; Einstieg — Ausstieg 1 Std.; Ausstieg — Gipfel ½ Std. Gesamtzeit 2½—3 Std.

Schwierigkeit: Für geübte Felsgeher problemlos, Trittsicherheit und Schwindelfreiheit aber unbedingt erforderlich. Für schwächere Teilnehmer ist ein Seil ratsam.

Stützpunkt: Plöckenhaus unter der Paßhöhe, privat, bew. vom 1.6. bis 30.9., 30 B., Tel. 04715/381.

Hinweis: Mitnahme von Paß oder Personalausweis ratsam. Der Abstieg bei der Variante ist bei Schlechtwettereinbruch, Nebel, Nässe sowie bei Schneelage nicht empfehlenswert. Beste Zeit Mitte Juli bis Ende August (Edelweiß).

76 Hohe Warte (Monte Coglians), 2780 m, Nordanstieg

Karnischer Hauptkamm

Die Hohe Warte ist der höchste Gipfel der Karnischen Alpen. Die Erstbesteigung erfolgte durch Paul Grohmann mit Nicolo Sottocorona und Hofer am 30. 9. 1865 von der Südseite aus. Die erste Nordwanddurchsteigung gelang Hans Kofler im Jahre 1895.

Zufahrt a): Von Kötschach-Mauthen in Richtung Plöckenpaß. Gegenüber dem Heldenfriedhof aus dem I. Weltkrieg führt eine gute Straße bis auf die Untere Valentinalm (zur Zeit gesperrt); Abstellplatz am Waldrand (Schlagbaum).

Zufahrt b): Von Kötschach-Mauthen auf der B 111 nach Birnbaum. Hier nach links abzweigen und durch die Ortschaft Nostra, 1040 m. Nun weiter auf der Forststraße durch das Wolayertal und an der Hubertuskapelle vorbei bis zum Talschluß (Untere Wolayeralm) in etwa 1100 m, 9 km von der Ortschaft Birnbaum entfernt.

Zufahrt c): Von Kötschach-Mauthen auf den Plöckenpaß. Die Grenze passieren und gleich hinter den Verkaufsläden auf dem Steig Nr. 146 und später Nr. 145 zum Rif. Marinelli, 2122 m. Variante: siehe Sentiero Spinotti, von Süden auf die Hohe Warte (Tour 77).

Zugang a): Vom Abstellplatz an der Plöckenstraße markiert mit Nr. 133 durch Wald auf die Untere Valentinalm. Gleich nach der Gastwirtschaft durch Wald und Gestrüpp auf bez. Steig, mehrmals den Fahrweg überquerend, auf die Obere Valentinalm (Hertahütte, Brunnentrog und Quelle). Nun weiter steil und mühsam, ständig unter der Kellerwand links und dem Rauchkofel rechts auf steilem Firn zum Valentintörl. Vom Törl wenige Meter auf den Wolayerfirn absteigen, nach links hinauf über rotbraune Gesteinsblöcke zum großen Stein mit dem Hinweispfeil zum Einstieg.

Zugang b): Von der Unteren Wolayeralm auf einem Karrenweg mit der Markierung 437 in vielen Windungen, unter einem Wasserfall (Hildenfall) hindurch, zur Oberen Wolayeralm, etwa 1700 m. Nun über einen Almboden (hier an einem Baum Hinweistafel zum Giramondopaß). An zwei Almhütten vorbei geht es wieder mäßig steil aufwärts und bald darauf leicht absteigend wiederum zu einem herrlichen Almboden. Von diesem in vielen Kehren unter dem Wolayer Seekopf aufwärts zu einem Sattel; vom Sattel aus (links oben sieht man schon vom Almboden den Gedenkstein am Frauenhügel) erreicht man in wenigen Minuten die Eduard-Pichl-Hütte am wunderschönen Wolayersee, etwa 2 Std. ab Talschluß.

Von der Pichlhütte steigt man zum Seeufer ab. Jetzt geht's ständig den Wolayerfirn aufwärts bis zu dem unter a) beschriebenen großen Stein mit Pfeil.

Die folgende Nordwandroute auf die Hohe Warte ist ein kühner und prächtiger Klettersteig aus der Zeit des ersten Weltkrieges. Ihren Anfang nimmt sie rechts am Valentintörl. Vom Wolayerfirn aufwärts führt der Steig über rotbraune Felsblöcke in einen kleinen Sattel bis zum Stein mit dem roten Pfeil. Nun nach rechts über Felsblöcke, weiter nach links auf einem Schuttsteig, dann über Geröll (meist aber zwei Firnfelder) zum eigentlichen Einstieg in den Platten.

Aufstieg: Über die Platten nach links aufwärts gelangt man zu den ersten Drahtseilen, mit deren Hilfe eine steile Verschneidung und ein Überhang mit einem Spalt bis zu einem Felskopf überwunden wird. Nun geht es weiter nach links in die Wand, über diese ausgesetzt aber gesichert zu einem kurzen Kamin. Durch den Kamin empor und über Schrofen zu einem Schuttband. Jetzt rechts hinauf zu einer kleinen Scharte zwischen der Wand und einem Felszacken. Von dieser Scharte absteigend quert man das große Schneekar (meist sehr harter Firn). Nach kurzem Abstieg gelangt man zu den Felsen. Hier befindet sich ein etwa 1 m großer Steinmann. Von diesem nach links, über braune Schrofen ausgesetzt empor bis zu einem Steig, weiter in gerader Richtung, mit leichter Kletterei, zum Beginn einer weiteren Drahtseilsicherung. Sie führt durch eine kaminartige Verschneidung sehr steil auf den Grat, ihm folgend über Blöcke auf die Südseite. Weiter den Seilsicherungen folgend nach Norden. Nun auf dem Gratverlauf weiter bis zu einem Spalt, der mit einem weiten Spreizschritt überwunden wird. Es folgen blockartige Stufen auf den Nordwestgrat. Gleich sieht man einen Beobachtungsstand aus dem ersten Weltkrieg, den man bald erreicht und anschließend zum Gipfel gelangt.

Hohe Warte, Nordanstieg.

Am Gipfel befinden sich eine Eisenkreuz-Stern-Konstruktion mit einer Glocke, Gipfelbuch und Stmpel. Ein weiteres Kreuz befindet sich auf dem Ostgipfel. Prächtige Talblicke nach Süden in den Canal di Gorto, auf die Dörfer Collina und Sigilletto und noch weiter südlich über die grünen Höhen Friauls bis zum Meer. Im Norden die Kette der Lienzer Dolomiten, in deren Hintergrund die Hohen Tauern. Im Westen die Gipfel und Türme vieler Dolomitenriesen, und schließlich im Osten das gewaltige Massiv der Kellerwand.

Abstieg: Wie Aufstieg, 2 Std. zum Valentintörl, oder auf dem Normalweg der Südseite. Siehe Sentiero Spinotti (Tour 77).

Höhenunterschied: Parkplatz Plöckenstraße etwa 1000 m — Untere Valentinalm 1300 m — Obere Valentinalm 1500 m — Valentintörl 2140 m — Gipfel 2780 m. Gesamthöhenunterschied 1780 m.
Untere Wolayeralm 1300 m — Eduard-Pichl-Hütte 1960 m — Valentintörl 2140 m — Gipfel 2780 m. Gesamt 1480 m.

Gehzeiten: Vom Parkplatz an der Plöckenstraße zum Einstieg 3 Std.; Einstieg — Gipfel 2½ Std. Vom Talschluß Untere Wolayeralm zum Einstieg 2—2½ Std.; Einstieg — Gipfel 2½ Std.

Schwierigkeit: Der Nordanstieg auf die Hohe Warte ist eine schöne interessante Felstour. Einige luftige und ausgesetzte Passagen. Trittsicherheit, Schwindelfreiheit und alpine Erfahrung sind unbedingt erforderlich. 1986 wurden, wo nötig, die Drahtseile erneuert.

Stützpunkte: Plöckenhaus an der Plöckenstraße (privat), ganzjährig geöffnet. — Eduard-Pichl-Hütte, 1906 m, ÖAV-Sektion Austria, bew. vom 15. 6. bis 30. 9., 10 Zimmer mit 24 B. und 46 L. Gaslicht und Funk. Hüttenwirt Josef Müllmann, Birnbaum, Nostra 5, Tel. 0 47 19 / 244.

Hinweis: Für das meist harte Firnfeld (Schneekar) sind Steigeisen, Pickel und Seilsicherungen anzuraten. Vorsicht bei Gewitter und rasch aufziehendem Nebel. Die Drahtseilsicherungen sind nicht im besten Zustand. Für einen eventuellen Abstieg auf die Südseite, auf italienisches Staatsgebiet, ist die Mitnahme von Reisepaß oder Personalausweis ratsam.
Siehe Karte Nr. 19.

77

Hohe Warte, 2780 m, Rundtour Sentiero Spinotti — Hoher Gang — Rifugio Marinelli

Karnischer Hauptkamm

Zufahrt: Siehe Tour 76.

Zugang a): Wie bei Tour 76 a) ins Valentintörl. Vom Törl auf den Wolayerfirn absteigen, auf diesem bis zu dessen Ende am Wolayersee zur Eduard-Pichl-Hütte. Von der Hütte zum rechten Seeufer absteigen und gegen Süden auf den Wolayerpaß. Hier steht das österreichische Zollhaus. Gleich unter dem Wolayerpaß links liegt die neue Lambertenghihütte, an dieser vorbei ständig abwärts bis zu einer Weggabelung. Den linken Weg Nr. 145 benützen zum Rif. Marinelli, dann geradeaus auf dem Steig Nr. 144 nach Collina. Rechts oben steht das italienische Zollhaus.

Zugang b): Wie bei Tour 76 b) zur Eduard-Pichl-Hütte. Von dort zum rechten Seeufer und in Richtung Süden zum Wolayerpaß. Dann weiter wie bei Zugang a).

Zugang c): Vom Rif. Marinelli auf bez. Steig Nr. 145 in die Forcella Moraret, über diese absteigend und im Gegenanstieg auf die Forca di Monument. Hier ist eine Weggabelung; nach links beginnt der Sentiero Spinotti (Markierung 145), der wie bei „Aufstieg", nur in umgekehrter Richtung, zur Eduard-Pichl-Hütte leitet; nach rechts führt der Steig Nr. 143 unter den Südwänden der Hohen Warte entlang auf dem Normalweg auf diese.

Aufstieg: Von der Tafel unter dem Wolayerpaß, Bez. 145 blau-rot-weiß, über eine Geröllhalde (meist breites Firnfeld) und etwas absteigend über ein kleines Firnfeld zu einem Kamin. Von einem Absatz über gute Felsstufen in diesen. Mit Hilfe von seitlich links angebrachten Eisenstangen zu einer etwa 5 bis 6 m langen Holzleiter mit Eisensprossen und über diese hinauf auf eine Kanzel. Nun weiter nach links über künstliche Stufen immer gut gesichert, dann über Schrofen gerade aufwärts. Im Zickzack empor bis zu einer Rinne bzw. zu einer rechtsseitigen Verschneidung. Von dieser nach links empor gegen die Schlucht; jetzt etwas nach rechts und gerade über Stufen aufwärts und weiter auf ein Band. Auf dem Band nach links wieder zur Schlucht. Weiter nach rechts über Schrofen und einige

Platten auf ein Geröllband. Im nochmaligen Zickzack auf die Schneid in etwa 2100 m. Hier herrliche Nahblicke auf den gegenüberliegenden Wolayerseekopf und auf die tief unten liegenden Almen von Collina. Von der Schneid geht es nach links auf gutem Steig in Nordostrichtung zu einer Geröllhalde (meist sehr hartes Firnfeld). Diese queren und nach links hinauf zu einer Höhle, an dieser vorbei und weiter aufwärts auf eine begrünte Kuppe. Von dieser führt der Weg über Grasmatten mit einer Vielzahl von Alpenblumen (Edelweiß), über Blöcke und Schneereste durch zwei Kessel, die fast wie Mondlandschaften anmuten, weiter zur Abzweigung. Links, auf dem Normalweg, geht's auf die Hohe Warte. Nach rechts absteigend, dem Steig Nr. 145 folgend im Gegenanstieg auf die Forcella Moraret, weiter abwärts zum Rif. Marinelli. Auf Steig Nr. 143 in vielen Windungen zurück bis zur Weggabelung, links auf Nr. 143 nach Collina, rechts aufwärts dem Weg Nr. 144 folgend zum Ausgangspunkt Wolayersee und Eduard-Pichl-Hütte.

Variante: Von der Weggabelung in der Forca di Monument nach links auf bez. Steig über Schneefelder aufwärts, dann über Blöcke und Geröll auf den Stieg Nr. 143, der vom Rif. Marinelli heraufkommt. Auf diesem weiter über Schutthalden und Bänder steil und mühsam in ein Hochkar (bis in den Frühsommer hinein Schnee). Vom Hochkar über Steilstufen in eine Rinne, durch diese hindurch über Stufen und Absätze in leichter Kletterei (I) dem Steig folgend und schließlich in einigem Hin und Her unschwierig auf den Gipfel.

Höhenunterschied: Parkplatz Plöckenstraße etwa 1000 m — Untere Valentinalm 1300 m — Obere Valentinalm 1500 m — Valentintörl 2140 m — Eduard-Pichl-Hütte 1960 m — Einstieg etwa 1900 m — Schneid 2100 m — Forca di Monument 2240 m — Forcella Moraret 2084 m — Rifugio Marinelli 2122 m; Variante: Forca di Monument 2240 m — Gipfel Hohe Warte 2780 m.

Gehzeiten: Von der Eduard-Pichl-Hütte über Sentiero Spinotti zum Rif. Marinelli 3¹⁄₂—4 Std.; vom Plöckenpaß auf dem Steig Nr. 146 zum Rif. Marinelli — Eduard-Pichl-Hütte (Sentiero Spinotti) 5¹⁄₂—6 Std.; von der Forca di Monument auf dem Normalweg zur Hohen Warte 1¹⁄₂ Std.

Schwierigkeiten: Der Sentiero Spinotti — Hoher Gang ist teilweise gesichert, Trittsicherheit und Schwindelfreiheit aber erforderlich. Früher Start am Morgen ist anzuraten.

Stützpunkte: Plöckenhaus an der Plöckenstraße (privat), ganzjährig geöffnet. — Eduard-Pichl-Hütte (siehe Tour 76). — Rifugio Marinelli unter der Forcella Moraret, 2122 m, CAI Udine, bew. 1. 7. bis 15. 9., 20 B., 15 L. Neues Lambertenghihaus unter dem Wolayersee.

Hinweis: Ausweise wegen Grenzüberschreitung. Bei dieser wunderschönen Tour kommen Fotofreunde voll auf ihre Kosten. Siehe Karte Nr. 19.

78

Monte Chiadenis, 2450 m, gesicherter Steig

Karnischer Hauptkamm (Avanzagruppe)

Zufahrt a): Von Italien: Grenzübergang Thörl-Maglern, auf der SS 13 bis zur Abzweigung in Carnia. Jetzt nach rechts nach Tolmezzo und weiter nach Villa Santina. Von hier auf der SS 355 bis in den Ort Cima Sappada. Gleich neben der Kirche ist eine Hinweistafel „Rifugio Calvi". Auf guter Asphaltstraße in vielen Windungen ständig aufwärts auf die Alm Pian delle Bombarde, 1454 m. Weiter über eine Brücke zur Alm Casera Sesis, 1882 m. Hier Weggabelung; geradeaus führt eine Asphaltstraße zum Rifugio Piave (Piave-Ursprung), rechts eine Schotterstraße bis zum Marmorsteinbruch unter der Calvihütte, 2000 m. Bis hierher kann man zwar fahren, aber es ist besser, bei der Abzweigung zu parken.

Zufahrt b): Von Österreich: Siehe Tour 79.

Zugang a): Von der Abzweigung bzw. vom Steinbruch auf bez. Steig in 20 Min. zur Calvihütte, 2167 m. Wenige Meter unter der Calvihütte steht rechts eine Hinweistafel „Attrezzato Chiadenis". Dem Steig folgt man hinauf zum Sattel (Kriegsstellungen).

Zugang b): Wie bei Tour 79 zum Hochweißsteinhaus. Von diesem entweder nach rechts über das Hochalpljoch oder nach links über das Öfnerjoch zum Bladnerjoch — Sesispaß (siehe ebenfalls Tour 79). Von hier kann man zur Calvihütte absteigen. Weiter wie bei Zugang a).

Aufstieg a): Vom Sattel wendet man sich nach links zum Wandfuß und steigt von diesem mit Hilfe von Eisenketten steil und ausgesetzt über Platten und Steilstufen empor. Wer diese Stelle nicht einwandfrei beherrscht, kehre lieber um, denn die Ausgesetztheit und luftige Kletterei in der weiteren Folge verlangt Gewandtheit im Fels. Besonders der Abstieg ist noch viel luftiger und technisch anspruchsvoller. Es geht über Grasstufen und Schrofen schräg nach links zu einem Drahtseil empor, dann etwa 20 m gerade aufwärts und nach rechts. Jetzt steigt man auf guten Stufen gerade hinaus zu einem Standplatz unter einem Felskopf. Hier beginnen wieder die Ketten, mit deren Hilfe man über Wandstufen unter dem Felskopf emporsteigt (2 Eisenklammern), weiter sich nach links aufwärts wendet, um rechts über dem Felskopf an das Ende der Kette zu gelangen. In weiterem

Aufstieg gelangt man auf eine Kuppe (schöne Tiefblicke), dann nach links und schräg über gut geblockte Stufen auf ein Band, das etwa 100 m schräg emporführt bis zu einer Schuttrinne (2 Klammern). Jetzt geht es auf dem Grat sehr luftig etwa 100 m empor, immer links der Rinne (schöne Talblicke, die Calvihütte ist ständig sichtbar) und weiter, bis die Ketten nach rechts am Beginn der Rinne zu einem Geröllkessel führen. Sehr luftig erreicht man den Grat, dann nach links auf eine Kanzel. Den Sicherungen folgend (hier die Schlucht, die zur Calvihütte hinunterführt) steigt man vorerst ab und weiter wieder über Steilstufen dem Grat entlang (unter dem Grat ist die Schlucht zu queren), dann linksseitig absteigend über ein Band in gutem Fels wiederum zum Grat zurück. In leichtem Bogen von links nach rechts steil empor und dem Gipfelgrat entlang erreicht man in wenigen Minuten den höchsten Punkt. Gipfel: Eisenkreuz, Kassette mit Buch und Stempel. Herrliche Aussicht auf die umliegenden Berge, wie Monte Peralba (Hochweißstein), Chadin-Avanza etc.

Aufstieg b): Von der Calvihütte aufwärts zum Passo Sesis / Bladner Joch und weiter auf einem Kriegssteig nach rechts zum Passo Cacciatore / Jägerpaß. Einem Gras- und Schottersteig folgend, teils unter der bizarren Felsszenerie am Fuße des nordöstlichen Massivs (Steinmann und Reste von Barackenholz), gelangt man zu einer Gedenktafel mit der Inschrift: „Ripristino vie di guerra, attrezzato dal CAI Portogruaro nel 25° anno della fondazione 1949—1974." Der Routenverlauf basiert größtenteils auf alten Kriegssteigen. Mehrere technisch nicht ganz einfache Passagen sind zu bewältigen. Bei diesem Aufstieg muß man tüchtig zupacken (Armkraft); er ist wesentlich schwieriger als Aufstieg a). Die Route ist mit Eisenketten gesichert, für schwächere Partner ist das Kletterseil auf alle Fälle anzuraten!

Anstieg: Von der Tafel über eine steile Verschneidung gelangt man zu einem Felsspalt, von dem aus man einen etwa 15 Meter langen Kamin erreicht, den man schwierig und luftig bezwingt. Anschließend gelangt man in eine Schlucht. Diese leitet sehr anstrengend hinauf auf eine Kanzel. Von der Kanzel steigt man mit Hilfe von

Der Routenverlauf des gesicherten Klettersteiges auf den Monte Chiadenis.

Eisenketten durch einen steilen Kamin empor und erreicht bald eine Nische/Kaverne. Nun auf einem waagrechten Band weiter erreicht man eine Scharte und über diese gelangt man zu einer großen Schlucht. Jetzt weiter aufsteigend über ein Schartl und dann steil in die Wand. Auf Wandstufen empor gelangt man zu zwei weiteren Kavernen aus der Zeit des ersten Weltkrieges. Von hier durch einen kurzen Kamin erreicht man dann ein etwa 30 Meter langes Band, dem man folgt und an dessen Ende man wieder steil aufsteigend ein weiteres Band erreicht. Anschließend unter einem markanten Felszacken hindurch, um nochmals auf ein Band zu gelangen. Nun erklimmt man über Steilstufen die Wand, dann wieder ein Band benützend, um anschließend eine Rinne zu queren. Durch die Rinne empor zu einem Absatz, von dem man (jetzt wird es rasant, die Eisenkette führt senkrecht hinauf!) durch eine kaminartige Verschneidung an etwa 20 Meter Eisenketten steil hinauf muß (exponiert) und sodann eine Platte und ein Band erreicht. Hier endet diese Genußroute. Der Gipfel ist erreicht. Die beeindruckende Exponiertheit der Tour wird durch die prachtvolle Schau honoriert.

Abstieg: Am besten über Aufstieg a) zur Calvihütte.

Höhenunterschied: a) Cima Sappada 1290 m — Sesisalm 1882 m — Calvihütte 2164 m — Gipfel 2450 m.
b) Talschluß Frohnalm 1500 m — Hochweißsteinhaus 1905 m — Hochalpljoch 2260 m oder Öfnerjoch 2011 m — Sesispaß/Bladnerjoch 2125 m — Gipfel 2450 m.

Gehzeiten: Aufstieg a) 1 Std.; Aufstieg b) 2 Std.; Abstieg je nach Variante 1—1½ Std.

Schwierigkeit: Die Anlage Attrezzato Chiadenis wurde im Jahre 1974 vom CAI Portogruaro gesichert. Eine schöne, lohnende Bergfahrt für Felsversierte. Trittsicherheit und Schwindelfreiheit unerläßlich. Keine Tour für Anfänger! Für schwächere Teilnehmer ist ein Seil anzuraten.

Stützpunkte: Siehe Tour 79.

Hinweis: Der Chiadenis-Klettersteig wurde mit etwa 500 m Eisenketten und Drahtseilen sowie mit einigen Klammern gesichert. Keine künstlichen Tritte. Vorsicht bei Gewitter — Sicherungen meiden! Beim Abstieg, bei rasch aufziehendem Nebel aufpassen, um den richtigen Steig zu finden! Die Eisenketten wurden teilweise 1986 durch Blitzschlag zerstört, werden aber wieder instandgesetzt, derzeit Ersatz durch Drahtseile (Stand 1986).

79 Monte Peralba (Hochweißstein), 2693 m, Via ferrata „E. Sartor"

Karnischer Hauptkamm

Der Monte Peralba, deutscher Name Hochweißstein (weißer Berg), ist ein Grenzberg. Die Erstbesteigung erfolgte durch Oberleutnant Schönhuber bei Vermessungsarbeiten im Jahre 1854. Der Monte Peralba ist ein Hauptgipfel der Karnischen Alpen. Berühmt wegen seiner guten Fernsicht, nimmt er wohl als Aussichtsberg den ersten Platz ein. Er ist kein berühmter Kletterberg und doch fällt gegen Süden eine 700-m-Wand zum Bladnerjoch ab. Viele verfallene Stellungen und Unterstände aus dem I. Weltkrieg.

Zufahrt: Von österreichischer Seite: Auf der Gailtaler Bundesstraße B 111 von Kötschach-Mauthen nach St. Lorenzen, Ort Wiesen, 1220 m, im Lesachtal. Gleich nach St. Lorenzen links abzweigen. Von Osttirol (Sillian) kommend etwa 4 km nach Maria Luggau nach rechts abbiegen. Hier beginnt die Markierung 449. Über eine Brücke, auf einer etwa 12 km langen, teils schlechten Sand- und Natursteinstraße durch das Frohntal. Vom Frohnbach begleitet, gelangt man in vielen Windungen zur Ochsenralm. Ende der Zufahrt und Abstellplatz für einige Pkw in etwa 1500 m.
Von italienischer Seite: Durch das friulanische Städtchen Tolmezzo nach Sappada auf der SS 355, in den Ort Cima Sappada, 1290 m, von hier durch die enge Dorfdurchfahrt (Hinweistafel Calvihütte) auf einer guten Militärstraße (neu asphaltiert) in vielen Kehren auf einen Almboden, dann über eine Brücke und weiter bis zu einem Steinbruch. Hier empfiehlt es sich, den Pkw abzustellen. Einen großen Teil der Straße begleitet die junge Piave. Vom Parkplatz sieht man bereits die Calvihütte, die man in ½ Std. erreicht.

Zugang: Von der Ochsneralm den Frohnbach querend, begibt man sich an einer Almwirtschaft vorbei (Gatter) auf bez. Steig in etwa 1 Std. zum Hochweißsteinhaus. Links von diesem führt ein markierter Steig zum Öfnerjoch. Zur Linken sieht man die Raudenspitze (Monte Fleons), 2507 m, zur Rechten die Torkarspitze (Pietra Bianca), 2573 m. Nun vom Öfnerjoch rechtshaltend unter dem Hochalpl weiter auf markiertem Steig, etwas absteigend und mit kurzem Gegenanstieg zum Bladnerjoch.
Zweite Möglichkeit: Vom Hochweißsteinhaus wendet man sich auf markiertem Steig Nr. 132 nach rechts aufwärts zum Hochalpljoch,

2280 m. Gleich darauf sieht man die Tafel „Achtung Staatsgrenze". Von der Tafel, leicht nach links unter den aus dem ersten Weltkrieg stammenden Kavernen vorbei, zum Bladnerjoch, 2125 m. Vom Bladnerjoch absteigend auf dem Steig zur Calvihütte; nach wenigen Minuten zweigt der Zugang zur Via ferrata E. Sartor ab (Hinweis auf einem Steinblock). Den Steig geht man über Grasstufen und Schrofen steil aufwärts und gelangt dann, kurz absteigend, über Felsblöcke in eine Schlucht zum Einstieg in 2350 m. Hier befindet sich eine Gedenktafel: „Alla memoria del Brig. GG. FF. Piero Sartor e a tutti i caduti" des CAI Sappada.

Der Zugang von der Calvihütte zweigt ebenfalls beim Steinhinweis ab, führt jedoch nach links (etwa 1 Std. von der Calvihütte). Weiter geht es wie oben.

Aufstieg: Eine Felswand wird mit einer Eisenleiter überwunden. Anschließend die ersten Drahtseilsicherungen. Es geht im mäßig steilen Fels etwa 100 m gerade empor, dann weiter nach links zu einem Felskopf. Ein weiteres Seil führt gerade aufwärts. Von hier sieht man weit unten die Calvihütte. Ständig den Sicherungen folgend gelangt man immer rechts der Schlucht zu einem Vorbau und über diesen hinweg (Eisenstift) weiter 50 m zur Schlucht. Diese quert man über Felsrippen und Platten und gelangt dann nochmals zu einigen gesicherten Passagen, die über Steilstufen leiten. Jetzt geht es wieder gerade hinauf auf einen kleinen Schuttplatz, wo die Drahtseilsicherungen in etwa 2500 m enden. Ein Grasband und Stufen führen nach rechts auf eine Kanzel, von der man links über Grashänge aufsteigt. Hervorragende Aussicht zur Creta Forata und zum gegenüberliegenden Col Massico Chiadenis. Von hier sieht man auch bereits den Gipfel. Zu beachten ist hier ein roter, nach links gerichteter Pfeil. Weiter geht es den mehrmaligen roten Pfeilen folgend über leichtes Geschröf und Geröll mühsam zum Gipfel. Schönes neues Gipfelkreuz, eine Madonnenstatue, Buch und Stempel. Vom Gipfel phantastischer Ausblick: im Norden die Lienzer Dolomiten mit den Hohen Tauern im Hintergrund, westlich die Sextener Dolomiten, im Süden die Po-Ebene und schließlich im Osten, in nächster Nachbarschaft im Karnischen Zug, die Hohe Warte, der Wolayer-Seekopf und der Wolayersee, sowie die Kellerwand und vieles mehr. Überall trifft man auf Reste alter Kriegsbauten und unter dem Gipfel findet man eine Unmenge von verrostetem Stacheldraht.

Die Eisenleiter am Einstieg zur „Via ferrata Sartor".

ALLA MEMORIA
DEL BRIG. GG. FF.
PIERO SARTOR

FERRATA
SARTOR
PIETRA

Abstieg: Wie Aufstieg. Den Abstieg zum Hochweißsteinhaus unternimmt man besser über den Nordostgrat, auf dem Normalweg: Vom Gipfel nach Nordosten immer der Markierung folgend, gelangt man nach etwa 10 Min. linkerhand in eine Rinne. Durch diese absteigend (schwarzes Gestein, meist naß) erreicht man eine Geröllhalde (bis in den Frühsommer steiles Firnfeld) und steigt von dieser steil abwärts über Felsstufen zu einem guten Steiglein. In gerader Sicht befindet sich die Grenztafel in der Hochalplscharte. Hier wiederum gibt es drei Möglichkeiten des Abstiegs: entweder zur Hochalplscharte geradeaus hinunter (Weg Nr. 132) oder nach rechts auf dem Steig (Hinweis auf einem Stein) zur Calvihütte, diesem folgend bis zum Sattel, dann weiter linkshaltend zum Öfnerjoch und zum Hochweißsteinhaus. Oder vom Stein mit der Bez. zur Calvihütte.

Höhenunterschied: Zufahrt Wiesen — St. Lorenzen 1035 m — Ochsneralm etwa 1500 m — Hochweißsteinhaus 1905 m — Öfnerjoch 2011 m, bzw. Hochalplscharte-Mitterscharte 2260 m — Bladnerjoch 2125 m — Einstieg 2350 m — Gipfel 2693 m. Gesamthöhenunterschied Parkplatz — Gipfel 1193 m.

Gehzeiten: Von der Ochsneralm — Hochweißsteinhaus — Hochalplscharte — Bladnerjoch — Gipfel 4 Std.; über Öfnerjoch etwas länger. Von der ital. Seite vom Parkplatz unter der Calvihütte 2—2¹/₂ Std.

Schwierigkeit: Die Via ferrata „E. Sartor" ist unschwierig, jedoch Trittsicherheit und Schwindelfreiheit erforderlich.

Stützpunkte (Österreich): Hochweißsteinhaus, ÖAV-Sektion Austria Obergailtal-Lesachtal, 1905 m, voll bew. vom 15.6. bis 30.9., 6 Zimmer mit 1, 2, 3 und 4 B., 26 L., Gaslicht und Funkanlage. Tel. 0 47 16/262. — **Italien:** Rifugio Calvi, 2164 m, CAI Sappada, unter dem Bladnerjoch, voll bew. vom 30.6. bis 30.9., 4 Zimmer, 20 B., 30 L.

Hinweis: Für den Abstieg über den Normalweg sind wegen des bis in den Frühsommer hinein vorhandenen Firnfeldes Eispickel und Steigeisen ratsam. Siehe Karte Nr. 18.

Karnischer Hauptkamm

Im westlichen Teil des Karnischen Hauptkammes befinden sich die Östlichen und die Westlichen Raudenspitze (alter Name: Edigon oder Schönleitenschneid) sowie die Steinwand.

Eine besondere Genußtour im Bereich des Hochweißsteinhauses ist die Westliche Raudenspitze. Das Hochweißsteinhaus hat als Stützpunkt größte Bedeutung für Touren und Überschreitungen im Karnischen Hauptkamm.

Der Wegverlauf auf die Westliche Raudenspitze ist besonders gut den natürlichen Gegebenheiten angepaßt. Er ist kein eigentlicher Klettersteig, doch wo nötig sind Drahtseilsicherungen vorhanden. Jedenfalls ist die Besteigung dieses Berges ein unvergeßliches Erlebnis. Der Blumenfreund kommt hier voll auf seine Kosten: Fast alle Arten von Alpenblumen bis hin zum Edelweiß sind vorhanden. Der geologische Aufbau dieses Berges wird von vulkanischem Gestein geprägt, doch sind Kalkbänke genauso wie Schiefer und Tuffstein vorhanden.

Zufahrt: Siehe Tour 79.

Zugang: Diese lohnende und interessante Tour nimmt ihren Ausgang vom Hochweißsteinhaus. Die Raudenspitze liegt zwischen dem Öfnerjoch und der Raudenscharte (kürzester Zugang). Vom Hochweißsteinhaus (Hinweistafel) der rot-weiß-roten Bezeichnung folgend gelangt man in etwa 20 Min. zum Öfnerjoch, 2011 m; links am Joch befindet sich auf einem Felsblock die Figur des „Guten Hirten".

Anstieg: Nun beginnt ein wunderschöner Anstieg, zwar etwas mühsam, doch das üppige pflanzliche Wachsen und Blühen verschönt diese Tour und läßt die Mühe vergessen. Auf dem in nordöstlicher Richtung ansteigenden grasigen Gratsteig aufwärts gelangt man auf die Nordseite, um dann auf die Südseite zu wechseln. Durch einen Schluchtgraben in stetiger Steilheit aufwärts kommt man in blockiges Felsgelände und erblickt einen Vorgipfel bzw. einen großen Gratturm. Weiter auf gutem Felssteig aufsteigend gelangt man in eine kleine Scharte. Rechts erhebt sich ein markanter Grat, unter dem der Steig weiterführt (Grenzstein, Drahtseile). Weiter auf Felsbändern einige Grattürme umgehend empor. Der Vorgipfel wird links (nördlich) umgangen. Durch kleine Schärtchen nun leicht absteigend gelangt man schließlich zum Wandfuß des Hauptgipfels, den man über Blockwerk und leichten Fels (I) erreicht. Rechts befinden sich glatte Platten, doch links davon helfen Drahtseile über die gestufte, gut gesicherte Wand und über nicht ganz leichte Stellen hinweg. Ein letzter Aufschwung und man steht am Gipfel mit seinem mächtigen Kreuz, errichtet von der Katholischen Jugend Liesing, 1980. Eine Kassette mit Gipfelbuch ist vorhanden. Grandiose Rundschau: südlich die Avanzagruppe, der Monte Peralba, im Westen das Hochalpl und die Torkarspitze und dahinter die Dolomiten. Im Norden die Lienzer Dolomiten und letztlich im Osten der weitere Kammverlauf, die Östliche Raudenspitze (Edigon), die Steinwand und das Biegengebirge sowie die Berge rund um den Wolayersee.

Abstieg: Wie Aufstieg. Es besteht aber die Möglichkeit, nach Osten in die Raudenscharte (diese ist ebenfalls drahtseilgesichert) abzusteigen. Man muß jedoch den Steig zur Obergailalm mit der Nr. 445 benützen. Die Abzweigung nach links zur Scheibachhöhe ist schwer zu finden, daher ist es empfehlenswert, diesen Linksabzweiger nicht zu benützen, sondern hinaus zur Obergailalm und nach Obergail zu gehen.

Höhenunterschied: Vom Parkplatz Frohntal Ingridhütte 1651 m — Hochweißsteinhaus 1868 m — Öfnerjoch 2011 m — Raudenspitze 2507 m. Gesamt 856 m.

Gehzeiten: Parkplatz — Hochweißsteinhaus etwa 45 Min. Hochweißsteinhaus — Öfnerjoch etwa 20 Min. Öfnerjoch — Gipfel 2—3 Std. Abstieg: 1½—2 Std.

Stützpunkte: Siehe Tour 79.

Schwierigkeit: Trittsicherheit und Schwindelfreiheit erforderlich, keine Tour für Ungeübte und Anfänger.

Hinweis: Beste Zeit ab Mitte Juli bis Spätherbst. Unterwegs kein Trinkwasser. Bei Nebel oder unsicherem Wetter ist von eine Besteigung abzuraten. Beim Abstieg sollte man sich Zeit lassen, denn die Rundschau und die Talblicke sind besonders reizvoll. Grenzberg und Grenzbegehung, Reisepaß mitführen.

Die Raudenspitze von Westen.

81

Große Kinigat, 2689 m, gesicherte Steiganlage

Karnischer Hauptkamm

Die Erstbesteigung erfolgte durch Anton Victorin mit Peter Tassenbacher 1898 von Südosten, aus der Königswandscharte.
Von der B111 bei Kartitsch nach links, ins Erschbaumertal blickend, erfreut sich jedes Bergsteigerherz an den schönen und mächtigen Felsgestalten der Königswand, der beiden Kinigats sowie der Liköfelwand. Dieser von Norden her so mächtige Klotz wird hier von Südwesten nach Südosten beschrieben.

Zufahrt: Auf der B111 bei Kartitsch von Kötschach-Mauthen kommend nach links, von Sillian kommend nach rechts. Auf einer Almstraße mit der Bez. 466 zum Talschluß; hier Parkplatz.

Zugang: Vom Parkplatz in etwa 1500 m auf bez. Steig (Saumpfad, Nr. 466) in vielen Windungen auf dem aus der Wand künstlich herausgesprengten Bandweg, der mit Holzpfählen durchsetzt und mit Drahtseilen abgesichert ist, steil aufwärts. Der Steig führt unter der Gatterspitzenwand, ständig vom Wasserfall begleitet, entlang, bis der oberste Rand der Wand einen Ausgang in etwa 1900 m freigibt. Weiter, auf der Alm Obstanz (links oben befindet sich die Prinz-Heinrich-Kapelle) über grüne Matten, erreicht man die Fortsetzung des Steigleins, das steil und mühsam unter der Maurerspitze zu der in 2300 m liegenden Obstanzer-See-Hütte führt.

Aufstieg: Von der Obstanzer-See-Hütte in östlicher Richtung auf markiertem Steig (rot-weiß-rot und weiß-blau, 5 a) ständig aufwärts in einen Sattel (Grenzstein). Vom Sattel, 2500 m, nach links führt der Steig, immer der Markierung folgend, auf die Pfannspitze (Cima Vanscuro), 2678 m, 1 Std. von der Obstanzer-See-Hütte. Von der Pfannspitze steigt man ab und gelangt zuerst den Kamm entlang, dann weiter über den schon von der Pfannspitze aus sichtbaren Grat, ständig an der Grenze bis zur Kleinen Kinigat. Nun unter dieser wieder etwas absteigend bis in eine Scharte zwischen Kleiner und Großer Kinigat. Diese Scharte wird der „Sandige Boden" genannt. Auf einem Stein der Hinweispfeil „Kinigat".

Der Aufstieg zum „Großen Kinigat".
O = „Sandiger Boden", E = Einstieg.

E

O

Von der Scharte nach links auf dem gelb-weiß-gelb 5 c bez. Steig zur Südwestflanke. Hier mündet der Steig von der sandigen Runst, aus dem Erschbaumertal kommend, ein. Zuerst auf einem Steig, dann über Schrofen gelangt man zu einem kleinen Kamin. Diesen empor und auf einem Geröllband zum ersten Drahtseil. An diesem geht es zuerst nach links, dann gerade hinauf, um dann, nochmals linkshaltend, zu einem weiteren Kamin zu gelangen. Dieser wird links außen auf künstlichen Stufen mit Hilfe von Drahtseilsicherungen überwunden (im oberen Teil ausgesetzt). Nun führt die Route etwa 30 m nach links, dann nach rechts um einen Felsvorsprung herum, wo die Drahtseilsicherungen enden. Jetzt steil aufwärts, nach links auf ein Band, diesem folgend, dann nach rechts auf einem schuttbedeckten Steig und über ein Firnfeld zu einer Kuppe. Von der Kuppe steigt man leicht ab, quert unter einem Turmaufbau ein Schneefeld und gelangt von diesem aufwärts auf ein Plateau. Am Plateau befindet sich gleichfalls über das ganze Jahr hinweg ein Schneefeld, über das man nach links, unschwierig, auf einem Schuttsteig zum Gipfel gelangt. Gipfelkreuz und Vermessungszeichen. Wunderschöne Fernsicht, grandiose Talblicke.

Abstieg: Für den Abstieg kann man den Aufstiegsweg benützen, aber um die Tour vollständig zu machen, steigt man vom Gipfel wieder auf das Plateau zurück, dann nach links, wenige Meter absteigend zu einem verfallenen Kriegsunterstand. Von hier an geht es rasant abwärts: In eine Rinne unter den Überhängen der Südostwand (durchgehend drahtseilgesichert), weiter über Blöcke an einem Felsvorbau vorbei, auf eine Schutthalde. Auf dieser hinunter in die Königswandscharte; von der Scharte unter den Südwänden der Großen Kinigat auf einem Geröllsteig (ital. Staatsgebiet) zum Anstieg in die Scharte „Sandiger Boden", und von hier wieder auf dem oben beschriebenen Weg auf und über die Pfannspitze zur Obstanzer-See-Hütte.

Höhenunterschied: Parkplatz im Talschluß 1500 m – Obstanzer-See-Hütte 2300 m – Pfannspitze 2678 m – Große Kinigat 2689 m. Gesamthöhenunterschied 1189 m.

Gehzeiten: Vom Talschluß zur Obstanzer-See-Hütte 2 Std.; Obstanzer-See-Hütte – Pfannspitze 1 Std.; Pfannspitze – Scharte „Sandiger Boden" 1 – 1½ Std.; Sandiger Boden – Große-Kinigat-Überschreitung 1 – 1½ Std. Gesamtgehzeit 5½ – 6 Std.

Schwierigkeit: Die Steiganlage „Große Kinigat" mit Überschreitung ist eine kurze, unschwierige Bergfahrt. Trittsicherheit und Schwindelfreiheit erforderlich.

Stützpunkt: Obstanzer-See-Hütte, 2300 m, ÖAV-Sektion Austria, mit dem Neubau 40 Schlafplätze, bew. vom 30. 6. bis 30. 9., Gaslicht und Funk. Tel. – Kartisch 52 18 Elfriede Helmegger.

Hinweis: Wegen der Länge der Tour früher Start empfehlenswert. Reisepaß oder Personalausweis wegen der Grenzbegehung mitnehmen. Beim Einstieg in die Südwestflanke im unteren Teil Steinschlaggefahr (sehr brüchig), besonders wenn mehrere Personen in der Wand sind. Vorsicht bei vom Süden rasch hereinziehendem Nebel. Genügend Trinkwasser mitnehmen!

Einteilung der Klettersteige nach ihrer Schwierigkeit

a) Für geübte Bergwanderer, Trittsicherheit und Schwindelfreiheit vorausgesetzt:

2	Canin, Aufstieg von der Südseite
3a	Montasch, Klettersteig über die Leiter
3b	Montasch, Normalweg über die Verdescharte
5	Monte Chiampon, gesicherter Steig
6	Monte Amariana, gesicherter Steig
10a	Wischberg, Normalweg von der Corsihütte
12	Großer Nabois, gesicherter Steig
13	Ringweg – Naboisscharte – Carlo-Chersi-Steig
16	Sentiero attrezzato Centenario
17	Mittagskofel – Monte Piper – Zweispitz
18b	Mangart, slowenischer Klettersteig
25a	Jalovec, Anstieg vom Vršičpaß, gesicherter Steig
25b	Jalovec, aus der Hinteren Trenta über den Ozebnik
26b	Bavški Grintavec, von Soča
30	Špik, gesicherter Steig
31	Škrlatica, gesicherte Steige
36	Bovški Gamsovec, gesicherter Steig
41	Cmir, gesicherter Steig
43a	Rjavina, von der Staničhütte, gesicherter Steig
44b	Triglav, Pragweg
60	Kordeschkopf, Zavarovana pot
62	Hochstuhl, gesicherter Steig
63	Kärntner Storschitz
70	Roßkofel, Via ferrata E. Contin
71a	Trogkofel, Uiberlacherweg, gesicherter Steig
72	Monte Zermula, gesicherter Steig
78	Monte Chiadenis, Anstieg von der Calvihütte
79	Hochweißstein, Via ferrata „E. Sartor"
81	Große Kinigat, gesicherte Steiganlage

b) Klettersteigerfahrung und Ausdauer notwendig, teils ausgesetzt:

1	Canin, Via Divisione Julia
3c	Montasch, Findeneggweg
3d	Montasch, Klettersteig Ceria-Merlone
4	Cimone del Montasio
10b	Wischberg, Corsihütte – Mosesscharte
10c	Wischberg, Sentiero attrezzato Anita Goitan
10d	Variante Nord
20	Hohe Ponza, gesicherter Steig
25c	Jalovec, Anstieg durchs Couloir
25	Jalovec, Zugangsvariante zu c)
25	Jalovec, Nordwestgrat
26a	Bavski Grintavec über Kanja, gesicherter Steig
27	Kleine Mojstrovka, gesicherter Steig
32	Križka stena, gesicherter Steig
33	Prisojnik, Klettersteig durch das Fenster
34	Prisojnik, Hanzasteig durch die Nordwand
35	Prisojnik – Razor, Jubiläumssteig
40	Komarsteig – Kanjavec Nordwandbänderweg
42	Vrbanova špica, gesicherter Steig
43b	Rjavina von Pekel, gesicherter Steig
44	Triglav, Tominšekweg
44	Triglav, Bambergweg
44	Triglav, Čez Nogo-Weg
45	Krn, gesicherter Steig
50	Jezersko Kočna, gesicherter Steig
51	Grintavec, gesicherter Steig
52	Skuta, gesicherter Steig
53	Ojstrica, gesicherter Steig
54	Storžič, Klettersteig, Skozi Žrelo
61	Koschutnikturm, ÖTK-Steig
64	Uschowa/Erlberg, „Die Felsentore"

73	Sentiero attrezzato Rio degli Uccelli, Monte Brizzia
74	Hohe Wand, Schlugasteig
75	Frischenkofel, Steinbergerweg
76	Hohe Warte, Nordanstieg
78b	Monte Chiadenis, vom Jägerpaß, Via della guerra

c) Zusätzliche Bergerfahrung, beste Kondition und Kletterfertigkeit in ausgesetztem Fels unbedingt erforderlich. Verlangt erheblichen Kraftaufwand:

3f	Montasch, Kugyweg (Villacher Weg)
19	Veunza, Via della Vita
3e	Montasch, Weg der ital. Jäger
18	Mangart, Via Italiana

Diese Schwierigkeitseinstufung hat mit der bekannten siebenstufigen UIAA-Skala, die auf künstliche Weganlagen nicht angewendet wird, nichts zu tun. Als Anhaltspunkte: Gruppe b) entspricht etwa der UIAA-Skala I; Gruppe c) ungefähr der UIAA-Skala II. Je nach Wetterlage oder fehlenden bzw. beschädigten Sicherungen können sich die Schwierigkeiten jeweils beträchtlich erhöhen!

Alpines Wörterverzeichnis

Deutsch	Slowenisch	Italienisch
Alpine Begriffe		
Abbruch	odlom	scoscendimento
Abgrund	prepad	abisso
Abhang	pobočje, reber, strmina	delclivio, china, ripa
absteigen	sestop	scèndere
Absturz	padec	apicco
Abzweigung, Ast	razpotje	ramo
Alleingeher	samohodec	alpinista da solo
Alpen	alpe	alpi
Alpenrose	slečburja	rododendro
Alpines Notsignal	klic na promoč, SOS	segnale di soccorso di alpi
Alpine Fachausdrücke	imenoslovje, izrazo-slovje	terminologia alpina
Altschnee	stari sneg	neve vecchia
Aufstieg	gor	scalata
Auf und Ab	gor in dol	saliscendi
äußerst schwierig	skrajne težko	eccezionalmente difficile
Bach	potok	rio, rivo, torrente
Band	polica	cengia
Becken, Kessel	kotanja	conca
Bergkette	greben	giogaio, catena
Bergkrankheit	gorska visinška bolezen	mali di montagna
Bergschrund, Randkluft	krajna poč	crepàccio-perifèrio
Bergsturz	padec	frana
Bergüberschreitung	prečenje gore	traversata di monte
Biegung	ovinek	svolta
Block, Klemmblock	zagozdena skala	blocco, -incastrato
Drahtseil	žična vrv	corda di ferro
Ebene, Boden, Plateau	ravnina, ravno, terasa, ploščad	piano, piattaforma
Edelweiß	planika očnica	stella alpina
Eingang	vstop	soglia
Einstieg	vstop, sestop	attacco
Eispickel	cepin	piccozza
Eisplatten	ledeni prehod	tavole glaciali
Eisrinne, Schneerinne	Sneženižleb, ozebnik	colatoio di ghiaccio, di neve
Eisschlucht	ozebnik	canalone ghiacciato
Erhebung	izrastek	rialzo

213

Erstbesteiger	prvak, prvopristopnik	primo salitore
Ersteigung	preplezati	ascensione
exponiert, ausgesetzt	ispostavljeno	esposto
Fallinie, Vertikal	navoično, verikalno	perpendicolare
Felsenschlucht	kameniti žleb	burrone
Fels, fester	dobra skala	roccia compatta
Felsflora	gorsko planinsko cvetje	flora delle crode
Fels, Gestein	skala	rocca, rupe
Felsköpfl	kameniti vrh	cocùzzolo
Felskopf	skalna glava	testa rocciosa
Felsmauer	stena	spalto
Felsmauer, scharfe	osterskalni zid	cortina
Felsprofil	skalni profil	profilo di roccia
Fels (steiler), Steilstufe	stopnja	balza, balzo
Felstechnik	skalna, plezalna tehnika	tècnica di croda
Felswand	stena	croda
Felszacken, Gratturm	grebenski stolp	spuntone, gendarme
Firnfeld, Firnfleck	snežišče	nevaio
Flanke, Seite	bek, stran	versante, lato
Führe, Route, Weg	smer	vie, itinerario
Führer	vodnik	guida
Gebiet	ezemlje, območje	regione
Gefahren der Alpen	nevarnosti gora	pericoli delle alpi
gefährlich	nevarno	pericoloso
Geröll	prodi, peščina, meli	pietrame, detriti
Gipfel, Spitze, Zinne	vrh, rtina, kepa	cima, punta, vetta
Gipfelgrat	vršni greben	terminale cresta
glatt	gladko, polsko	levigato, lùbrico
Gletscher	ledenik	ghiacciaio
Graben, Tobel	tokava, žleb, kloma, žlefa	tovo
Grasbüschel, Rasenschopf	tratina	ciuffo d'erba
Gratschneide	greben, sleme	filo di cresta
Griff	prijem, oprimek	appoggio
grifflos	brez oprimkov	senza appigli
große Schlucht, Rinne	žleb	canalone
großer Turm, Pfeiler	steber	torrione
Hochtal	visoka dolina	alta valle
Höhe	višina	altezza
Höhle	votlina	caverna
Hügel	gričkopa	col, colle
Joch	prelaz, rovt	vàlico

Kamin	kamin	camino
Kamm	greben	pèttine
Kante, Ecke	rob, steber	spigolo
Kanzel	ronek, prižnica	pùlpito, mènsola
Kar	okrešel, krnica, zatrep	catino
Karabiner	uponka, zaponke	moschettone
Kessel, Kar	kotel	anfiteatro
kleine Schlucht, Klamm	tesen	valloncello
Kletterei	plezanje	scalata
Klettern	plezanje	arrampicarsi
Kletterschuhe	plezalni čevlji, plezalniki	scarpe da gatto, scapetti
Kletterschule	plezalna šola	scuola di roccia
Klettertour	pleza-lni vspon	arrampicata
Kluft, Höhle	razpoka, krajna peč	antro
Kote, Meßpunkt	kota	quota
Kriechstelle	krizna, točka, klučno mesro	passaggio scarponi delgatto
Kulminationspunkt	kota	punto culminante
Kuppe, Kopf	glava	calotta, cupola, testa
Landkarte	zemljevid	tavolette
Lawine	plaz	valanga
leicht	lahko	facile
Leiste	okrajek	cimasa
Loch	luknja	buco, buca
luftig	zračno, izpostavljeno	aèreo
mäßig schwierig	srednje težko	difficile moderatamente
Mauerhaken	plezalni klin	chiodo
Moräne, Moränenfeld	morena	morena, tondi
Nadel	igla	ago
naß	mokro	bagnato
Nische, Höhle	jama, votlina	grotta, nicchia
Pfeiler	steber, stolp	pilastro
Plateau	terasa, ploščad	piattaforma
Platte	plošče	placca, lastra
Quelle	izvir, tudenec	fonte, fontana, sorgente
queren	prčenje	traversare
Quergang	prečnica	traversata
Rampe	vesina	rampa
Rand	polica, okrajek, rob	orlo
Ringband	krežna polica	ballatoio, collare
Rinne, Trichter	tokava, lijak, žleb	canale, colatoio

215

Rippe	rebro	còstola-costolone
Riß, Spalte	razpoka, špranja	ruga
rissig, zerklüftet	razpokan	screpolato
Rucksack	mahrbtnik	sacco da montagna
Rücken, Buckel	hrbet	dosso
Rundblick	razgled	panorama
Sattel	sedlo, dolič	sella
Saumweg	mulatiera	mulatiera
Scharte, Schärtchen	škrbina, sedlo, škrbinica, sedelce	forcella, forcellina
Schlucht	tokava, grlo, žleb	gola
Schneefeld	snežišče	campo di neve
Schneesturm	snežni metež	tormenta
Schneide	rezina	cresta
Schrofen, Geschröf	drobir, pečina	rocce, rotte
schroff	oster	roccette
Schulter	rama	spalla
Schuttfeld	grušč	campo di ghiaia
Schutzhaus, Unterstand	planinska koča, dom, bivak	rifugio, ricòvero, bivacco
schwierig	težko	difficile
sehr schwierig	zele težko	molto difficile
Seil	vrv	corda
Seilknoten	vrvni vozel	nodo di corda
Seillänge	dolžina vrvi	tratto di corda
Selbstsicherung	samovarovanje	assicurazione di sè stesso
Sessellift, Seilbahn	sedežnica, vspenjača	seggiovia, funivia
sicher	varno	sicuro
Sicherungsplatz	varovališče	posto di assicurazione
Sicherungsseil	varovalna vrv	corda di sicurezza
Spalt	razpoka, poč	spacco, cruna
spitzig	ostro	acuminato
Sporn	ostroga	sprone
Spreizschritt	razkorak	passo gigante, spaccata
Spur	sled	pesta, traccia
Steig, Pfad	pot	sentiero
Steigeisen	dereze	ferri di scarpe / ramponi da ghiaccio
Steinmann, Steindaube	skalni mož	ometto
Steinschlag, Steinfall	padajoče kamenje	caduta sassi
Stufe	stopnja	scalino
Stufe, Absatz	stopnja, odstavek	gradino, grado, gradone, ripiano
Stufen schlagen	stopinje sekati	gradinare

Tal	dolina	valle
Talenge	soteska, ozek prohod	morsa, stretta, strettoia
Talschluß	zatrep, doline, dnina	testata di valle
Tor, Törl	vrata, vratica	porta, portone
Tritt	stopinja, korak	appiglio per i piedi
Tunnel	predor	galleria
Turm	stolp	torre
überdachter Fels, Dach	previs, streha	rocca sorpiombante
Übergang	previs	passaggio
überwinden	premagati	superare
unsicher	nevarno, ni varno	malsicuro
Variante	moznost, varijanta	variante
Verbindungsweg	vezna pot	raccordo
Vermessungszeichen	triungulacija	trigonometrico
Verschneidung	zajeda	angolo diedro
Vorgipfel	predvrh	anticima
Wand, Wandl	stena, stenica	parete, paretina
Wasserfall	slap, vodopad	cascata, pissàndola, pis
Wasserscheide	razvodje	spartiacque
	markiranje	
Wegmarkierung	oznacevanje poti,	segnalazione
	markiranje	
Wegweiser	smerokaz, potokaz	cartello indicatore
Wiese	travnik	pra, prato
Zickzack	sem in tja	serpentina
Zugang	pristop	accesso

Begrüßung

Guten Morgen	dobro jútro	buon giorno
Guten Tag	dober dán	buon giorno
Guten Abend	dober večér	buona sera
Gute Nacht	láhko nóč	buona notte
Auf Wiedersehen	na svidenje – v = w	arrivederci

Allgemeines

bitte	prósim	prego
danke	hvála	grazie
bitte zahlen	prósim pláčati	pagare per favore
bitte langsam sprechen	prósim, govorite počási	per favore parli
		lentamente
ja	da	sí
nein	ne	no

217

haben Sie	ali imáte	Lei hà
warum	zakaj	perchè
wann	kdaj	quando
wo ist	kje je	dove è?
wieviel kostet	koliko stane	quanto costa
billig	poceni	a buon prezzo
teuer	drago	caro

Im Schutzhaus gebrauchte Fragen

Haben Sie Brot?	Imáte kruh?	Ha pane?
Wieviel kostet der Tee, das Brot, die Milch?	Kóliko, stane čaj, kruh, mlèko?	Quanto costa il tè, il pane, il latte?
Haben Sie ein freies Zimmer?	Imáte prósto sobo?	Ha una stanza libera?
Haben Sie eine Schlafstätte?	Imáte ležišče?	Ha un posto da dormire?
Wieviel Uhr ist es?	Kóliko je úra?	Che ore sono?
Wie weit ist es nach ..	Kakó dáleč je do . . .?	Quanto dista a . . .?
Ist der Weg schwer? – leicht?	Ali je pot težávna? – lahka?	É difficile – facile – questa via?
Wann fährt der Zug von – nach?	Kdáj odhája vlak iz próti?	quando parte il treno da – a?
Wohin führt dieser Weg?	Kam pélje ta pot?	Dove porta questa via?
Wohin gehen Sie?	Kam gréste?	Dove và?
Woher sind Sie?	Od kod ste?	Da dov'è?
Woher kommen Sie?	Od kod prihájate?	Da dove viene?

Vom Wetter

es donnert, es blitzt	grmi, bliska se	tuona, lampeggia
es regnet, es schneit	dežúje, snéži	piove, nevica
es ist windig	véter piha	è ventoso
Wir werden ein Gewitter bekommen	Jméli bómo nevihto	Avremo un temporale
Es ist kalt, warm	Je mrzlo, topló je	Fà freddo, caldo
Es ist wolkig	Jásno je	È nuvoloso
Es ist wolkenlos	Jásno ni je	È sereno
Nord, Süd, Ost, West	séver, jug, vzhod, zahód	nord, sud, est, ovest
Wie wird das Wetter sein?	Kákšno bo vréme?	Come sarà il tempo?
Wird es schön, schlecht?	Ali bo lepó, slábo?	Sarà bel – brutto – tempo?
Was zeigt das	Kakó káže termométer?	Che mostra il termometro?
Das Thermometer steigt, fällt	Termométer se dviga, páda	Il termometro si alza, cade

Der Weg

Der Weg, der Steig	pot, stezá	la via, il sentiero
Der Weg ist schön, schlecht, steil, beschwerlich, steinig, brüchig, leicht, gesichert, markiert	Pot je lépa, slába, strma, težávna, kamenita, krušljiva, láhka, zavarována, markirana	La via è bella, brutta, ripida, fatticosa, sassosa, frammentosa, facile, assicurata, marcata
Der Weg ist nicht leicht	Pot ni láhka	La via non è facile
Der Weg geht nach rechts, links, geradeaus, bergauf, gegen Süden, gegen Norden	Pot gre désno, levo, narávnost, navzgór, próti júgu, próti séveru	La via và a destra, sinistra, diritta, in salita, verso sud, verso nord
der Weg geht nach – gegen . . .	próti vzhódu – zahódu . . .	la via và a – verso . . .
der Weg führt über . . .	pot gre čez . . .	la via porta su per . . .
Achtung auf Wegmarkierungen!	Pázite na markácije!	Attenzione su marcature!

Auf dem Gipfel

der Gipfel	vrh	la cima
gute, schlechte Aussicht	dóber slab, razgléd	bella – brutta – vista
es ist neblig	megléno je	è nebbioso
Wie heißt jener Berg dort?	Kakóse imenúje óna góra tam?	Come si chiama quel monte lì?
die Aussichtswarte	razglédni stolp	il belvedere
In der Ferne sehen wir die Tauern	V daljávi vidimo Túre	Lontano vediami i „Tauern"
Wie hoch ist dieser Berg?	Kakó visóka je ta góra?	Quanto alto è questo monte?
Haben Sie ein Fernglas?	Ali imáte daljnogléd?	Ha un binocolo?
Haben Sie eine Landkarte?	Ali imáte zemljevid?	Ha una carta geografica?
Auf dem Gipfel werden wir rasten	Na vrbu bómo počivali	Sulla cima ci riposeremo
Welcher See ist das?	Katéro jézero je to?	Quale lago è questo?
Wo ist Norden?	Kje je séver?	Dov'è nord?
Im Westen ist es wolkig	Na zahódu je obláčno	Nel ovest sono nuvole
Wir müssen gehen	Móramo iti	Dobbiamo andare

Essen und Trinken

guten Appetit	dober tek	buon appetito
essen, ich esse	jésti, jésti jem	mangiare, mangio
trinken	piti	bere
schlafen	spati	dormire
übernachten	prenočiti	pernottare
Frühstück	zajtrk	colazione
Mittagessen	kosilo	pranzo
Abendessen	večerja	cena
Haben Sie etwas zu essen?	Imáte kaj jé-sti?	Ha qualcosa da mangiare?
Ich wünsche etwas zu essen	Želim nékaj jésti	Desidero qualcosa da mangiare
Ich bin hungrig, wir sind hungrig	Láčen sem, láčni smo	Ho fame, abbiamo fame
Wann gibt es Frühstück?	Kdaj je zájtrk?	Quando è colazione?
Wann gibt es Mittagessen?	Kdaj je obéd?	Quando è pranzo?
Wann gibt es Abendessen?	Kdaj je večérja?	Quando è cena?
Brot	kruh	pane
Haben Sie Brot?	Imáte kruh?	Ha pane?
Haben Sie Milch, braunen, schwarzen, türkischen Kaffee?	Imáte mléko, béla, čena, tûška káva?	Ha latte, capuccino, expresso, caffè turko?
Haben Sie Eintopf	Ali imáte enolónčnica	Ha minestrone?

Verschiedenes

Souvenirs	spominki	souvenir, ricordi
Hüttenbuch	vpisna knjiga	libro del rifugio
Hüttenstempel	žig	timbro
Beschwerdebuch	knjiga za pritóžbe	libro dei reclami
Gebirge	goróvje	montagna
Brücke	most	ponte
Straße, Weg, Pfad	césta, pot, stezá	strada, via, sentiero
Kreuzung	križišče	incrocio
Wald, Wiese	gozd, trávnik	bosco, prato
Hüttenwirt	oskrbnik	oste
Bergrettungsdienst	górska reševálna slúžba	soccorso alpino
Bergführer	góski vodič	guida alpina
Wie hoch ist der . . .?	Kako visok je . . .?	Quanto alto è il . . .?

220

Register

Die Ziffern beziehen sich auf den Klettersteig, nicht auf die Seitenzahl.

Heiteres und Besinnliches

Karl Lukan
Quergänge

Die schönsten Bergsteigergeschich-
ten aus drei Jahrzehnten.
Lukan, ein Altmeister der alpinen
Unterhaltungsliteratur, erzählt hier die
Geschichten, die ihn bekannt gemacht haben. Von Karl Lukan ange-
regt, sind schon unzählige Menschen
zu Bergsteigern geworden.
248 Seiten mit 22 Scherenschnitten.
Best.-Nr. 7029-3, DM 26,80

Helmuth Zebhauser
Vom Unsinn
des Bergsteigens

Schamlose Betrachtung
des Alpinismus
Das Bergsteigen ist eine Welt für
sich – mit ihrem eigenen und eigen-
willigen Selbstverständnis, ihren eigenen Gesetzen, ungewohnten Fragen
und ungewöhnlichen Antworten.
Best.-Nr. 7014-5, DM 26,80

Bergverlag Rudolf Rother GmbH

Lehrschriften
aus dem Bergverlag Rudolf Rother:

Pit Schubert
Alpine Felstechnik
288 Seiten mit 156 Abbildungen und 200 Zeichnungen, kartoniert,
cellophaniert   DM 19,80

Pit Schubert
Die Anwendung des Seiles in Fels und Eis
192 Seiten, 80 Zeichnungen und 35 Fotos, kartoniert,
cellophaniert   DM 10,80

Pit Schubert
Alpine Eistechnik
280 Seiten mit 89 Abbildungen und 196 Zeichnungen, kartoniert,
cellophaniert   DM 26,80

Klaus Hoi / Elmar Jenny
Behelfsmäßige Bergrettungstechnik
160 Seiten mit 202 Skizzen und Anleitung zur Ersten-Hilfe-Leistung,
kartoniert, in Plastikhülle   DM 16,80

James Skone
Sicher Eisklettern
144 Seiten mit 53 Abbildungen, 36 graphischen Darstellungen,
9 Karten- und Routenskizzen, kartoniert, cellophaniert   DM 16,80

Dieter Seibert
Orientierung im Gebirge
128 Seiten mit 37 Abbildungen und 26 Zeichnungen,
7 Kartenausschnitte, 1 Winkelmesser, kartoniert, cellophaniert
                                                                 DM 16,80

Adolf Schneider
Wetter und Bergsteigen
192 Seiten mit 68 Abbildungen, Skizzen und Tabellen,
Wetterkarten und 12 Farbtafeln, kartoniert, cellophaniert   DM 16,80

Dieter Seibert
Grundschule zum Bergwandern
72 Seiten mit 54 zum Teil farbigen Abbildungen und
18 Zeichnungen, kartoniert, cellophaniert   DM 10,80

Sicher in die Berge –
glücklich nach Hause

mit den
Alpenvereinsführern

aus dem
Bergverlag Rudolf Rother

Heinz Steinkötter   Alpenvereinsführer

Brentagruppe   UIAA

Bergverlag Rudolf Rother · München

Erhältlich zu den Gebieten:

Allgäuer Alpen – Ammergauer Alpen – Ankogel-/Goldberggruppe – Bayerische Voralpen Ost mit Tegernseer/Schlierseer Bergen und Wendelstein – Benediktenwandgruppe, Estergebirge und Walchenseeberge – Berchtesgadener Alpen – Bregenzerwaldgebirge – Brentagruppe – Chiemgauer Alpen – Civettagruppe – Cristallogruppe und Pomagagnonzug – Dachsteingebirge Ost – Dachsteingebirge West – Eisenerzer Alpen – Geisler-Steviagruppe – Gesäuseberge – Glockner- und Granatspitzgruppe – Hochschwab – Kaisergebirge – Karnischer Hauptkamm – Karwendelgebirge – Kitzbüheler Alpen – Lechtaler Alpen – Lechquellengebirge – Lienzer Dolomiten – Loferer und Leoganger Steinberge – Marmolada-Hauptkamm – Mieminger Kette – Niedere Tauern – Ortleralpen – Ötztaler Alpen – Pelmo/Bosconero – Puez/Peitlerkofel – Rätikon – Rieserfernergruppe – Rofangebirge – Rosengartengruppe – Samnaungruppe – Schiara – Schobergruppe – Sellagruppe – Sextener Dolomiten – Silvretta – Stubaier Alpen – Tannheimer Berge – Tennengebirge – Totes Gebirge – Venedigergruppe – Verwallgruppe – Wetterstein und Mieminger Kette – Zillertaler Alpen

Zu beziehen durch alle Buchhandlungen

Alles, was Rang und Namen hat

Dieter Seibert
Das Buch
der Klettersteige

170 gesicherte Anstiege
in den Ostalpen

Auflage 1986
176 Seiten mit 40 Farb- und
33 Schwarzweißabbildungen
sowie 12 Kartenskizzen
Best-Nr. 7004-8
Efalin mit Schutzumschlag
Format 22 x 26,5 cm
DM 46,80

Klettersteige – immer mehr Menschen verfallen der Faszination dieser Spielart des Bergsteigens.
Das Buch beschreibt die Klettersteige und gesicherten Wege der Ostalpen zwischen dem Allgäu und der Hohen Wand bei Wien, von der Brenta über die Dolomiten bis hin zu den Julischen und Steiner Alpen.
Der Autor beschränkt sich jedoch nicht auf die Klettersteige. Kurze Landschaftsschilderungen, Vorschläge für Gipfeltouren und Durchquerungen tragen dazu bei, den jeweiligen Landschaftsraum, wie etwa die Sextener Dolomiten, wirklich kennenzulernen.
Die Vielseitigkeit des Buches zeigt sich auch in der reichen Bebilderung, einer mit Liebe und großer Mühe zusammengestellten Auswahl. Nicht weniger als 29 verschiedene Fotografen haben ihre besten Aufnahmen dazu beigesteuert. Die Palette reicht vom fast gemäldeartigen Landschaftsfoto bis zum aufregend-eindrucksvollen Szenenbild am Klettersteig.

Bergverlag Rudolf Rother GmbH

Kartenteil

Die 19 Kartenbilder der folgenden Seiten sind den jugoslawischen Karten Julijske Alpe (vzhodni del) 1 : 50 000, Julijske Alpe (zahodni del) 1 : 50 000, Karavanke (osredni del in Grintovci) 1 : 50 000 und Alpi di Kamnik e della Savinja (con obir e peca) 1 : 50 000. Kartographie der Neuzeichnungen: R. Blanke. Ein entsprechender Blattschnitt auf dem Vorsatzblatt dieses Führers zeigt im Überblick, welche Gebiete von diesen Kartenausschnitten erfaßt sind. Der Abdruck der Kärtchen erfolgt mit freundlicher Genehmigung des Institut za Geodezijo in Fotogrametrijo, Ljubljana.

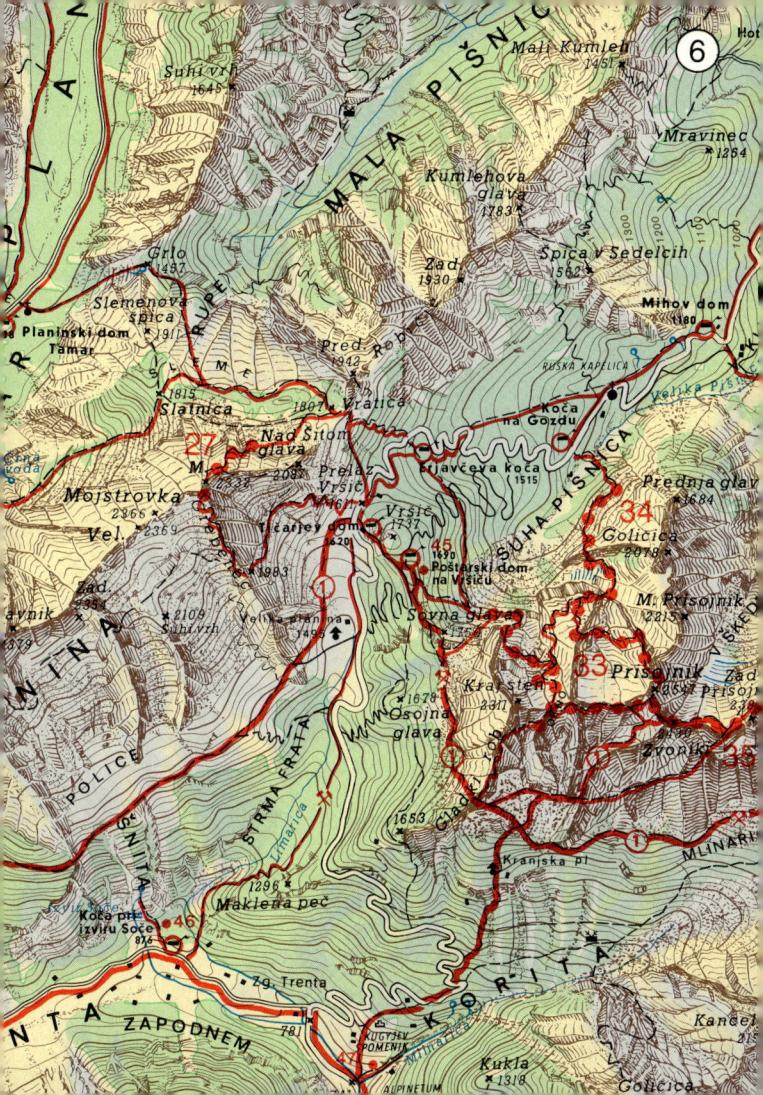

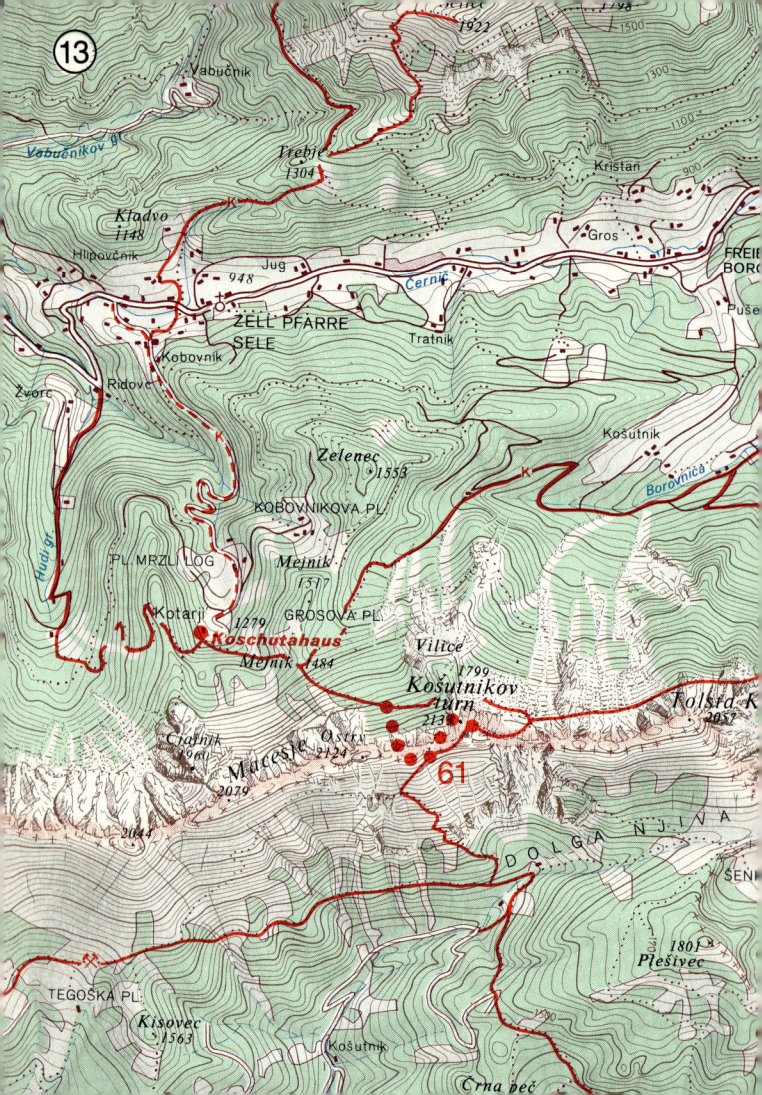

14

Gorenčiči
Plavž
Gmajner
Štefan
Stouhütte
Žnidar
Konavec

Avovnik
1083
Krзнik

Bärentalrnica

V. Rob
1463

Kosmatica
1658

V.GRIZEVA PL

1801

Ovčji vrh (Kozjak)
2016

M. Vogel
1884

TRATE

MAČENSKA PL

712 Vrata
Klagenfurter Hütte

1663

Svačica
1953

1840 Sedlo Belščica

Vrta

Valm
2104

62

Išev sedlo 1972
Potoški Štot
2014

Celovška špica

Belščica
1 KOŽNAH

1 Sija
Sr. vrh
1796

Štol
2236

Prešernova koča
2172

Valvasorjev dom

ŽAGON

ŽIROVNIŠKA PL

Tinčkova koča

1

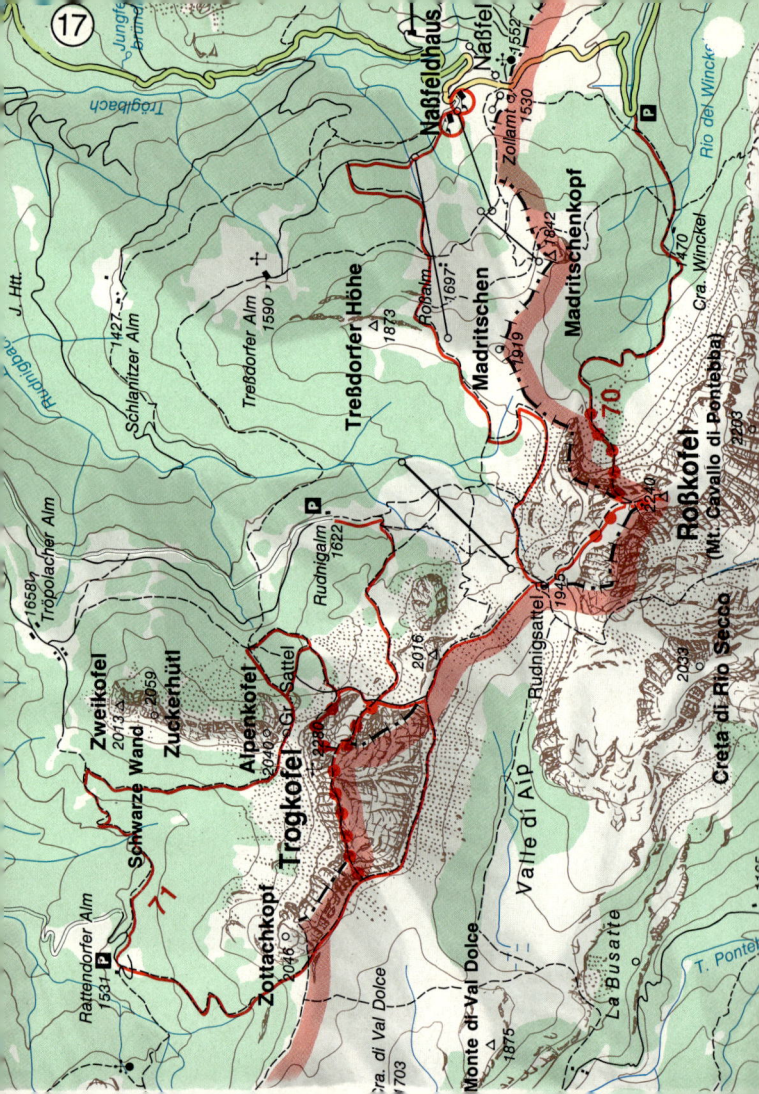

19

NOTIZEN

Erste Hilfe – Improvisation ist alles

Die alpine Unfallpraxis lehrt immer wieder, woran es bei der Ersten Hilfe mangelt: am grundsätzlichen Konzept.

Die folgenden acht Seiten zeigen leicht verständlich und reich bebildert das kleine Einmaleins der Ersten Hilfe. Wenn man kühlen Kopf bewahrt und nach diesen Grundsätzen handelt, wird man mit jeder Notsituation, den Umständen entsprechend, fertig werden.

Bedrohliche Blutungen:

Normalerweise ist jede Wunde keimfrei mit Mullkompressen oder Brandwundenverbandtüchern abzudecken. Diese Auflagen können mit Heftpflaster, Dreiecktüchern und Mullbinden befestigt werden. – Bei stark blutenden Wunden jedoch sofort:

1. **Blutende Gliedmaßen möglichst hochhalten**
2. **Abdrücken –** an Gliedmaßen:
   Mitte Oberarm (Bild 1)
   Leistenbeuge (Bild 2).
   – an Kopf oder Rumpf: Keimfreies Material, notfalls mit bloßen Händen fest in die Wunde drücken.

Durch Abdrücken soll die Blutung einstweilen solange gestoppt werden, bis ein zweiter Helfer einen Druckverband oder notfalls eine Abbindung angelegt hat.

3. **Druckverband** (auch für Schlagaderblutungen) (Bild 3 und 4).

Die bedrohlichen Blutungen lassen sich in der Mehrzahl durch einen Druckverband stillen. Hierzu ist auf die Wundauflage ein Polster zu legen, das höher als breit sein soll. Am besten eignen sich zwei Verbandpäckchen, wobei beim oberen die Klarsichtumhüllung zu entfernen ist. Die Verbandpäckchen werden mit Dreiecktuch oder Binde unter vermehrtem Zug befestigt.

Wird eine Wundauflage mittels Binde befestigt und blutet diese bereits beim Verbinden durch, kann das Druckpolster schon in den Verband

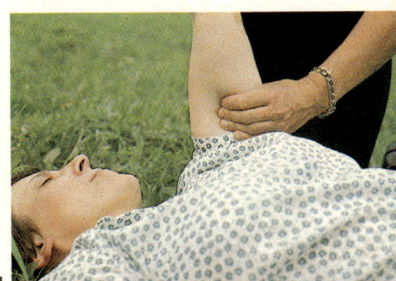

1

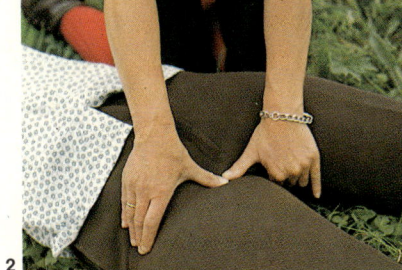

2

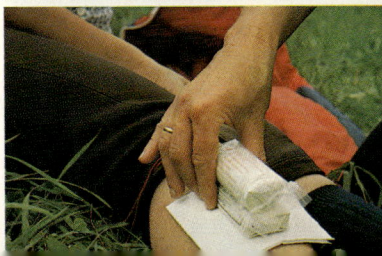

3

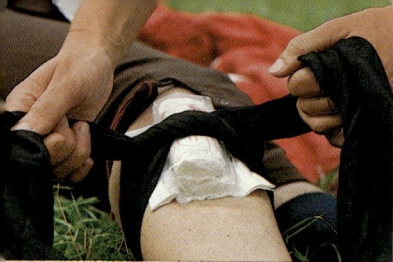

4

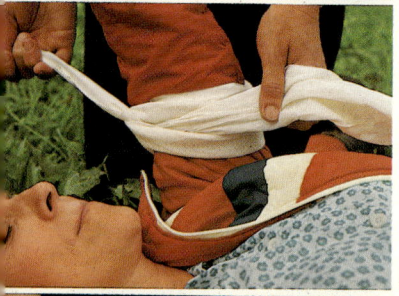

5

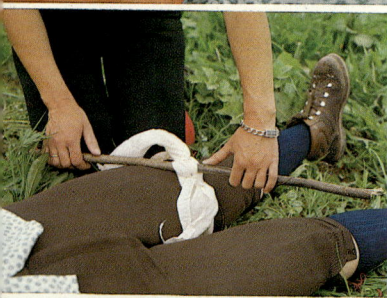

6

7

mit einbezogen werden. Von da an is
die Binde fester anzuziehen.
Merksatz: Wenn möglich ist ein Druck
verband einer Abbindung vorzuziehen
Abbindungen müssen Ausnahmefäll
bleiben!

4. **Abbinden** nur im äußersten No
fall, wenn ausnahmsweise der Druck
verband nichts nützt, bei Gliedmaßen
abriß, großflächige Wunden, offenen
Knochenbruch bei stark blutende
Wunde, Fremdkörper in stark bluter
der Wunde.

Abbinden des Oberarms mit dem Drei
ecktuch: Krawatte formen und schlau
fenförmig um die Mitte des Oberarm
legen. Enden durch Schlaufe stecken
fest auseinanderziehen (Bild 5), un
den Oberarm schlingen und verkno
ten. Blutung muß stehen! Sonst feste
ziehen! Achtung! Am Arm niemals mi
Knebel abbinden! Abbinden des Ober
schenkels: Dreiecktuch lose um die
Mitte des Oberschenkels binden, Kne
bel durchstecken und nur soweit dre
hen, bis Blutung steht (Bild 6). Knebe
befestigen (Bild 7) oder halten (z. B
wenn eine Schere oder ein Messer als
Knebel verwendet wurde). Abbindemit
teilung (Uhrzeit) am Verletzten befesti
gen oder mit Kugelschreiber auf Stirn
oder Wange schreiben.

Um Schäden an den Gelenken zu ver
meiden, ist unbedingt darauf zu ach
ten, daß die Abbindungen jeweils nu
in der Mitte des Oberarms bzw. Ober
schenkels vorgenommen werden. Im
Gegensatz zu früheren Lehrmeinun
gen darf eine einmal angelegte Abbin
dung vom Helfer nicht mehr gelös
werden! (Lebensgefahr.) Dies zeig
wie wichtig es wegen des längerer
Transportes ist, auf eine Abbindung
zugunsten des Druckverbandes zu ver
zichten. **Nur bandartiges Material -
nie Kletterseil, Reepschnur oder ähn
liches verwenden.**
Bei starken Blutungen aus dem Mund
Bauchlage (Bild 8), Stirn liegt auf
den übereinandergeschlagenen Unter
armen.

Wenn bei Gesichtsverletzungen, z.B. wegen Platzmangel (Felsvorsprung), Bauchlage nicht möglich ist, Kauerstellung einnehmen lassen (Bild 9).

Schock

Der Schock ist eine lebensgefährliche Störung des Blutkreislaufes. Die auslösenden Ursachen sind hauptsächlich Blutverlust, Schmerz, Schreck, übereilter und unsachgemäßer Transport, sowie seelische Erschütterung.
Anzeichen: Blasse kalte Haut, Frieren, Zittern, schneller, kaum tastbarer Puls, starrer Blick, Schweißausbruch, Unruhe.
Erste Hilfe: Blutung stillen, Beine hochhalten, anschließend hochlagern (Bild 10), zudecken, trösten.
Keine Schocklage bei Beinbrüchen, Kopfverletzungen, Atemnot! Rauchverbot!
Merksatz: Durch schnellen, übereilten Transport hat schon manch verunglückter Bergsteiger sein Leben verloren. Nur schonender und langsamer Transport ist lebensrettend. Pausen können Leben retten!

Erschöpfung

Anzeichen: Müdigkeit (ernstnehmen!), Schwindel, Schwarzwerden vor den Augen, Herzjagen, Atemänderung, Angst, Unsicherheit, Unruhe, Apathie, Schlappmachen, Hinüberdämmern in Bewußtlosigkeit.
Erste Hilfe: Verständnis der Begleiter und deren Hilfe ist von entscheidender Bedeutung. Belastung sofort abbrechen, Lagerung je nach Fall und Witterung (Schatten, windstiller Platz etc.) (Bild 11).
Wenn Betroffener bei Bewußtsein, trinken und essen lassen. Notfalls Wärmezufuhr (warme Getränke, aktiv bewegen lassen, Kameradenwärme, Wärmebeutel, Rettungsdecke etc.), aufmuntern, trösten, notfalls energisch ansprechen! Liegender Transport!

8

9

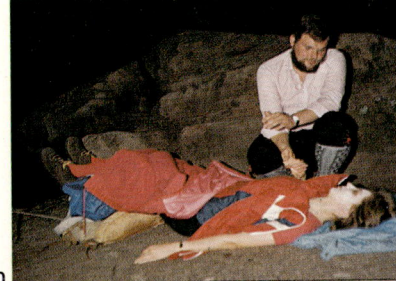

10

11

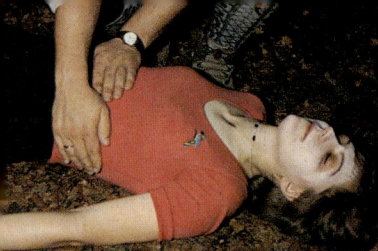

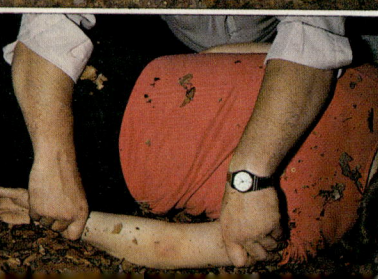

Hitzschlag

Anzeichen: Heiße und trockene Haut, roter Kopf, stumpfer Gesichtsausdruck, taumelnder Gang, hohe Körpertemperatur.
Erste Hilfe: Sofort körperliche Belastung abbrechen, Kleidung öffnen, für Kühlung sorgen (Luft zufächeln, feuchte Tücher auflegen), im Schatten mit erhöhtem Oberkörper lagern. Bei Bewußtlosigkeit Seitenlagerung, notfalls Atemspende. Abtransport durch Bergrettung, da Rückfallgefahr besteht. Diese ist gleichbedeutend mit Lebensgefahr!

Hitzeerschöpfung

Anzeichen: Blässe, schwache Beine, Schweißausbruch, Frösteln, schneller schwacher Puls, normale Körpertemperatur.
Erste Hilfe: Flache Lagerung im Schatten, zudecken, wenn bei Bewußtsein, zu trinken geben, wenn möglich 1 Teelöffel Salz auf 1 Liter Wasser. Bei Bewußtlosigkeit Seitenlagerung, notfalls Atemspende. Abtransport durch Bergrettung; sonst Gefahr eines Rückfalles. Diese ist gleichbedeutend mit Lebensgefahr!

Bewußtlosigkeit

Atmung prüfen: Es ist zu unterscheiden zwischen Bewußtlosen mit erhaltener und nicht mehr vorhandener Atmung. Deshalb hat bei bewußtloser Personen zunächst eine Atemkontrolle zu erfolgen. Hierzu wird eine Hand auf den Oberbauch, die andere seitlich an den Rippenbogen gelegt (Bild 12).
Bewußtlosigkeit mit erhaltener Atmung:
Bei bewußtlosen Personen mit erhaltener Atmung sind meist die Schutzreflexe erloschen. Dadurch kann Blut, Schleim oder Erbrochenes in die Atemwege gelangen. Außerdem können nach einem Lawinenunfall die Luftwege durch eingedrungenen

Schnee verlegt sein. Ist dies der Fall, müssen Mund und Rachen von den eingedrungenen Fremdkörpern befreit werden. Außerdem sinkt bei tiefer Bewußtlosigkeit die Zunge nach hinten, wodurch das Atmen unmöglich wird. Daher jede bewußtlose Person auf die Seite drehen! Das Wichtigste dabei ist, daß der Kopf überstreckt wird und am tiefsten zu liegen kommt. Das heißt, daß man Bewußtlose nie mit dem Kopf hangaufwärts lagern darf.

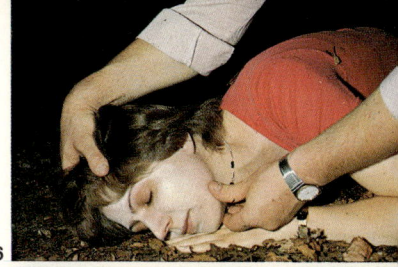

16

Herstellen der Seitenlage:

1. Den nahen Arm gestreckt unter das Gesäß legen (Bild 13)
2. Knie hochstellen
3. An Schulter und Hüfte fassen und vorsichtig zum Helfer heranziehen (Bild 14)
4. Den unten liegenden Arm vorziehen (Bild 15)
5. **Das Wichtigste:** Kopf überstrecken und Gesicht etwas erdwärts neigen. Kopf muß tiefster Punkt sein (Bild 16)!
6. Ständig weiter Atmung prüfen.

Durch Herstellen der Seitenlage wird dem Bewußtlosen die weitere Atmung ermöglicht. Leider sterben auch heute noch viele bewußtlose Personen nur deshalb, weil sie nicht auf die Seite gedreht werden.

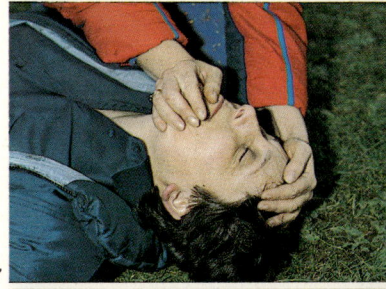

17

Achtung! Nie einem Bewußtlosen etwas einflößen. Lebensgefahr!

Kann bei einer bewußtlosen Person keine Atembewegung mehr gefühlt werden, ist sofort mit der Atemspende zu beginnen.

Bei Atemstillstand: Atemspende (Bild 17). Kopf überstrecken und mit dem Daumen einer Hand Unterlippe gegen Oberlippe drücken. Eigenen Mund weit öffnen und fest um die Nase des Verunglückten aufsetzen. Richtung Stirn blasen (bei Erwachsenen etwa 15mal je Minute). Danach muß sich der Helfer vergewissern, ob der Brustkorb des Verletzten wieder zusammensinkt. Ist dies nicht der Fall, ist der Kopf weiter zu überstrecken; wenn dies ohne Erfolg bleibt, Mundkontrolle

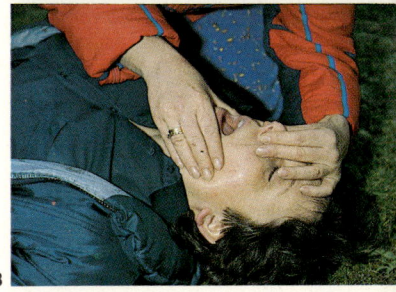

18

(Bild 18). Evtl. durch den Mund beatmen (Nase zuhalten, Mund öffnen). Beatmen, bis Eigenatmung einsetzt und erhalten bleibt. Nie vorzeitig aufgeben! Noch Stunden danach hatten Helfer Erfolg. Wichtig: **Sofort beginnen!** Nach dem Einsetzen der Eigenatmung Verunglückten in Seitenlage bringen und ständig beobachten.

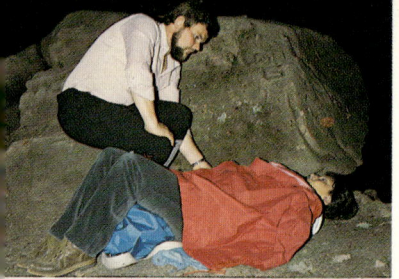

Bauchverletzungen

Anzeichen: Schmerzen, evtl. bretthart gespannter Bauch, evtl. Hervorquellen von Darmschlingen.

Erste Hilfe: Lagerung mit angezogenen Knien. Darmschlingen nur leicht bedecken (Bild 19).

Der Bauchverletzte darf weder trinken, rauchen, essen, noch Arzneimittel bekommen.

19

Bei starken Schmerzen werden meist besondere Haltungen, sogenannte Schonhaltungen, eingenommen (Bild 20). Dies ist besonders der Fall bei Bauchschmerzen, bei denen sich der Betroffene zusammenkrümmt, oder bei Atemnot, wo er versuchen wird sich aufzurichten. Diese Schonhaltungen geben dem Helfer Hinweise auf die Art der Verletzung. Sie sollten möglichst unterstützt, nur in Ausnahmefällen verändert werden.

20

Atemnot

Bei Brustkorbverletzungen, sowie Erkrankungen im Brustraum, kommt es zu Atemnot.

Anzeichen: Blaurotes Gesicht, Ringen nach Luft, Versuch, sich aufzurichten, Schmerzen in der Brustgegend, evtl. Aushusten von Blut und schlürfende Geräusche an einer Wunde im Bereich des Brustkorbes (auch am Rücken oder an der Seite).

Erste Hilfe: Halbsitzende Lagerung evtl. an Gefährten, Felsen, Baum etc. mit nach hinten gestützten Armen. Evtl. Wunden im Brustraum verbinden und durch Aufdrücken eines Tuches oder der Hand möglichst Luftzutritt in Brustraum verhindern (Bild 21 und 22).

21

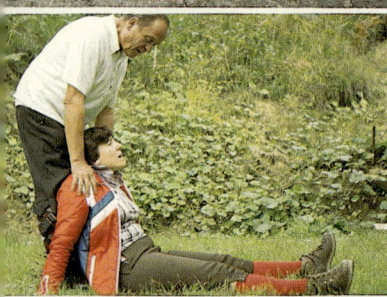

Knochenbrüche

Anzeichen: Schmerzen (wo tut es weh?), Schwellungen, abnormale Lage, Bewegungsunfähigkeit (Aufforderung, das schmerzende Glied zu bewegen).

Erste Hilfe: Offenen Bruch vorsichtig keimfrei bedecken, dann bis zum Ein-

22

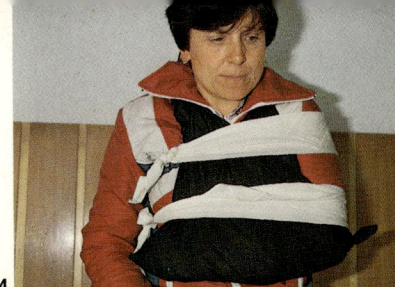

?3

... reffen der Bergrettung wie geschlossenen behelfsmäßig ruhigstellen: Brüche im Bereich Schulter – Hand mit Anorak (Bild 23) oder mit drei Dreiecktüchern (Bild 24).

Bein- bzw. Fußbrüche durch Umlagern mit Rucksäcken, Steinen, Decken etc. stützen (Bild 25). Achtung! Schuhe nicht ausziehen! Das früher empfohlene Zusammenbinden der Beine zur Ruhigstellung sollte möglichst vermieden werden.

Warnung: Nie einen Knochenbruch ungeschient transportieren. Es besteht die Gefahr einer Fettembolie = Lebensgefahr.

Kieferbrüche: Bei erhaltenem Bewußtsein Kopf in die Hände stützen lassen (Bild 26).

Wirbelbrüche:
Anzeichen: Schmerzen, Unvermögen, sich aufzurichten bzw. Beine zu bewegen (auffordern), Kribbeln evtl. Einschlafen der Arme bzw. Beine, evtl. Abgang von Stuhl und Urin (Geruch).
Erste Hilfe: Im Gefahrenbereich in der vorgefundenen Lage vorsichtig wegziehen, ansonsten nicht bewegen.
Bei Bewußtlosigkeit Seitenlage!

Beckenbrüche:
Anzeichen: Schmerzen im Unterbauch, Unvermögen, sich aufzurichten, evtl. Abgang von blutigem Urin.
Erste Hilfe: Lagerung wie bei Bauchverletzungen mit angezogenen Beinen (Bild 27).

24

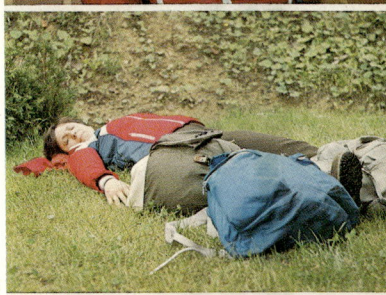

25

26

27

28

29

30

Erste Hilfe im Freien: Kameraden wärme durch Anschmiegen, durch in Decken wickeln, Alufolie etc. (Bild 28) Bei zweifarbigen Folien gelbe Seiten nach außen!

Bei Bewußtsein heiße, gezuckerte Getränke geben. Nicht gehen oder bewegen lassen, nicht massieren (Vermeidung von Bergungstod), liegend transportieren. Nicht mit Schnee einreiben, nicht mit heißen Gegenständen erwärmen. Keinen Alkohol.

Erste Hilfe nach Transport zur Hütte Wärmepackung nach Hibler anlegen Leinentuch fünfmal zusammenlegen und von innen her etwa 1 Liter heißem Wasser befeuchten, Tuch **auf** die Unterwäsche über Brust und Bauch Pullover und Anorak darüber, Rumpf in Alufolie wickeln, Beine und Arme außen lassen, enge Abdichtung am Hals dann **gesamten** Körper straff in mehrere Decken wickeln; bei Bewußtsein heiße, gezuckerte Getränke geben. Unterkühlten weder in warmes noch kaltes Bad legen.

Örtliche Erfrierungen

Anzeichen: Weiße oder graubläuliche Haut, Prickeln, Pelzigwerden, Kälteschmerz, Gefühllosigkeit, Blasenbildung.

Erste Hilfe im Freien: Nase, Ohren Wangen mit warmen Händen bedecken. Finger in die Achselhöhler und dort bewegen, Zehen bewegen trockene Schuhe und Strümpfe geben heiße, gezuckerte Getränke. Nicht mit Schnee einreiben, keine Massage, keinen Alkohol, nicht rauchen!

Erste Hilfe in der Hütte: Füße und Hände in kaltes Wasser tauchen (über Erfrierungsstellen hinaus). Wasser innerhalb von 20 Minuten langsam auf 40°C erwärmen. Gliedmaßen bewegen lassen (Bild 29 und 30). Nicht heißes Wasser geben, keine heißen Tücher auflegen, keine Massage Rauchverbot!

Unterkühlung

Anzeichen: Frieren, Zittern, Gänsehaut, Zähneklappern, Blässe, Teilnahmslosigkeit, Müdigkeit verbunden mit starkem Schlafbedürfnis. Unterkühlte Personen können im Anfangsstadium noch geweckt werden.

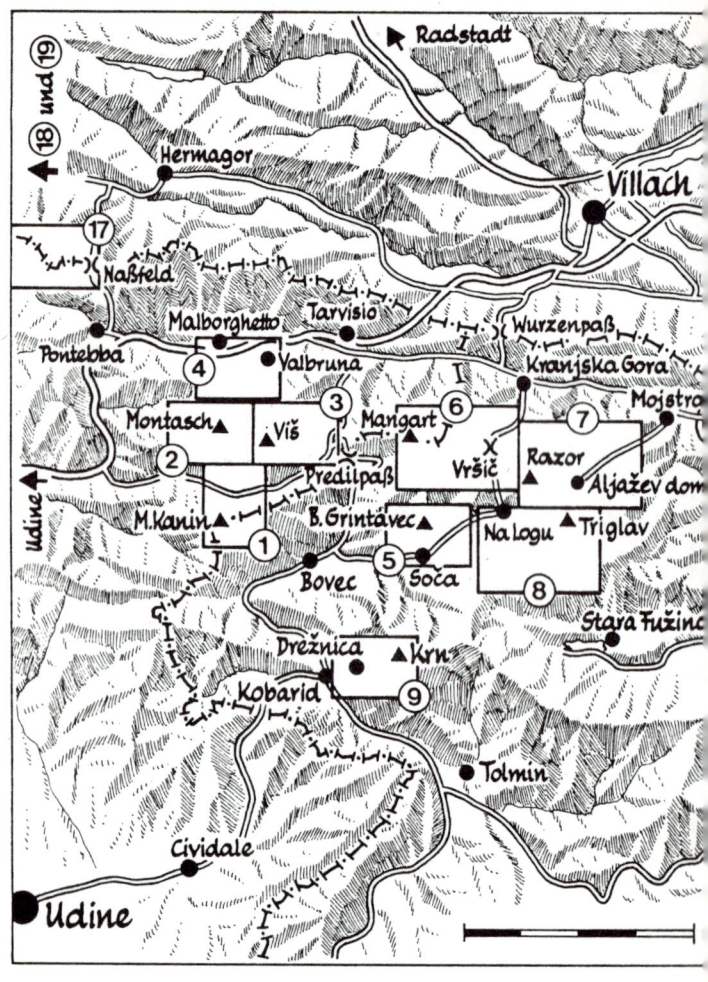